Gerd Bodhi Ziegler

Wer liebt, hat alles

*Liebe, Sexualität und Partnerschaft
befreit leben*

Gerd Bodhi Ziegler

Wer liebt hat alles

Liebe,
Sexualität
und
Partnerschaft
befreit leben

Gerd Bodhi Ziegler

Wer liebt, hat alles
Liebe, Sexualität und Partnerschaft
befreit leben

© J.Kamphausen

in J. Kamphausen Mediengruppe GmbH, Bielefeld

ISBN print 978-3-95883-025-7
ISBN E-Book 978-3-95883-026-4

Umschlag: Morian & Bayer-Eynck
Innenteil: Kerstin Fiebig | ad department
Lektorat: Ursula Kollritsch
Druck & Verarbeitung: CPI · Clausen und Bosse

www.weltinnenraum.de

1. Auflage 2015

Bibliografische Information der Deutschen Nationalbibliothek:
Die Deutsche Nationalbibliothek verzeichnet diese Publikation in der
Deutschen Nationalbibliografie; detaillierte bibliografische Daten sind
im Internet über http://dnb.d-nb.de abrufbar.

Dieses Buch wurde auf 100 % Altpapier gedruckt
und ist alterungsbeständig. Weitere Informationen hierzu
finden Sie unter www.weltinnenraum.de.

Dieses Buch ist der Verwirklichung
bedingungsfreier Liebe gewidmet
und allen Menschen, die den Ausdruck ihrer Liebe
als ein Tor zum All-Eins-Sein erleben
und nutzen wollen.

»Der Liebende hat alles.
Was immer er liebend umfasst, fällt ihm zu.
Was immer er ruft, antwortet jubelnd,
und wo er schweigt,
schweigt mit ihm innig die Liebe.«

Otto Gillen

»Liebe wirklich zu erkennen, bedeutet,
Gott zu erkennen und zu verstehen.
Und Gott zu erkennen, bedeutet,
Liebe zu verstehen.«

David Hawkins

Eine Bemerkung zur Anrede

Aus Gründen der einfachen Lesbarkeit berücksichtige ich selten die weibliche und männliche Anredeform gleichzeitig. Stattdessen werde ich intuitiv zwischen beiden wechseln. Das jeweils andere Geschlecht darf sich also immer mit angesprochen fühlen.

Da es in diesem Buch auch um das Bewusstsein der Einheit geht, verabschiede ich mich von alten Umgangsformen der Trennung: Wir lächeln heute darüber, dass früher die Kinder in vornehmen Familien angehalten wurden, ihre Eltern mit „Sie" anzureden. Genau so werden die Menschen im neuen Bewusstsein über die steife, distanzierte Höflichkeitsform des ‚Siezens' lächeln.

Wie es in englischsprachigen Ländern bereits üblich ist, erleichtert auch bei uns das einfache „Du" eine direkte und echte Begegnung. Für mich passt die distanzierte Höflichkeitsformel nicht mehr in die Zeit. Sobald wir die Illusion der Trennung durchschauen und im Bewusstsein der Einheit bedingungsfrei zu lieben beginnen, kann echte Nähe entstehen, auch zwischen Menschen, die sich zum ersten Mal begegnen. Erleben wir uns als eins und in Liebe mit uns selbst und allem, sind wir auch in einem sicheren Selbstkontakt. Es besteht also keine Gefahr von schwammiger Energievermischung oder verletzender Grenzüberschreitung.

Ein allverbundenes Selbstgefühl hat ein starkes und sicheres eigenes Kraftfeld zur Folge, das uns auch in menschlichen Begegnungen essenzielles Eins-Sein erleben lässt. Wie ich in diesem Buch ausführen werde, können wir dadurch auch ein klares Gespür für unseren eigenen persönlichen Raum entwickeln. Daraus ergibt sich ganz von selbst eine wohltuende und heilende Form des Miteinanders in Liebe und Freiheit. Wir erlauben uns, einfach nur ganz präsent zu sein.

Wenn du mir begegnest, lade ich dich ein, bewusst auf Konventionen und steife Umgangsformen der alten Zeit zu verzichten. Das ist nicht immer sicher und bequem, ganz bestimmt jedoch echt und lebendig. Daher schon hier ein herzliches „Willkommen" an dich und an alle Gefährten auf unserem gemeinsamen Weg in die bedingungsfreie Liebe!

Inhalt

Teil II: Wie die Liebe mich einweihte

Teil III: Einheit

Teil IV: Der Weg

Anhang

Am Anfang: Das was wir suchen, sucht auch uns

Willkommen auf unserer gemeinsamen Reise in die Welt bedingungsfreier Liebe. Ich lade dich ein, dich nun der folgenden Situation zu öffnen. Stelle dir vor, wir sitzen in einer Gruppe, in der Frauen und Männer sich eingefunden haben, um sich selbst und gegenseitig essenziell zu begegnen. Neben mir gibt es einen freien Stuhl mit einem roten herzförmigen Kissen. Wir nehmen uns Zeit, uns einzustimmen. Die Verbindung mit unserem Atemfluss führt uns in das *Jetzt*. Die Bewegung des Atems öffnet uns für die Wahrnehmung des Körpers. Ausatmend lassen wir los, was uns eben noch beschäftigt hat. Wir erlauben uns, innerlich leer und offen zu sein, ganz präsent in diesem Augenblick. Die vorhandenen inneren Spannungen werden ausatmend losgelassen.

Wir erleben das Getragensein durch die Erde. Ein Raum des Vertrauens und ein Gefühl der Geborgenheit und Ausdehnung stellen sich ein. In diesem sich mehr und mehr ausbreitenden Feld unseres Bewusstseins erleben wir uns nun auch verbunden mit dem Licht und der Weite des Himmels.

Ich rufe die Liebe und Kraft des Göttlichen an, mit uns zu sein und jedem einzelnen Anwesenden genau das zu schenken, was er oder sie gegenwärtig für das eigene Leben am meisten braucht. Damit wird alles, was jetzt folgt, der göttlichen Führung übergeben. Wir werden uns dabei bewusst, dass nicht unsere begrenzte Persönlichkeit die entscheidenden Schritte vollziehen kann. Die Frequenz bedingungsfreier Liebe ermöglicht, was nicht allein durch Absicht und Wille erreicht werden kann.

Einladung

Ich lade nun die Anwesenden ein, sich mit dem zu verbinden, was sie in den letzten Tagen und Wochen intensiv beschäftigt hat:

„Welche Situationen deines Lebens bewegen dich ganz besonders? Erlebst du eine Zeit der Erfüllung oder fehlt dir etwas? Fordern dich besondere Erfahrungen oder Umstände heraus? Spüre die Intensität in deinem Körper und lass dir von innen her zeigen, welches Thema nach Klärung ruft."

Stell dir einmal vor, es zieht dich auf den Herzsitz an meiner Seite. Du bist willkommen, all das anzusprechen und auszudrücken, was dich bewegt. Dabei darf alles in dir grenzenlos Raum bekommen, sei es Aufregung, Angst, Traurigkeit, Schmerz, aber auch Freude und Dankbarkeit.

Was erlebst du, während du dich anvertraust, dein Herz öffnest und dem Ausdruck verleihst, was dir wichtig ist? Kannst du spüren, dass in dir Raum entsteht für etwas, was deinem Wesen zutiefst entspricht?

Nimm dir Zeit, in diesen Raum hineinzuatmen. Alles was auftaucht, ist bedingungsfrei willkommen, darf sich ausdehnen und grenzenlos da sein! Kannst du spüren, dass sich schon dadurch etwas deutlich verwandelt?

Mit diesen einfachen Schritten der Selbstbegegnung haben wir bereits etwas Essenzielles berührt, das zum Liebenlernen gehört. Und genau darum geht es in diesem Buch. Wenn wir uns mit dem, was uns bewegt, zeigen und uns dieser Intensität öffnen, beinhaltet dies bereits einen Impuls zur bedingungsfreien Liebe. Damit umarmen wir das, was ist und dies führt uns zur Annahme dessen, was wir wirklich sind und erleben.

In der Bewegung von Enge zu Weite, von Angst zu Liebe geschehen Heilung und Befreiung. Meine Arbeit, die diesem Buch zugrunde liegt, dient dieser vertiefenden Erfahrung. Ich reiche dir die Hand und nehme dich mit auf meine ganz persönliche Entdeckungsreise durch die Stationen meines Lebens. Sie führten mich in eine intensive Begegnung mit meinen eigenen Ur-Wunden. Ein wesentlicher Teil meiner inneren Heilung lag in der befreienden Auflösung meines essenziellen Getrenntseins von mir selbst und dem Leben. Ich erkannte, dass hinter meinen (und unseren) Wunden ein großartiges Liebespotenzial auf Befreiung wartet. Es führt uns in die LIEBE – frei von Bedingungen und Erwartungen. In dieser hohen Liebesfrequenz sind wahre Wunder möglich. Dies durfte ich buchstäblich auf meinem eigenen Weg und ebenso bei der Begleitung von zahlreichen Frauen und Männern erfahren.

Ich wünsche mir, dass dich die geschilderten Stationen meines Weges berühren und inspirieren. Mögen sich beim Lesen in dir eigene Erfahrungsräume öffnen, die dich über selbst auferlegte Begrenzungen und einengende Muster tragen! Möge deine innere Weisheit und Führung dich mit den Liebespotenzialen in Berührung bringen, die schon so lange in dir auf ihre Freisetzung warten! In den hier angesprochenen Themen über Liebe, Sexualität und Partnerschaft gibt es etwas zu entdecken, wonach sich fast alle Menschen sehnen, sei es bewusst oder unbewusst.

Wenn erst einmal die grundlegenden Schritte verstanden und vollzogen sind, wird sich eine tiefe Ausrichtung auf die bedingungslose Liebe einstellen. Dann vollzieht sich eine innere Dynamik, die unaufhaltsam in unsere Erfüllung führt. Denn das, was wir suchen, sucht auch uns. Davon bin ich fest überzeugt, das habe ich immer wieder erleben dürfen.

Wir sehnen uns inmitten aller menschlichen Erfahrungen, seien sie schön, beglückend und angenehm oder schmerzhaft, erschütternd und enttäuschend letztlich nach der großen, alles umfassenden Einheit mit der göttlichen Kraft allen Lebens. Wir wollen erfahren und sein, was wir wahrhaft sind. Wir sehnen uns nach einer tiefen Verbundenheit mit uns selbst und der allumfassenden Liebe des Lebens. Vor allem auch nach einem beglückenden Liebesausdruck mit den Menschen, die uns nahestehen und die für unseren Weg in die wahre Erfüllung wichtig sind.

Nachdem wir uns nun in dieser Einstimmung begegnet sind, wünsche ich dir von Herzen tiefgreifende Erkenntnisse, aber auch genussvolles Vergnügen beim Lesen dieses Buches. In den dunkel hinterlegten Passagen am Ende mancher Kapitel kannst du dir gerne den Kreis und den „Herzstuhl" neben mir in Erinnerung rufen. Dort wende ich mich wieder direkt an dich und lade dich ein, einen inneren Prozess nachzuvollziehen, der sich auf das vorangegangene Kapitel bezieht. Vielleicht regt es dich an, die entsprechenden Themen und Erfahrungen in dein eigenes Leben zu integrieren. Falls du lieber im Fluss des Lesens bleiben möchtest, kannst du diese Passagen auch überspringen und zu einem späteren Zeitpunkt vertiefen.

Vorwort

Menschliche Liebe und ihr Ausdruck in der Sexualität waren und sind für mich wichtige und sehr vitale Lebensbereiche. Sie gehören unverzichtbar zu meinem Weg in das Eins-Sein mit dem Göttlichen. Meine Hinwendung zu der einen, alles umfassenden, grenzenlosen LIEBE führte mich zunächst in die Begegnung mit dem Weiblichen in Gestalt der Frauen, mit denen mich der Lebensfluss in Resonanz brachte. Unsere Seelen wollten wichtige Lektionen in der Liebe fortsetzen, heilen, befreien und vollenden. Mein Weg in die Einheit wäre ohne diese inspirierenden, heilenden und immer wieder auch herausfordernden Begegnungen unvorstellbar. Sie hatten oft auch die Funktion, mir zu spiegeln, wo der Ausdruck von Liebe in meinem Menschsein noch nicht geheilt, noch nicht bedingungsfrei war.

In diesem Buch versuche ich so anschaulich wie möglich aufzuzeigen, welche Einsichten, Erkenntnisse und Entwicklungsschritte ich aus meinen vielfältigen Erfahrungen gewinnen konnte. Ich möchte meine Leser daran teilhaben lassen, wohin mich die Suche nach vollkommenem Liebesglück schließlich führte. Meine lebenslange Arbeit mit Menschen hat mir gezeigt, wie sehr das Sehnen nach wahrer Liebeserfüllung die meisten Menschen bewegt – auf beglückende und sehr oft auch auf leidvolle Weise. Je nach Veranlagung und Kindheitsprägungen, die Teil des Seelenplans sind, haben menschliche Liebe, Sexualität und Partnerschaft bei vielen einen hohen Stellenwert. Die zahlreichen Internetforen, Kontaktbörsen und nicht zuletzt auch der „Tantra-Boom" zeigen das hohe Interesse bei vielen suchenden Menschen.

Im Jahr 2013 machte ich diesbezüglich eine spannende Erfahrung. Bereits in den Jahren zuvor hatte ich mich intensiv mit der Befreiung aus der Illusion der Getrenntheit und der Öffnung für die Wirklichkeit des essenziellen Eins-Seins allen Lebens beschäftigt. Mir wurde zunehmend klar, welche entscheidenden Konsequenzen dieser Bewusstseinswandel im Leben eines Menschen nach sich zieht. So kündigte ich Vorträge mit dem Titel *Leben im Bewusstsein der Einheit* an. Als ich zu dem geplanten Termin hoch motiviert anreiste, war ich schockiert, den Vortragsraum gähnend leer vorzufinden. Niemand schien sich für dieses Thema zu interessieren. Es war offensichtlich zu weit entfernt von dem, was die Menschen in ihrem alltäglichen Leben beschäftigt. Also lernte ich dazu und kündigte meinen nächsten Vortrag mit verändertem Titel an: *Liebe, Sexualität und Partnerschaft im Bewusstsein der Einheit*. Der Vortragssaal war brechend voll. Die Menschen hingen an meinen Lippen und ich kann mich nicht daran erinnern, jemals am Ende einer Veranstaltung einen solchen Applaus bekommen zu haben. Staunend hatte ich Neuland betreten.

Es waren die zuhörenden und sich innerlich beteiligenden und öffnenden Menschen, die mich schließlich ermutigten, auch über meine persönliche Erfahrungen zu sprechen, die ich bis dahin für mich behalten hatte. Für mich war die Zeit gekommen, die allzu lange verschwiegenen, verdrängten und unterdrückten Aspekte menschlicher Liebe und Sexualität aus der Perspektive meiner eigenen Lebenserfahrungen aufzuzeigen.

Wenn mich das Thema und Inhaltsverzeichnis eines Buches interessiert, lese ich als Erstes den Abschnitt *Über den Autor*, auch wenn dieser am Ende steht. Sobald ich einen Eindruck habe, aus welchem Lebenshintergrund ein Buch entstanden ist, erhöht dies mein aufrichtiges Interesse und mein Verständnis von dem, was ich lese. Aus diesem Grund zeige auch ich mich in diesem Buch immer wieder mit meinen ganz persönlichen Erfahrungen. Du wirst dich vielleicht darin wiederfinden oder dich klar davon distanzieren wollen. In beiden Fällen wird es eine innere Beteiligung in Gang setzen, die dazu beiträgt, deinen *eigenen* Standpunkt zu klären.

Das vorliegende Buch ist keine Autobiographie, doch es enthält längere autobiographische Passagen. Ich habe diese Vorgehensweise gewählt, weil sie mir die beste und lebendigste Art erscheint, meine Botschaften an interessierte Menschen weiterzugeben. Die Themen rund um Liebe, Sexualität und Partnerschaft sind in der Regel aufgrund eigener schmerzhafter Betroffenheit emotional hoch aufgeladen. Hinzu kommen unsere Prägungen und Konditionierungen durch Elternhaus, Glauben und Umwelt. Diese sind Teil der jahrtausende langen Unterdrückung, Moralisierung und Verurteilung des menschlichen Liebesausdrucks. Sie haben Missbrauch und Perversion nicht verhindert, sondern im Gegenteil gefördert.

Auch in der heutigen, scheinbar so freien und fortschrittlichen Zeit sind die Altlasten von Heimlichkeiten, Missbrauch, Betrug und nicht gelebtem Leben noch bei weitem nicht geheilt und befreit. Sie wiederholen sich seit unzähligen Generationen und reißen immer wieder aufs Neue die alten Wunden und Verletzungen auf. Aus dem Untergrund unseres Zellgedächtnisses heraus beeinflussen sie uns weiterhin massiv.

In diesem Buch möchte ich aufzeigen, wie unser Betroffensein von der Tiefe und Intensität sowohl lustvoller als auch schmerzhafter Erfahrungen zu einem Tor werden kann in die Heiligen Räume unseres essenziellen Seins. Diese werden wir früher oder später als unsere innere Heimat erkennen und erleben. Wir werden dann mit erstaunlicher Klarheit wissen, dass wir in unserer wahren Natur grenzenlos, unverletzbar und wahrhaft wundervoll sind. Sobald wir diese Räume unserer inneren Göttlichkeit betreten, erhalten wir eine tief verwandelnde Einsicht in die übergeordnete Wirklichkeit, aus der heraus sich unser Menschsein entfaltet. Hier finden wir die Heilung, Befreiung und vollkommene Erfüllung, nach der wir schon immer gesucht haben. Jeder Ausdruck von Liebe trägt das Sehnen und Verlangen nach der göttlichen Einheit in sich. Daher führt unser Weg in die All-Liebe in der Regel zuerst einmal durch die menschliche Liebe. Etwas in uns hofft, ja wartet, auf die bewusste Erfahrung der LIEBE, die frei ist von Forderungen, Erwartungen und Bedingungen. Jede Erforschung dieser hoch schwingenden Liebesfrequenz bestätigt, dass sich das dramatische und oftmals auch stille, unterschwellige Leiden erst dann grundlegend auflöst, sobald wir in die innere Freiheit vollkommener Bedingungslosigkeit eintreten. Gleichzeitig können dadurch unsere wundervollen, oft noch verborgen in uns schlummernden Liebespotenziale endlich freigesetzt werden. Die Fähigkeit, wahrhaft zu lieben, ist uns angeboren. Im Prozess unseres Erwachens zur Wirklichkeit des Eins-Seins beginnt sie, sich zu entfalten und schließlich voll und ganz zu erblühen.

Die Heilung und Befreiung von Liebe, Sexualität und Partnerschaft hat ihren Ursprung in unserem Bewusstsein. Es gibt nichts Lohnenderes, als diesen inneren Schatz ganz zu befreien von den alten, lebensverneinenden Programmierungen voller Angst und (unbewusster) Schuld. Es ist Zeit zu erwachen und der Liebe selbst den ersten Platz in unserem Leben zu geben! Dann hängt unser Lebensglück nicht länger von äußeren Umständen ab. Es wird einzig und allein von der Liebe und Freiheit bestimmt, die wir in uns freisetzen und ausstrahlen.

Liebe zu sein und Liebe zu leben ist unsere höchste Erfüllung.

Warum ich dieses Buch geschrieben habe

In uns allen gibt es ein tiefes, ursprüngliches Wissen darüber, wie sich Liebe anfühlt und wie sie im Menschsein leben und sich ausdrücken will. Die meiste Zeit unseres Lebens suchen wir – oftmals verzweifelt und vergeblich, ganz selten aber auch erfolgreich und zutiefst erfüllend – nach diesem stimmigen und vollkommenen Liebesausdruck. Solange dieses tiefe Sehnen in uns lebendig ist, können wir nicht eher zur Ruhe kommen, bevor wir die Erfüllung der inneren Verheißung nicht vollständig erlebt haben.

Versuchen wir, die Suche vorzeitig zu beenden, besteht die Gefahr von Resignation und einer Begrenzung unserer Lebendigkeit auf ein stark reduziertes Mittelmaß. Unser Bedürfnis nach Bequemlichkeit, Schutz und äußerer Sicherheit kann uns in die Sackgasse eines emotionalen und geistigen Stillstands führen. In diesem Fall opfern wir die Intensität unseres Sehnens nach tiefer Liebeserfüllung den scheinbaren Notwendigkeiten unserer selbstgewählten Begrenzungen.

Wir gehen faule Kompromisse ein, unterwerfen uns den materiellen Erfordernissen und versuchen, in einer nett eingerichteten Komfortzone zu überleben. Eine andere, verbreitete Art, der verwandelnden Kraft liebevoller Nähe und Verbindlichkeit auszuweichen, ist die Flucht in eine Pseudounabhängigkeit. Auch dies ist ein vergeblicher Versuch, sich vor den Wunden zu schützen, die der Tiefgang in der Liebe mitunter schmerzhaft aufdeckt. Doch dadurch werden Heilung und Befreiung nur endlos lange aufgeschoben.

Unsere Seelen haben sich in der Regel ein anspruchsvolles Wachstumsprogramm vorgenommen. So ist es auch in meinem Leben und bei der Mehrheit der Menschen, die ich kenne. Aus diesem Grund katapultieren uns die Ereignisse des Lebens immer wieder sowohl aus der scheinbar sicheren Komfortzone als auch aus der oberflächlichen Eigenständigkeit heraus. Dies kann auf ganz unterschiedliche Weise geschehen. Manche werden durch Krankheiten, Unfälle oder materielle Verluste aufgerüttelt. Andere wiederum kreieren Beziehungskrisen, Trennungen oder Dramen, die eine schier endlose Vielfalt annehmen können.

Dann gibt es Menschen, die ein unbestimmtes Getriebensein, eine innere Unruhe erleben. Sie suchen rastlos und mit einem undefinierbaren Sehnen nach innerem Frieden und echter Erfüllung. Es scheint unmöglich, dies einfach abzustellen, auch nicht durch unzählige Liebesabenteuer, Ablenkungen, Arbeitswut, Alkohol oder andere Süchte. Denn das so dringlich Gesuchte ist nirgendwo dort draußen zu finden. Es besteht allerdings auch eine freudigere Möglichkeit, das Sehnen unserer Seele einzulösen. Wir können ganz achtsam auf den Ruf unseres Herzens und unserer Seele hören und ihm dann entschlossen und mutig folgen. Diese Ausrichtung und Bereitschaft erwächst aus purer Liebe zum Geschenk unseres Lebens und zu dem, was wir als zutiefst wahrhaftig und wesentlich empfinden.

Was dies ganz konkret für dich und dein Leben bedeutet, wirst du beim lesenden Nachvollziehen der Botschaften dieses Buches immer klarer entdecken. Es ist sinnvoll, dabei hin und wieder innezuhalten und achtsam in dich hineinzuspüren. So kann sich dir zeigen, was dich tief innen bewegt und was du endlich auch in dein eigenes Leben einladen möchtest. Sich für die Liebe zu entscheiden – anstatt nur für das Überleben und die Sicherheit –, ist ein großes Wagnis. Ich bin in meinem Leben immer wieder dieses Risiko eingegangen, einfach, weil ich nicht anders konnte. Dabei habe ich so manches geopfert, erlitten und verloren. Doch habe ich auch immer wieder gnadenvoll gewonnen, vor allem Erkenntnis und eine wachsende Fähigkeit, wahrhaft zu lieben.

Das Anliegen dieses Buches ist es, einen Weg in die bedingungsfreie Liebe aufzuzeigen, der mit der Heilung unserer Ur-Wunden beginnt. Die Freisetzung unserer wahren Liebesfähigkeit führt uns schließlich in die Erfüllung, nach der unsere Seele ruft. Diese erleben wir in ihrer höchsten Entfaltung als ein zutiefst beglückendes Eins-Sein mit uns selbst und mit allem, was ist.

Die Ur-Wunden, die wir als Folge der Illusion von Trennung in uns tragen, erfahren auf diesem Weg eine tiefe Erlösung. Solange wir uns von der Weite und Freiheit der Existenz getrennt erleben, hat dies einschneidende Folgen für alle Bereiche unseres Lebens, insbesondere auch für unseren menschlichen Liebesausdruck. Sobald wir dies erkennen, werden wir damit beginnen, unser inneres Sehnen wahrzunehmen und mitfühlend zu umarmen. Auf diese Weise können die emotionalen Verletzungen und lebensverneinenden Programme, die uns unterschwellig sabotieren, vollständig geheilt und befreit werden. Wenn sich die darunter schlummernden Potenziale unserer Lebendigkeit, Liebe und Weisheit zu entfalten beginnen, führen sie uns in ein neues, befreites Lebensgefühl. Sie dürfen endlich voller Dankbarkeit, Freude und Genuss gefeiert und ausgedrückt werden.

Im ersten Teil dieses Buches schildere ich einige wichtige Schritte und Stationen der Befreiung von den Prägungen meiner Kindheit und Jugend. Diese waren durch eine Tabuisierung von allem Sexuellen und Liebeserotischen geprägt und haben meine natürliche Lebendigkeit beeinträchtigt. Die unterdrückte und eingesperrte Lebenslust suchte mit großer Dringlichkeit nach Befreiung und nach neuen, stimmigen Ausdrucksformen. Zum Ende dieses ersten Teils zeige ich auf, welche Einstellungen und Sichtweisen aus dem Bewusstsein der Trennung dazu führen, dass Sexualität auf einen rein körperlichen und triebgesteuerten Akt reduziert wird. Sobald unser

Bewusstsein sich der Wirklichkeit des Eins-Seins öffnet, werden wir die körperliche Liebe nicht länger verurteilen und auf entwürdigende Weise betrachten. Nur so kann sie zu einem Sprungbrett ins Göttliche werden und uns in eine vollständige Hingabe an den Ausdruck allumfassender Liebe führen.

Im zweiten Teil schildere ich vier prägende Liebesbegegnungen, die ich wie Initiationen oder Einweihungen in wesentliche Aspekte menschlicher Liebe erlebt habe. In den ersten beiden, extrem schmerzhaften Erfahrungen durfte ich lernen, vollkommen loszulassen und offen zu bleiben. Dies führte mich schließlich in eine zunehmende Bereitschaft, mich bedingungslos dem Fluss der Liebe anzuvertrauen. Erst dadurch wurden all die folgenden, tief erfüllenden Erfahrungen in meinem Leben möglich.

In Teil III untersuche ich, wie das Bewusstsein der Trennung in unserem Erleben entstehen konnte. Es hat katastrophale Auswirkungen auf unser Menschsein, insbesondere auf unser Liebesleben. Hier geht es dann auch um Themen wie Eifersucht, die Heilung des Urvertrauens und das Erkennen unseres Seelenplanes im eigenen Liebesausdruck. Was braucht es, damit die heilende und befreiende Kraft bedingungsfreier Liebe uns im Zusammensein mit unseren Liebsten erfüllt? Wie kann sie unser Miteinander bereichern und befreien? Wie können unsere Partnerschaften Heilung und eine neue Tiefe und Verbindlichkeit erfahren?

Der vierte Teil geht auf konkrete Schritte und Stufen ein, die für unseren Weg in Liebe und Partnerschaft entscheidend sein können. Ich zeige auf, wie Angst in Liebe transformiert wird und was unsere Sexualität mit innerer Schönheit erfüllt. Und schließlich gehe ich darauf ein, wie wir uns in unseren Liebesbegegnungen und Partnerschaften dem Eins-Sein mit dem Göttlichen öffnen können.

Dieses Buch ist für Menschen aller Altersstufen geschrieben, die an die Liebe glauben und – genauso wie ich – auch die Schmerzen und Tiefen menschlicher Liebe erfahren haben. Für Frauen und Männer, die möglicherweise schon oft „gescheitert" sind, die große Desillusionierungen erlebt und dunkle Täler durchschritten haben. Für Paare, die in ihrem Liebesleben herausgefordert sind oder einfach spüren, dass ihre Entwicklung weitergehen will. Für Menschen, die trotz aller Rückschläge und Verletzungen nicht einfach aufgeben wollen und können. Tief in uns allen leuchtet eine Gewissheit, dass dies alles hier doch einen wunderbaren Sinn ergibt. Dieser wartet darauf, von uns klar erkannt, ausgesprochen und verwirklicht zu werden.

Dieses Buch ist für dich, wenn du keine andere Wahl hast, als deinem Herzen, deinem Sehnen nach Vollständigkeit und Einheit zu folgen. Es ist für Menschen, die sich als Liebende betrachten auf dem endlosen, abenteuerlichen Weg durch verlockende und bedrohliche Gebiete des Lieben-Lernens. Es wird dich ermutigen, wenn du dein Herz nicht länger um des Selbstschutzes willen verschließen willst. Es lohnt sich, diesen Weg zu wagen, egal, wie viele Enttäuschungen und Schmerzen die Stationen der Liebe dir vielleicht schon bereitet haben.

Sicher gab es auch in deinem Leben Momente, in denen du einen Zipfel von dieser Vollständigkeit und Größe in einer Liebesbegegnung oder Partnerschaft zu fassen bekommen hast. Vielleicht hast du dich auch schon einmal oder wiederholt im Paradies gewähnt, in himmlischen, glückseligen Gefilden, in denen all dein Wünschen und Sehnen erfüllt zu sein schien. Doch es ist auch möglich, dass du bislang noch nie das Gefühl hattest, auch nicht vorübergehend, du seiest wirklich ganz angekommen. Etwas in dir war immer wieder enttäuscht und voller nagender Zweifel: *„Das kann doch wohl nicht alles gewesen sein!"* Vielleicht fühlst du dich auch festgefahren im Hamsterrad der sich ständig wiederholenden Beziehungsmuster, die immer wieder in ähnlichen Erfahrungen enden. Dann bist du manchmal versucht zu glauben, dass das, wonach du dich sehnst, auf dieser Erde nicht zu finden ist.

Anhand einiger für mich wichtiger Erfahrungen und Lebensstationen versuche ich aufzuzeigen, wohin mich all die Höhen und Tiefen schließlich führten. Leider habe ich viele Details äußerer Umstände längst vergessen. Doch einige wenige Stationen haben sich mir als verwandelnde Erfahrungen tief eingeprägt.

Es ist mir ein Anliegen, die Quintessenz meiner Suche nach einer befreienden und erfüllenden Wirklichkeit im Ausdruck menschlicher Liebe so lebensnah wie möglich auszudrücken. Ich hoffe, dass du auch zwischen den Zeilen zu·lesen vermagst und angedeutete Hintergründe erahnen kannst. Vor allem wünsche ich mir, dass auch du angeregt wirst, in dein eigenes Leben zu schauen. Dieses Buch will dich inspirieren, Aspekte deiner selbst ganz neu zu entdecken, die im alltäglichen Getriebe allzu leicht untergehen können. Vielleicht tauchen auch in dir Erinnerungen auf an ähnliche Erfahrungen mit entsprechenden Gefühlen und Erkenntnissen. Dann kannst du sie in dir nochmals wachrufen und bewusst erleben, was damals möglicherweise unerkannt und unverarbeitet blieb.

Es ist nie zu spät, endlich das zu heilen und zu befreien, was in früheren Jahren nicht bewältigt werden konnte. Sehr wahrscheinlich warten auch in dir nicht nur alte Wunden auf Heilung, sondern dahinter verborgene Liebespotenziale darauf, freigesetzt und erfüllend gelebt zu werden. Ich ermutige dich, einen tapferen Blick in deine eigene Dunkelheit und inneren Abgründe zu wagen. Denn genau in dieser Tiefe warten die Möglichkeiten deiner Lebendigkeit und Liebeskraft. Wir alle suchen und brauchen diesen Tiefgang, um vollständig und reif zu werden. Das führt uns auf unseren ganz eigenen und einzigartigen Weg.

Ob die Ausführungen meiner eigenen Erfahrungen auf dem Weg der Liebe auch dich anzünden und begeistern werden? Ob sie dich beglückend inspirieren und zum Nachdenken und Fühlen anregen, dich bestärken und ermutigen, weitere Schritte in den vollen, beherzten Ausdruck deines Seins zu wagen? Das hängt davon ab, wo du gerade stehst und was du brauchst für deine nächsten Schritte auf dem Weg zu dir selbst.

Alles in diesem Buch, was dich berührt, bewegt und sich in deiner innersten Wahrheit spiegelt, wird dich näher zu DIR SELBST führen. Mitunter sogar das, was dich empört, verunsichert oder was du zunächst vehement ablehnst. Sollte dich jedoch etwas langweilen oder gleichgültig lassen, ist es für dich in diesem Augenblick nicht wichtig. Dann kannst du getrost weiterblättern, ohne etwas Wesentliches zu verpassen.

Neben meinen persönlichen Lebenslektionen und Entwicklungsschritten war es meine Bestimmung, Menschen in ihrer Selbstfindung zu begleiten und zu unterstützen. Gemäß meinem eigenen Entwicklungsstand kamen über die Jahre und Jahrzehnte Menschen zu mir, mit denen ich das teilen durfte, was mich selbst jeweils intensiv beschäftigte und woran ich gerade lernte und wuchs.

Meine Tarot-Begleitbücher waren in den 1980er und -90er-Jahren Bestseller. Ich erhielt viele wundervolle Rückmeldungen dazu. Zahlreiche Menschen kamen dadurch in meine Seminare und Trainings. Seit der Jahrtausendwende richteten sich meine Energie und mein Wirken eher nach innen und meine Arbeit fand in kleinerem Rahmen statt. Sie wurde überwiegend von Mund zu Mund weiterempfohlen. Die Qualität, Substanz und Tiefe wuchs ständig. Es war eine Zeit des intensiven inneren Reifens. Auch stellte sich in mir kein Impuls ein, meine neuen Gedanken und Themen auf einer breiten Ebene zu veröffentlichen. Die Zeit war noch nicht reif. An jeder Wegbiegung entdeckte ich Neues, Wichtiges und Wertvolles. Doch waren dies alles nur Puzzleteilchen und ich konnte das Ganze noch nicht überblicken.

Im Laufe des Jahres 2012 drängte es mich, mit dem Schreiben zu beginnen, obwohl dieses Buch erst zwei Jahre später seine jetzigen Konturen und Inhalte erhielt. Ich befinde mich nun im Herbst meines Lebens und es ist an der Zeit – um in diesem Bild zu bleiben –, die Früchte zu ernten und sie interessierten Menschen zur Verfügung zu stellen. Spät genug, um etwas wirklich lange Gereiftes schenken zu können und früh genug für reichlich Vitalität und Begeisterung, um es klar und kraftvoll zu kommunizieren. Zwei für mich äußerst wichtige Bereiche prägten meinen Weg über all die zurückliegenden Jahrzehnte hinweg. Der erste betraf die Heilung und Befreiung meines Liebeslebens. Der zweite war und ist die Berufung zum Begleiter der Menschen als Bewusstseinslehrer, deren Spur ich bereits seit meiner Jugend folge. Obwohl sich beides nicht wirklich trennen lässt, soll dieses Buch sich auf den erstgenannten Bereich konzentrieren, während der zweite bereits in meinen Begleitbüchern zum Tarot und in *Vision der Freude* (1992) Raum bekam. Etwas in mir ruft danach, zunächst noch einmal den irdisch-menschlichen Liebesbereich zu würdigen, bevor es weitere Veröffentlichungen zu der von mir entwickelten Transformationsarbeit geben kann.

Das vorliegende Buch ist ein Kind meiner Hingabe an die Kraft der bedingungsfreien Liebe. Sein wichtigstes Anliegen zielt ab auf die Möglichkeit, die grenzenlose, allumfassende Gegenwart dieser Liebespräsenz im Leben vieler Menschen erfahrbar zu machen. Es berichtet von Erfahrungen und Erkenntnissen, die nicht nur für mich selbst, sondern wahrscheinlich auch für viele Menschen auf dem Weg der Liebe und Selbsterkenntnis bedeutsam sein können.

Die gelebte Wirklichkeit göttlicher und menschlicher Liebe lädt uns ein, kleine und große Feste der Begegnung, des Erinnerns, der Heilung und Befreiung miteinander zu feiern. Das Licht der Einheit, das keine Schatten wirft und sowohl das Helle als auch das Dunkle umarmt, kann nun in unserem Inneren direkt erfahren werden. Indem wir uns diesem Licht öffnen, es in unser Leben rufen und es als unsere essenzielle Natur erkennen, löst sich eine alte Welt voller Begrenzungen und Leiden auf. Das Neue, Wirkliche wird unaufhaltsam Teil unserer alltäglichen Lebensrealität.

Teil I

Befreiung

Kapitel 1: In Liebe leben

»Liebe ist das Herz der Existenz, und wer die gesamte Existenz wirklich
als Herz erleben will, darf in seinem Herzen nichts zurückhalten.«

A. H. Almaas

Mein ganzes Leben war und ist ein stetiger, intensiver Prozess des Liebenlernens und der Erforschung dessen, was Liebe wahrhaft ist. Die ununterbrochene Suche meiner Seele hat mich in zahlreiche Begegnungen und Verbindungen mit Frauen geführt. Ohne verlässliche Rollenvorbilder mussten wir den schmalen, oftmals auch herausfordernden Weg von Versuch und Irrtum gehen, angetrieben von dem innigen Wunsch nach Nähe, Verbundenheit, Entgrenzung und Einheit.

Soweit meine Erinnerungen zurückreichen, gab es schon immer in mir ein Verlangen nach beglückender und wirklich erfüllender Liebesvereinigung sowie den Wunsch nach Nähe, Vertrautheit, Geborgenheit und Stabilität. Gleichzeitig regte sich in mir auch ein großes Bedürfnis nach Freiheit, Ungebundensein, Abenteuer und grenzenloser Weite. Dies war eine brisante Mischung von sich teilweise widersprechenden Antrieben. Sie ließen mich Verpflichtungen, Bindungen und Kompromisse eingehen, aus denen ich mich nach einigen Jahren beglückender und bereichernder, dann aber auch enttäuschender, bedrückender und schmerzhafter Erfahrungen schließlich wieder losreißen musste.

Immer wieder aufs Neue begab ich mich auf die Suche nach der *Einen Großen Liebe*. Ich spürte tief innen ein Ahnen und tiefes Wissen um die wahre, vollkommene Liebeserfüllung. Keine halbherzige Alternative konnte mich zufriedenstellen. Es war mir unmöglich, dauerhaft Kompromisse einzugehen, denen ich Wesentliches opfern sollte. Mehr und mehr wurde mir bewusst, dass ich die grenzenlose, allumfassende und bedingungsfreie LIEBE mehr liebte als alles, was vorübergehend war. Und allmählich dämmerte es mir, dass die Liebeserfüllung, nach der ich so verzweifelt im Außen suchte, spirituelle Dimensionen hatte. *Sie musste in mir selbst, in meiner essenziellen Einzigartigkeit und als Teil meiner inneren Göttlichkeit gefunden werden.* Die Suche bei einer anziehenden Frau oder in verlockenden Liebesbegegnungen, in denen ich die Erlösung aus meiner Getrenntheit erhoffte, entpuppte sich immer wieder als vergeblich.

Diese Suche war für mich sehr verführerisch und hat lange gedauert, zumal ich oft von den wundervollsten Frauen umgeben war. Solange ich noch gravierende innere Defizite in mir trug, projizierte ich die Erlösung aus diesem Mangel nach außen. Mich trieb die zunächst unbewusste Erwartung an, dass die innere Unvollständigkeit durch die Liebe und Bewunderung schöner, kraftvoller Frauen aufgefüllt werden könnte. Das hat zu so mancher Irritation und mitunter auch zu schmerzhaften Verletzungen geführt. Dies gespiegelt zu bekommen, war jedes Mal schrecklich für mich. Auf meinen früheren Entwicklungsstufen versuchte ich die Wucht von Anklage und Zorn mit einem Schutzreflex aus Rationalisierungen und Stolz zurückzuweisen. Natürlich war ich stets von der Echtheit und Aufrichtigkeit meiner Motive überzeugt. Doch mit der Zeit wuchs in mir eine zunehmende und schließlich radikale Bereitschaft, mich intensiv und gründlich dem zu stellen, was mir gespiegelt wurde.

Mein Wunsch nach Wahrheit wurde schließlich größer als das Bedürfnis, mein unsicheres Selbstbild zu verteidigen. Dadurch konnte ich die bei anderen ausgelösten Verletzungen als Teile meiner eigenen Wunden und Unbewusstheiten erkennen und annehmen. Dies führte mich in eine stetige, immer essenzieller werdende Selbstbegegnung, deren Höhepunkte ich in Teil II *Wie die Liebe mich einweihte* beschreiben werde. Zunehmende Liebeserfüllung stellte sich nämlich erst dann ein, als ich begriff, dass jede Liebesbegegnung im Grunde eine Aufforderung und Chance war, *mir selbst* tiefer zu begegnen. Und jedes Mal, wenn die gemeinsame Suche nach Liebe und Einheit unsere Wunden und Verletzungen ans Licht brachte, tauchten weitere abgespaltene Schattenbereiche auf. Obwohl dies oftmals bedrohlich erschien, erkannte ich es immer klarer als eine Notwendigkeit, durch die alles Ungeheilte endlich in Liebe umarmt, geklärt, geheilt und vergeben werden konnte. Sobald ich für echte Selbstfindung bereit war, verwandelte sich das, was anfangs bedauerlich oder gar tragisch erschien, in gnadenvolle Geschenke, durch die alle Beteiligten gesegnet wurden.

Diese oftmals harte, mitunter auch tief erschütternde innere Arbeit war und ist etwas vom Wichtigsten und Lohnendsten in meinem Leben. Jeder Schmerz, jede Träne, jede Enttäuschung, jede aufrüttelnde, schockierende Erfahrung haben mich demütiger und liebevoller, aber auch klarer und kraftvoller werden lassen. Die Liebe selbst übernahm die Führung und hat mich machtvoll eingeladen, wirklich alles, was ihr nicht entsprach, der göttlichen Heilkraft zu übergeben.

Als Folge stellt sich nun in meinem Leben gnadenvoll ein, was ich über Jahrzehnte hinweg vergeblich im Außen suchte. Meine Dankbarkeit dafür ist grenzenlos. Es hat mich in eine tiefe Demut vor der Größe und Herrlichkeit der allumfassenden, bedingungsfreien Liebe geführt. *Die innere Freiheit, die sich schrittweise einstellt, erwächst aus einem Frei-Werden von mir selbst. Sie entlarvt meine begrenzte Persönlichkeit mit ihrem Glauben an Mangel und Trennung immer wieder als reine Illusion.* Die Ausrichtung auf die bedingungsfreie Liebe leitete einen Prozess tiefgreifender Verwandlung ein. Mit dieser klaren Entscheidung wurde ich in eine neue, verbindliche Weise meines In-Liebe-Seins geführt. Anstatt die Liebeserfüllung im Außen zu suchen, durfte ich entdecken wie es ist, einfach nur liebend präsent zu sein. Und das Leben antwortete überwältigend und gnadenvoll.

Menschliche Liebe und Sexualität kann ein großartiges Sprungbrett in die grenzenlose All-Liebe sein. Dazu braucht es den Mut und die Bereitschaft, sich immer wieder neu dem Ruf der inneren Führung zu öffnen und hellwach jede mögliche Erfahrung als Gradmesser für die eigene Klarheit und Liebesfähigkeit zu erforschen. Diese kompromisslose Ehrlichkeit mit sich selbst schützt davor, sich in Illusionen, Schuldzuweisungen, Manipulationen und anderen emotionalen Verstrickungen zu verlieren. Solange wir destruktive und unfreie Verhaltensmuster ungeprüft fortsetzen, vergeuden wir nur sinnlos unsere wertvolle Lebenszeit und -energie. Doch all dies kann uns auch vorbereiten auf den Quantensprung in unsere eigene wahre Freiheit.

Sich seiner Motive, Bedürfnisse, Absichten und Antriebe klar bewusst zu werden, bringt Achtsamkeit, Mitgefühl und Wertschätzung in unsere Begegnungen. Am Ende steht die tiefe Bereitschaft, all dies dem Göttlichen zu übergeben und sich von der Liebe selbst führen und einweihen zu lassen. Dann kann der mitunter herausfordernde Weg der menschlichen Liebe uns in eine vollständige Erfahrung der All-Liebe führen. In uns erblüht die Weisheit unserer Herzen, die alle Bereiche unseres Menschseins wertschätzend annimmt und bedingungsfrei umarmt.

Bei aller Ernsthaftigkeit dieses Themas möchte ich auch immer wieder eine unbeschwerte Leichtigkeit einladen. Sie öffnet in uns einen Raum, in dem wir die magnetische Anziehung der Liebespole spontan, unschuldig und achtsam als reinen Ausdruck unserer Lebensfreude und Lebensbejahung feiern und genießen dürfen. Dies ist umso beglückender und erfüllender, je mehr sich nach und nach die alten Wunden und Verletzungen in die Heilung hinein auflösen.

Einladung

An dieser Stelle lade ich dich ein, den Text eines Liedes von meinem Seminar-Musiker Holger Yadava auf dich wirken zu lassen. Er ist seit einiger Zeit ein fester Teil des eingangs beschriebenen Kreises mit dem Herzstuhl. Seine Stimme berührt und öffnet immer wieder ganz direkt die Herzen aller Anwesenden. Die Aufnahme dieses Liedes findest du auch auf meiner Website.
www.gerd-bodhi-ziegler.de

ICH BIN ALL-EINS

Die Wahrheit ist: Ich bin geschützt und geborgen,
sicher getragen, fest verwurzelt im Sein.
Die Wahrheit ist: Ich bin kraftvoll gelassen,
lustvoll lebendig, befriedigt und erfüllt.

In Liebe, in Frieden und dankbar bin ich.

ICH BIN ALL-EINS,
bin kosmisches Licht, bin grenzenlos weit!
ICH BIN ALL-EINS
mit mir selbst und mit all dem, was ist.

Die Wahrheit ist: Ich bin entschlossen und mutig,
machtvoll, wahrhaftig, kreativ und frei.
Die Wahrheit ist: Ich bin in Freiheit verbunden,
höchste Klarheit, göttlich inspiriert.

In Liebe, in Frieden und dankbar bin ich.

ICH BIN ALL-EINS,
bin kosmisches Licht, bin grenzenlos weit!
ICH BIN ALL-EINS
mit mir selbst und mit all dem, was ist.

Kapitel 2: Meine Kindheit und Jugend

*»Den Ruf unseres Herzens erkennen wir daran, dass wir keine andere
Wahl haben als ihm zu folgen. Während wir innerlich erzittern, geben wir
uns ihm bereitwillig hin.«*

Aus meinen ‚Karten für Liebende'

Das Elternhaus

*M*eine Eltern waren beide äußerst liebevolle Menschen, die bis zu
ihrem Lebensende eine zarte, respektvolle Liebe voller Güte und
*Herzenswärme verband. Meine Mutter, eine temperamentvolle, starke und
gefühlsbetonte Frau, erzählte mir später einmal, wie schön und erfüllend
für sie der sexuelle Liebesaustausch mit meinem sanften, achtsamen und
wertschätzenden Vater sei. Beide würden immer wieder neue Möglichkeiten
lust- und liebevollen Austausches entdecken. Ich konnte meine Eltern diesbezüglich als Vorbilder akzeptieren und in meiner kindlichen Fantasie sah
ich mich im späteren Leben ähnlich wie sie in einer lebenslangen mono-
gamen Ehe. Doch mein Weg entfaltete sich zunächst völlig anders.*

*Damals lebte noch mein Großvater mit in unserer Familie. In seinen mitt-
leren Jahren hatte er seine Frau durch einen tragischen Unfall verloren,
als diese mit dem zehnten Kind schwanger war. Sie rutschte unglücklich
aus, stürzte und verblutete innerlich. Ein schwerer Schicksalsschlag für*

den Vater von bereits neun Kindern, von denen das jüngste noch im Säuglingsalter war. Er näherte sich nie wieder in seinem Leben einer Frau und widmete sich in späteren Jahren einem beinahe fanatischen Bibelstudium. An einem warmen Sommertag spielte ich mit meiner zwei Jahre jüngeren Schwester fröhlich und ausgelassen lachend auf unserer selbstgebauten Schaukel. Plötzlich näherte sich der Opa im Eilschritt und drosch unvermittelt mit seinem Gehstock auf uns ein. Schockiert und fassungslos rannten wir weinend davon. Wir fühlten die bebende Energie seines Zornes, doch konnten wir zunächst keine Erklärung dafür finden. Doch tief in mir ahnte ich, dass unsere fröhliche und unbeschwerte Lebendigkeit für ihn unerträglich war. Er musste sie vehement bestrafen mit der Absicht, ihren Ausdruck schon so früh wie möglich zu unterdrücken.

Erst viel später begriff ich, dass mein Großvater wahrscheinlich eine erotische Energie zwischen meiner Schwester und mir gespürt oder vielmehr auf die Situation projiziert haben musste. Die Wucht seiner eigenen gnadenlosen Sexualunterdrückung war wohl damals mit ihm durchgegangen. Sie entlud sich brachial, ausgelöst durch den Ausdruck unserer kindlichen Unschuld und Lebendigkeit. So furchtbar und unverständlich dies für mich als Kind war, so viel Mitgefühl empfinde ich heute für den Mann, dessen Liebespotenziale derartig verkrüppelt und von Schuld und Aggressionen überlagert waren.

Die religiöse Ausrichtung meines Elternhauses war ein einfältiger, bibeltreuer Glaube mit freikirchlichem Hintergrund. Er besaß durchaus auch lebendige und echte Seiten. Doch Liebeserotik und Sexualität wurden strikt auf den Rahmen einer Ehe begrenzt. Außerhalb dieser engen und für mich als Kind und Jugendlichen noch fernen Grenzen wurden diese Themen tabuisiert und ausgegrenzt. Sie wurden als sündig gebrandmarkt und waren selbstverständlich strikt verboten. In der Folge wurden alle entsprechenden Regungen und Impulse in den Untergrund gedrängt. Dies entsprach ganz und gar nicht meiner Natur, wie ich heute weiß.

Die glücklichsten Momente erlebte ich, wenn ich allein draußen in der Natur sein konnte, zu der ich im Laufe der Jahre eine tiefe liebende Verbindung entwickelte. Unser Haus stand einsam am Rand eines Waldes, umgeben von der rauen Schönheit einer noch unberührten Landschaft. Diese Welt war voller Mysterien, voller abenteuerlicher Geheimnisse, die es zu entdecken und zu verstehen galt. Stundenlang verweilte ich an meinen Lieblingsplätzen, untersuchte, beobachtete, lauschte und kommunizierte. In der Natur fand ich ein Stück Vollkommenheit wieder. Für mich war sie eine nährende und heilende Welt, zu der ich eine tiefe Freundschaft entwickelte. Das Leben folgte hier voller Reinheit und Unschuld seinen ureigenen Gesetzen, die meinem Sinn für Echtheit und Harmonie entsprachen.

Doppelleben

Aufgrund meines heutigen Verständnisses weiß ich, dass ich mich selbst in diesen innigen Momenten tiefer Verbindung mit der Natur zum ersten Mal mit erweitertem Bewusstsein essenziell wahrnehmen konnte. Dies waren meditative Momente höchsten Glücks in vollkommenem Einklang mit mir selbst und dem Mysterium meiner Umgebung. Die Außenwelt, die ich oft als hart, rau und unwirtlich empfand, verwandelte sich in eine Sphäre voller Geborgenheit, Harmonie und Frieden.

Solche Zustände kamen und gingen. Sie wurden abgelöst von Phasen einer unbestimmten, oftmals schmerzvollen, beinahe unerträglichen Sehnsucht. Stets war ich mit diesem inneren Erleben allein. Ich vermochte es mit keinem anderen Menschen zu teilen. Meine inneren Prozesse passten nicht in die „reale Welt". Die „Realität" war die Welt des Überlebens und der materiellen Notwendigkeiten. Sie hatte andere Gesetze, andere Regeln und Erfordernisse. Sie ließ keinen Platz für „sentimentale Gefühlsregungen".

Ich lernte also, auf verschiedenen Ebenen zu leben. Die innere und äußere Welt klaffte weit auseinander. Immer wieder versuchte ich, Brücken zu bauen und sie zu verbinden. Dies gelang mir sehr selten und so entwickelte ich mit der Zeit eine Art Doppelleben, das aufgeteilt war zwischen den äußeren Erfordernissen und dem eigentlichen Leben, in dem ich meinen persönlichen Neigungen und Interessen nachging. Ich war damals viel allein. Mit Menschen, so schien es, konnte ich nur die oberflächlichen Aspekte meines Lebens teilen. Sobald ich jedoch in Verbindung mit meinem Inneren trat, intensivierte sich mein Erleben und ich fühlte mich wieder heil und zufrieden.

Doch dann kam eine Zeit, in der dies immer seltener gelang. Oftmals wurde mein selbstgenügsames Alleinsein zur Einsamkeit, die wie ein Dämon in meinen Eingeweiden wühlte. Sie ließ mich unruhig und rastlos umherwandern auf der Suche nach etwas, das mir schmerzlich fehlte. Ich fühlte mich unvollständig, isoliert und fremd, manchmal auch gerade dann, wenn ich in Schule und Familie von Menschen umgeben war. Meine Verbindung nach innen wurde von meiner Umgebung nicht wirklich wahrgenommen und schon gar nicht gefördert. So driftete mein Bewusstsein mehr und mehr in die Illusion der Getrenntheit vom Leben.

Die Innenwelt

Schon einige Jahre vor meiner Pubertät, etwa im Alter von sechs oder sieben Jahren, begann ich mich zu verlieben. Ich war entzückt von einigen Mädchen in meiner dörflichen Umgebung und schwärmte von ihnen. In meiner Vorstellung verwandelten sie sich in Prinzessinnen, mit denen ich zärtlich umschlungen durch sonnendurchflutete Landschaften schwebte.

Keine dieser frühen Angebeteten erfuhr jemals etwas von meiner Verehrung. Sie wurden zu Bildern meiner inneren Geliebten. Erst später begann ich zu verstehen, dass tatsächlich alles, was im Außen eine so magische Anziehungskraft ausübt, nichts anderes ist als die Spiegelung der eigenen Seele, die nach Entfaltung drängt. Die Schönheit und die Qualitäten, die ich auf andere Menschen projizierte, waren in mir selbst angelegt. Sie warteten darauf, bewusst erkannt und als Aspekte meines eigenen Seins integriert zu werden.

Beides blieb für mich auch im späteren Leben als Zugang zum Raum meines Seins bedeutsam: die Verbundenheit mit der geliebten Natur und die Begegnungen mit Frauen, die mir einen fremden und zugleich tief vertrauten Aspekt meiner selbst zu spiegeln vermochten. Ihre Nähe schenkte mir Erdung und eine erweiterte Präsenz. Sie wurden für mich zu Quellen von Inspiration, Transformation und Heilung.

Beides lehrte mich Hingabe und Ekstase: die Natur durch ihre stille und ruhige Schönheit, der Eros durch die Intensität der Anziehung und das Feuer der Sinnlichkeit. Hier machte ich Erfahrungen, die mir einen Geschmack von Einheit und Grenzenlosigkeit gaben. Sie schenkten mir hin und wieder den Zutritt zu Räumen erweiterter Wahrnehmung, zu einem umfassenden Gefühl ozeanischen Eins-Seins. Doch ebenso habe ich den Gegenpol kennengelernt: Zurückweisung, Verlassenheit, Einsamkeit, Sinnlosigkeit und Enttäuschung.

Erst viel später lernte ich noch eine dritte Art von Glück kennen, für die kein bestimmter äußerer Stimulus nötig ist. Ich lernte, meine Aufmerksamkeit nach innen zu lenken. Auf diese Weise mobilisierte ich mein volles Interesse, meine ganze Liebe und Gefühlstiefe für mich selbst und verschmolz mit dem unbekannten und doch so vertrauten Wesen, das in mir wohnt, oder besser – das *ich bin.*

Anfangs war die bewusste Wahrnehmung meiner Innenwelt nicht immer nur angenehm. Immer dann, wenn mir meine unterdrückten Bedürfnisse und nicht gelebten Sehnsüchte als Schatten und Dämonen gegenübertraten, brauchte es oft erhebliche Überwindung, um nicht gleich vor mir selbst davonzulaufen und mich zu verschließen. Ich erinnere mich deutlich an Zeiten, in denen ich mich am Rande von Resignation und

Verzweiflung befand. Doch wann immer es mir gelang, bedingungslos allem, was auftauchte, Raum zu geben, es willkommen zu heißen und zu umarmen, erlebte ich tiefe Heilung und Befreiung. Ich kam mir so selbst endlich wieder näher, wurde Liebender und Geliebter. Je weiter ich in diese Räume der Verbundenheit und Einheit vorstieß, desto größer wurde meine Hingabe und Verehrung gegenüber dem Göttlichen in mir.

Am eigenen Leibe habe ich erfahren, wie schwer, ja manchmal geradezu unmöglich es sein kann, der inneren Schattenwelt mit all ihren vernichtenden Urteilen, bedrohlichen Ängsten, brutalen Selbstanklagen und schmerzhaften Schuldgefühlen zu begegnen. Auf der Suche nach den inneren Räumen von Licht und Liebe begegnete ich – wie auch die meisten Menschen, die ich begleite – erst einmal dem, was in mir unerlöst auf Heilung und Befreiung wartete.

Es brauchte Kraft und Entschlossenheit, durch die zähen Schichten von Schuld, Angst und Selbstverneinung zu jenen Ebenen von Transparenz, Offenheit und Durchlichtung durchzudringen, nach denen ich mich so intensiv sehnte. Doch manchmal, gerade dann, wenn ich es am wenigsten erwartete, öffneten sich überraschend innere Räume von Glückseligkeit und Weite, die mit Worten schwer zu beschreiben sind.

In all jenen Momenten, in denen ich mein innerstes Sein berührte, wusste ich zutiefst: Dorthin sehnt sich und strebt mein ganzes Wesen. Dies motivierte mich, auch in den dunkelsten Zeiten, in denen das Licht am Ende des Tunnels unerreichbar erschien, offen zu bleiben. Das Sehnen nach dem Licht, das in meinem Inneren immer beglückend strahlt, begleitete mich seither auch unterschwellig in allen meinen Liebesbegegnungen.

Erste große Liebe

*P*etra, meine erste große Liebe – ich war 18, sie 15 Jahre jung – besaß eine zarte, äußerst anmutige und sinnliche Ausstrahlung. Wir wohnten 70 Kilometer auseinander und konnten uns – wenn überhaupt – nur an den Wochenenden sehen. Dann aber schwelgten wir in zärtlichen, romantischen Sphären voller selbstvergessener himmlischer Verliebtheit.

Mit unserer natürlichen, hochsensiblen Sinnlichkeit entdeckten wir wonnevoll unsere Körper und erlebten behutsam den drängenden und leidenschaftlichen Wunsch nach körperlicher Vereinigung. Nach etwa einem Jahr wäre dies für uns beide wünschenswert und natürlich geschehen, hätte nicht auch ihr religiöser Hintergrund diese Möglichkeit strikt zurückgewiesen. So verzichteten wir auf das, was sich unsere Körper ersehnten und quälten uns weitere zwei Jahre lang mit Zurückhaltung und Verzicht.

In dieser Zeit beobachtete ich zunehmend skeptisch das Verhalten der Menschen in unserem religiösen Umfeld. Sehr bald entdeckte ich die offensichtlichen Zusammenhänge von Aggression, Feindseligkeit und Doppelmoral, die oft mit der Reglementierung und Unterdrückung von Sexualität einhergeht. Und obwohl ich selber noch nicht wagte, das Tabu zu durchbrechen, begann ich die rigide Sexualmoral zu kritisieren und abzulehnen.

Dann, an einem Wochenende Anfang März, drei Jahre nach dem Beginn unserer Liebesverbindung, überraschte sie mich. Als Arzthelferin hatte sie Zugang zur „Pille" und wollte einfach nicht länger warten. Wie aufgeregt wir beide waren! Endlich, endlich durfte sein, worüber wir schon hunderte Male fantasiert hatten.

Ehrlich gesagt war ich dann doch etwas enttäuscht, als wir es schließlich „getan" hatten. Ich glaubte tatsächlich, dass ich es vorerst nicht wiederholen wollte. Doch gleich am folgenden Tag vereinigten sich unsere Herzen und Körper wieder aufs Neue. Ab diesem Zeitpunkt wurde es zunehmend schöner und lustvoller. Wir führten uns gegenseitig auf eine zärtlich-wonnevolle Weise in die körperliche Liebe ein und konnten kaum genug davon bekommen.

Die warme Jahreszeit kam und auf unseren gemeinsamen Streifzügen durch die bewaldete Natur fanden wir die schönsten Plätze für unseren Liebesaustausch. Es war pures Entzücken und jedes Mal ein Fest für unsere Sinne, Körper und Seelen. Es schien möglich, diesen Bereich unserer Liebe heimlich und jenseits moralischer Gebote und Vorschriften zu zelebrieren. Alles war so echt, so wirklich und natürlich, dass wir nie das Gefühl hatten, etwas Unrechtes oder gar Sündiges zu tun. Oder waren da doch unterschwellige, unbewusste Schuldgefühle, die nach einigen Monaten zu einem jähen Ende unserer unbeschwerten Zeit führten? Petra war wieder zu einem Wochenende bei mir und schrieb in ihr Tagebuch, sie habe einmal die Pille vergessen und befürchte nun eine ungewollte Schwangerschaft.

Sie wurde nicht schwanger, doch ließ sie das Tagebuch aufgeschlagen in meinem Zimmer am Boden liegen. Als meine Mutter die Blumen gießen wollte, stolperte sie über das Buch und die verräterischen Zeilen sprangen ihr entgegen. Entsetzt und todernst nahm sie mich beiseite und konfrontierte mich mit ihrer schockierenden Entdeckung. Ich suchte verzweifelt nach einer Ausrede, doch es gab kein Entrinnen. Wir mussten unsere „Todsünde" bekennen. Sofort wurden auch Petras Eltern informiert. Das Entsetzen war auch dort sehr groß und wir wurden vor die Wahl gestellt, entweder umgehend zum Standesamt zu gehen und zu heiraten oder uns nicht mehr zu treffen. Unsere Wahl war klar, denn die Strafe einer gewaltsamen Trennung erschien uns unerträglich. So schlitterte ich überstürzt und unvorbereitet in eine moralisch erzwungene Ehe.

Anfangs glaubte ich noch, dieser „formale Akt" würde nichts an unserer Liebe ändern. Doch schon sehr bald musste ich einsehen, dass ich mich darin gründlich geirrt hatte. Es war wie das Eintreten in ein neues, gesellschaftlich reglementiertes Energiefeld mit ehelichen Pflichten und Begrenzungen. Der Zauber unserer Liebe löste sich darin unaufhaltsam auf. Der natürliche Tanz unserer unbeschwerten Freude und Anziehung wurde unversehens ersetzt durch eine auferlegte Bindung und einen offenen Zwang.

Diese gefühlte Unfreiheit begann mehr und mehr auf mir zu lasten, und ich erinnere mich an herrliche, sonnige Frühlingstage, in denen ich verzweifelt in depressiven Zuständen zu versinken drohte. Der Ehering an meiner noch so jungen Hand wurde für mich zum Symbol einer Fessel und unterhöhlte zunehmend die Echtheit und Schönheit unserer Liebe. Hinzu kam, dass sich das Fundament meines übernommenen Glaubens unaufhaltsam aufzulösen begann, was mich in eine zusätzliche Sinnkrise stürzte. Zum ersten Mal dachte ich über die Möglichkeit von Freitod nach.

Wir übersiedelten ins damalige West-Berlin, wo für mich eine intensive Selbstfindung und spirituelle Neuorientierung begann. Doch hierbei konnte und wollte Petra mir nicht folgen. Wir lebten uns zusehends auseinander und unsere Ehe wurde geschieden. Nach sieben Jahren war unser beider erste große Liebesverbindung zu Ende. Bald darauf lernte sie einen anderen Mann kennen und wurde die Mutter gemeinsamer Kinder.

Selbstbegegnung

In Berlin intensivierte sich mein Weg der Selbstfindung. Hier erhielt ich viele neue, wertvolle Impulse, obwohl ich mich in der großen Stadt auch oftmals fremd und verloren fühlte. Noch während meines Studiums begann ich, mit Menschen zu arbeiten und mit ihnen meine aktuellen Gedanken und Erfahrungen zu teilen.

Meine innere Führung ließ mich später nach Indien reisen auf der dringlichen Suche nach dem, was ich immer noch in mir vermisste. Doch anstatt dort – im Außen und bei einem Guru – die ersehnte Erleuchtung zu finden, kam ich nach Jahren schwerkrank und entkräftet zurück. Das Leben zeigte mir unerbittlich, dass meine Suche nicht irgendwo da draußen, nicht in irgendeinem angeeigneten Wissen, nicht beim Erfolg, nicht bei den Frauen, nicht in äußeren Erfahrungen zur Ruhe kommen konnte. Ich realisierte schließlich immer klarer, dass ich am richtigen Platz, nämlich in mir selbst, suchen musste, um Frieden und Erfüllung zu finden. Für diese grundlegende Erkenntnis bin ich bis heute unendlich dankbar. Denn sie führte mich Schritt für Schritt zum Ende des Suchens und zum Anfang des Findens. Meine göttliche Führung drängte mich von innen her, diesen Weg unbeirrt fortzusetzen, auch und gerade dann, wenn ich in die dunklen Bereiche meiner Seele eintauchen musste.

Immer wieder aufs Neue war ich von meinen Entdeckungen so fasziniert und beseelt, dass es mich drängte, andere Menschen daran teilhaben zu lassen. Voller Begeisterung setzte ich mich dafür ein, ihnen entsprechende Schritte und Erfahrungen nahezubringen. Ich begann, immer kompromissloser meiner Herzensstimme, dem Ruf der Freude zu folgen. So wurde mein eigener Weg in die Entfaltung meiner Potenziale zur Berufung. Meine Sinnsuche ging immer auch Hand in Hand mit der Befreiung von übernommenen Einstellungen im Bereich von Liebe, Sexualität und Partnerschaft. Bevor ich die spirituellen Dimensionen menschlicher Liebe verstehen und verwirklichen konnte, musste ich mich zunächst von dem Ballast alter, einengender Konditionierungen befreien. Erst danach wurde es mir möglich, frei von Rebellion und Widerstand den tieferen Sinn aller meiner Liebesbegegnungen zu ergründen.

Nach und nach erkannte ich, dass unser menschliches Sehnen nach Liebe und Vereinigung ein Echo des Sehnens unserer Seele nach der Einheit mit dem Göttlichen ist. Indem ich mich den vielfältigen menschlichen Erfahrungen öffnete, konnten diese zu einem Durchgang zu inneren Räumen des Erkennens und Erinnerns meines ursprünglichen Seins werden.

Endlich gesehen werden!

An dieser Stelle blende ich nochmals kurz zurück in meine Kindheit. Wie bei den meisten Menschen wurde in meinem Elternhaus meine kindliche Offenheit, Unschuld und Natürlichkeit selten belohnt. Auch ich musste früh feststellen, dass meine Eltern, Großeltern, Lehrer und Verwandten mich nicht wirklich sahen und verstanden. Sie waren nicht in der Lage, mein Wesen zu erfassen und zu spiegeln. Natürlich war mir dies damals noch nicht bewusst.

Ich erhielt eine Fülle von Botschaften und Anordnungen, die meine inneren Qualitäten entweder ignorierten oder diese grundsätzlich in Frage stellten. Nur äußerst selten fühlte ich mich wirklich erkannt, gefördert und in meinem freien, natürlichen Ausdruck unterstützt. Bei aller Liebe und Fürsorge, die mir auch zuteil wurden, stellte ich irgendwann fest, dass es besser ist, mich nicht mit allen meinen tiefsten Regungen zu zeigen. Doch viel schlimmer noch war dieser nagende, unterschwellige Zweifel an mir selbst, an meiner Richtigkeit, meinem Wert, meiner Liebenswürdigkeit.

Weil ich mich immer wieder in Frage stellte und gestellt fühlte, glaubte ich mit der Zeit, dass etwas mit mir und meiner menschlichen Natur nicht stimme. Als Folge davon war mein Selbstbewusstsein sehr labil und ich wagte kaum darauf zu hoffen, dass die Mädchen, von denen ich mich angezogen fühlte, die ich insgeheim verehrte und von denen ich träumte, sich je für mich interessieren würden. Ich begann, mich zu verbergen, hielt mich viel allein in der Natur auf und spielte mit unseren Haustieren. Dadurch grenzte ich mich selber aus, wurde zum Außenseiter und ging menschlichen Konflikten lieber aus dem Weg.

Mit der Zeit lernte ich, mich bei den Eltern und Erwachsenen nur noch mit jenen Angelegenheiten zu zeigen, bei denen ich sicher sein konnte, dass sie auch zu deren Denkweisen und Wertesystemen passten. Vor allem der Bereich meiner Erotik und Sexualität musste verheimlicht werden. Die strenge Moral meines engen religiösen Umfeldes sah dafür bei Kindern und Jugendlichen keinen Platz. So schwankte ich hin und her zwischen Selbstverleugnung und Heimlichkeiten, mit einem unterschwellig schlechten Gewissen. Meine wahren Regungen waren tabu. Auf keinen Fall durfte ich mich damit zeigen! Mein Verlangen nach liebeserotischen Erkundungen und Erfahrungen sowie meine natürliche Neugierde blieben für lange Zeit unterdrückt und ungestillt.

Umso überwältigender war es dann später, als einige der schönsten und anziehendsten Mädchen sich plötzlich doch für mich interessierten. Dies waren für mich jedes Mal Momente voll unfassbaren Glücks. Die offensichtliche Tatsache, dass ich doch gewollt und begehrenswert war, lockte mich nach und nach aus meiner Isolation. Ich erlebte mich endlich anerkannt und als sexuelles Wesen angenommen und gewollt.

Doch konnte ich dieser „Liebe", diesem Gewollt- und Angenommensein auch wirklich vertrauen? Diese Frage kam auch in späteren Zeiten regelmäßig auf, wenn sich aus der Verliebtheit eine „feste Beziehung" entwickelte. Auf einmal war wieder nicht alles an mir willkommen, vor allem nicht meine Neigung, den Ausdruck meiner Lebendigkeit und Zuneigung auf Dauer nicht nur auf eine einzige Frau zu begrenzen. Ich verliebte mich gern und häufig, war vielleicht auch süchtig nach diesen erhebenden, ekstatischen Gefühlen und rang darum, diese mit einer für mich wichtigen und tiefgehenden Partnerschaft zu vereinbaren. In meinem Empfinden schloss sich beides überhaupt nicht gegenseitig aus. Im Gegenteil: Je freier ich mich fühlen konnte, desto näher und stärker präsent war ich auch für meine jeweilige Partnerin, mit der ich mein Leben teilte. Doch die meisten fühlten sich davon bedroht und reagierten eifersüchtig. Schon bald erlebte ich mich dann wieder überwacht, kontrolliert und gefangen, wie ich es in den engen moralischen Begrenzungen meines Elternhauses und in der damals lebenswichtigen Beziehung zu meiner vereinnahmenden Mutter erlebt hatte.

Und so schien es, als würden mir meine Überzeugungen, mit meinem Menschsein stimme etwas nicht, immer wieder aufs Neue bestätigt. Ich begann, mich erneut innerlich zurückzuziehen und suchte nach Wegen, die Erfahrungen, die mir wichtig erschienen, doch irgendwie einzulösen. Notgedrungen musste dies verdeckt und heimlich geschehen, denn die ganze Wahrheit hatte in der Regel Liebesentzug, endlose Konflikte und den Verlust des häuslichen Friedens sowie des harmonischen Miteinanders zur Folge. Der offene, ehrliche, freie Ausdruck meiner Liebesbegegnungen schien unvereinbar mit einer Nähe und Verbundenheit, in der ich mich zuhause, geborgen und angenommen fühlen konnte.

Immer wieder musste ich einsehen, dass Heimlichkeiten und Unwahrheiten früher oder später ans Licht kamen und die ersehnte vertrauensvolle Nähe und Geborgenheit dadurch erneut zerstört wurden. Mein Glaube an mein Nicht-Richtig-Sein schien sich dadurch immer wieder zu bestätigen. Ganz allmählich begann ich, meine Träume von der Vereinbarkeit von Liebe und Freiheit zu begraben.

Erst sehr viel später in meinem Leben, als ich mich weitgehend selbst gefunden hatte, wurden mir ganz überraschend Erfahrungen geschenkt, in denen offene und ehrliche Nähe und Freiheit, tiefes Einlassen und freier Liebesfluss miteinander versöhnt und gelebt werden konnten. Diese neuen Erfahrungen vertieften für mich die Heilung und Befreiung, die offensichtlich bereits in mir begonnen hatte.

Allen Frauen dieser Lebensphase fühle ich mich in besonderer Dankbarkeit verbunden. Aus jeder Liebesverbindung ist eine spürbare Seelenliebe und zutiefst wertschätzende Verbundenheit und Freundschaft hervorgegangen. Auch in diesem Kontext sehe ich heute klar, dass es vor allem *eine* grundlegend wichtige Beziehung gibt, nämlich die zu uns selbst. Alle Begegnungen und Verbindungen zu den Menschen unseres Lebens spiegeln exakt und unmittelbar die Qualität dieser unserer ersten Partnerschaft mit uns selbst, im Schönen wie im Schrecklichen.

Alexis Zorbas

E s gibt einen alten Film, den ich zum ersten Mal in meiner Studenten-
zeit in Berlin sah: *Alexis Zorbas*. Er wurde nach dem gleichnamigen
Roman von *Nikos Kazantzakis* gedreht. Ich erinnere mich noch genau, wie
elektrisiert ich damals das kleine Kino verließ. Ich fühlte mich mit Lebenskraft
aufgeladen und mit neuem Mut erfüllt. Später las ich auch das Buch und
kaufte mir die Filmmusik mit den wichtigsten Sprechpassagen. Und natürlich
sah ich diesen Film im Verlauf der folgenden Jahre noch viele Male.

Die Geschichte des Romans handelt von der Begegnung eines intellek-
tuellen englischen Schriftstellers (der sich mit seinem geerbten Geld nach
Kreta zurückziehen will), mit dem kraftvoll-vitalen Griechen *Alexis Zorbas*,
dessen ungebrochenes Herz für die Liebe schlägt und dessen Geist das
Leben ungebändigt feiert. Beide treffen sich auf der Fähre nach Kreta, und
fühlen sich sofort zueinander hingezogen. *Zorbas* führt den Fremden in
die damals noch sehr raue und archaische Welt Griechenlands ein. In
einem entlegenen Bergdorf, in dem sie sich niederlassen, lebt auch eine
junge, schöne Witwe. Sobald der Engländer und sie sich im Vorübergehen
sehen, fühlen sie sich magisch zueinander hingezogen. Doch aufgrund
seiner Schüchternheit und ihrer Einbindung in die strengen Sittengesetze
ihrer Umgebung wagen beide nicht, ihre Anziehung auszudrücken und
zu leben. Für *Alexis* ist eine solche Zurückhaltung unverständlich und
er beginnt, auf seinen Schützling einzuwirken. Nach einiger Zeit kommt
es dann doch zwischen ihm und der schönen, geheimnisvollen Frau zu
einer Begegnung – leider mit fatalem Ausgang.

Zwei an den Schriftsteller gerichtete Aussagen aus dem Film sind mir
in Erinnerung geblieben und haben mich lange begleitet. Ich gebe sie hier
frei ins Deutsche übertragen wieder:
*„Leben bedeutet Herausforderung – nur im Tod wird es wirklich still.
Also habe endlich Mut, dich dem Leben zu stellen!"* Die zweite Aussage

richtet *Zorbas* ebenfalls an seinen „Chef", der sich immer noch nicht traut, die Begegnung mit der schönen Witwe zu realisieren, nach der sich beide verzehren: *„Gott ist im Allgemeinen ein äußerst nachsichtiges Wesen. Doch es gibt eine Sünde, die er einem Mann niemals vergibt: Wenn eine Frau ihn in ihr Bett ruft – und er ihrem Ruf nicht folgt!"* Dies habe ich mir recht lange zu Herzen genommen.

Aus heutiger Sicht weiß ich allerdings, dass es auch hier Ausnahmen gibt, in denen „Gott" sehr wohl vergibt, z. B. wenn ein Mann aufgrund früherer Verletzungen keinen sicheren Selbstkontakt besitzt. Mehr als allgemein bekannt, werden auch Jungen von ihren Müttern als Partnerersatz missbraucht, für eigene Defizite im Liebesbereich ausgenutzt und somit abhängig gemacht. Dies hinterlässt tiefe Wunden und kann zu zwanghaften Verhaltensweisen führen. Im späteren Leben wird ein solcher Mann sich von Frauen, die sich ihm nähern, eher bedroht oder manipuliert fühlen. Ebenso ist es möglich, dass er sich unbewusst rächt und zum Herzensbrecher wird oder zwanghafte, durch den Missbrauch eingeschliffene Verhaltensweisen in seinen Partnerschaften wiederholt. Hier braucht es erst einmal tiefe Heilung und Selbstfindung. Erst dann werden sehr zarte, behutsame Kontakte möglich.

Natürlich ist es auch notwendig, einer Einladung zu einer Liebesbegegnung nicht zu folgen, wenn diese sich nicht stimmig anfühlt oder offensichtlich gerade nicht passt. Hier gebieten die eigene Integrität und die Liebe zur inneren Wahrheit, dass man nichts vortäuscht oder sich auf ein falsches Spiel einlässt. Ebenso gibt es sehr wichtige Lebensphasen tiefer intensiver Selbstbegegnung oder eines verbindlichen Einlassens auf die Liebesverbindung mit einem besonderen Menschen, in denen die sehr extrovertierte Lebensart eines *Alexis Zorbas* völlig verfehlt wäre.

Das Archetypische, das er verkörpert und das mich damals begeisterte, ist die kompromisslose Art, wie er beherzt und kraftvoll seiner Wahrheit und seinem Liebesausdruck folgt. Doch heute sehe ich auch, dass seine Gestalt sehr idealisiert dargestellt wurde. Ein derart auf die äußeren

Erscheinungen des Lebens ausgerichteter Mensch wird keinen tiefen Frieden und keine bleibende Erfüllung finden, es sei denn, die Echtheit seiner Erfahrungen werden ihn irgendwann in eine ebenso wahrhaftige Selbstbegegnung führen.

In meiner damaligen Lebensphase ging es jedoch zunächst darum, mich von den moralischen Zwängen meiner Vergangenheit zu befreien. Der Ausdruck meiner menschlichen Liebe war allzu lange begrenzten, ankonditionierten Einstellungen unterworfen worden. Erst nachdem diese Befreiung weitgehend abgeschlossen war, wurde es mir möglich, in Liebesvereinigungen auch die Einheit mit der allumfassenden, grenzenlosen LIEBE zu erleben. Und schließlich durfte ich einsehen, dass dies auf Dauer nur noch mit jener Partnerin möglich ist, mit der mich die göttliche Vorsehung vereint hat, um mit ihr gemeinsam den Weg in die All-Liebe zu vollenden.

Kapitel 3: Monogam oder polyamor

*»Sex muss transformiert werden. Weder unterdrückt noch sinnlos über-
trieben. Und der einzige Weg, Sex zu transformieren, ist sexuell zu sein, in
tiefer meditativer Wachheit«*

Osho

An dieser Stelle möchte ich auf die Frage eingehen, wie viele Liebesverbindungen wir, wenn überhaupt, auf eine heilende, wohltuende und segensreiche Weise gleichzeitig eingehen und leben können. In meinen Seminaren und Trainings zeigen sich immer wieder Teilnehmer mit dem Konflikt, dass sie sich gleichzeitig zu mehr als nur einem Menschen hingezogen fühlen. Sie erleben sich in solchen Konstellationen oft verwirrt oder überfordert und ringen um eine stimmige und für alle Beteiligten würdevolle Lösung.

Nach meiner Erfahrung ist dabei vor allem die Qualität unseres Kontaktes zu uns selbst entscheidend wichtig. Um diese zu vertiefen und zu stabilisieren braucht es unsere rückhaltlose Bereitschaft, den schmerzhaftesten Wunden und dunkelsten Schatten in uns wahrhaftig zu begegnen. Dabei geht es auch immer wieder um die Klärung und Heilung unserer Ur-Wunden, die wir aus den primären Prägungen unserer Kindheit in uns tragen. Dies erweckt in uns den wachsenden Wunsch, den Kontakt zu unserer Innenwelt und dem Göttlichen (beides ist natürlich eins!) ständig zu pflegen. Darauf werde ich im weiteren Verlauf dieses Buches noch vertieft eingehen.

Je bewusster, liebevoller, geduldiger und wertschätzender wir mit uns selbst umgehen können, desto freier und harmonischer wird sich auch der Ausdruck unserer menschlichen Liebe entfalten. Je sicherer wir uns von innen her geführt fühlen und erleben, desto weniger brauchen wir Gebote, Vorschriften, Richtlinien und Anleitungen. Wir sind dann zunehmend bewusst und präsent und bleiben auch in intensiven Erfahrungen in unserer eigenen Mitte. Die Verbindung mit der Klarheit und Gewissheit unserer inneren Weisheit und Führung wird kraftvoll und klar.

Natürlich sind und bleiben wir in unserer Offenheit auch weiterhin berührbar und verletzlich, doch die Liebe befreit uns mehr und mehr von lähmender Angst und quälender Schuld. In Momenten des Nicht-Wissens können wir innerlich die göttliche Kraft anrufen und sie bitten, uns den nächsten Schritt, die nächste Bewegung, die angemessenen Worte und stimmigen Entscheidungen zu zeigen. Dann durchströmt sie uns, führt und bewegt uns, spricht und entscheidet durch uns. Dies ist jedes Mal buchstäblich wundervoll und wird immer öfter und schließlich ständig zur Grundqualität unseres Lebens.

Aus einer freien Entscheidung für eine klar monogame Partnerschaft kann ein großartiger gemeinsamer Weg erwachsen. Entscheidend ist, dass ein solcher Entschluss nicht überwiegend aus Angst vor Verlust und Einsamkeit getroffen wird. Denn dies hätte Abhängigkeit und ungesunde Anpassung zur Folge. Abhängigkeitsbeziehungen können vorübergehend als „Ruhebank" dienen, verhindern jedoch auf Dauer weiteres Wachstum. Aus einem tiefen Bedürfnis nach Entwicklung muss dann früher oder später einer von beiden diesen unerträglich gewordenen Zustand oft schmerzhaft aufbrechen. Wer in seinem Leben schon mehr als einmal verliebt war, trägt polygame Tendenzen in sich, die dann meist im Nacheinander gelebt werden.

Auf die in unserer Gesellschaft anerkannte Zweisamkeit werde ich (im dritten Teil) noch ausführlich eingehen. Da sich in meinem Leben die Liebe über längere Zeit eher unkonventionell ausgedrückt hat, beleuchte ich zunächst auch jene Bereiche, über die aus der Perspektive des Bewusstseins der Einheit bislang noch wenig geschrieben wurde. Falls dies für dich kein Thema ist, das dich beschäftigt, kannst du auch den Rest dieses Kapitels überspringen, ohne etwas für dich Wichtiges zu verpassen. Ob wir uns in gewissen Phasen unseres Lebens nur mit einem einzigen Partner verbinden wollen oder auch für mehrere offen sind, ist abhängig von unserem Seelenplan (auf den ich im nächsten Kapitel eingehe), sowie von der Qualität unseres Kontaktes zu uns selbst.

In diesem Zusammenhang taucht gerade in mir eine Erinnerung auf an eine prägende Erfahrung, die ich vor ca. 30 Jahren als Teilnehmer einer Begegnungsgruppe mit etwa 60 Teilnehmern hatte. Am ersten Abend wurden wir aufgefordert, einen Partner des anderen Geschlechts zu finden, um mit ihr/ihm in der folgenden Nacht zusammen zu sein. Am nächsten Abend das Gleiche, nur dass wir dieses Mal jemanden wählen sollten, von dem wir uns gar nicht besonders angezogen fühlten. Diese Übung sollte uns die Möglichkeit einer Begegnung unabhängig von äußeren Reizen und oberflächlichen Anziehungsprogrammen aufzeigen. Welche Nacht war wohl für mich die schönere? Erraten – die zweite! Erstaunlich oder? Offensichtlich ist die Freiheit von Projektionen einer wohltuenden Begegnung und Nähe durchaus zuträglich.

Ich bleibe noch kurz in Poona/Indien – dort fand nämlich die besagte Gruppe statt. Für die letzte Nacht gab es die Einladung, sie in einer gemischten Kleingruppe zu verbringen. Wir waren vier Männer und vier Frauen und trafen uns in einer romantischen Bambushütte. Die Nacht war warm. Kerzen brannten. Wir kannten uns kaum und wussten, dass wir miteinander ein Risiko eingehen würden. Ich ging vor unserem Treffen noch allein in die große Meditationshalle und machte mich vollkommen leer von Erwartungen und Bedürfnissen. Eine tiefe Entspannung, verbunden mit einem völligen inneren Loslassen stellte sich dort in mir ein.

Dann später, in der schönen Hütte, kam ganz unerwartet eine befreite, ekstatische Liebesenergie über mich. Sie bewegte meinen Körper und die Kraft ließ alles in frei fließender, wunderbarer Weise geschehen. Wir entkleideten uns ganz natürlich und ungezwungen. Auf entspannte, achtsame und gleichzeitig voll präsente Weise begannen wir, uns gegenseitig zu berühren. Mehr und mehr entwickelte sich ein körperlich-energetischer Liebesreigen, der alle Anwesenden erfasste und für einen ekstatischen Liebesfluss öffnete. Es gab keine Konkurrenz, Eifersucht oder Rivalität. Wir waren eins. Mit jeder und jedem gab es lustvolle Berührungen und inspirierende Begegnungen.

Vollkommen wach konnte ich in jedem Moment spüren, wo noch etwas ängstlich festgehalten wurde. Meine öffnenden und befreienden Impulse wurden dankbar und freudig angenommen und weitergegeben. Diese Verzückung bewegte uns unendlich heilend und beglückend die ganze Nacht. Mein Geist war dabei voll präsent, kristallklar und ausgedehnt. In der Morgendämmerung verließ ich die Hütte, um in den großen Gartenbrunnen zu springen. Als ich in das kühle Nass eintauchte, wusste ich tief in mir, dass sich in dieser Nacht ein Potenzial freigesetzt hatte, von dem ich meinen damaligen Lehrer Osho oft habe sprechen hören.

Wenn wir als begrenztes Ich beiseite treten, bekommt das Göttliche in uns einen Raum, in dem ES vollkommen und ungehindert wirken kann. Osho sprach oft über die Vereinigung der „Zorbas-Natur" mit der „Buddha-Natur". Die Erfahrung dieser Einheit war für mich wie ein Gipfelerlebnis und schenkte mir klare Einsichten und höchste Erfüllung, die seither unvergesslich in meinem Zellgedächtnis gespeichert sind.

Außergewöhnlicher Liebesausdruck

Auch wenn das Leben mich gegenwärtig in eine verbindliche Partnerschaft geführt hat, so gab es doch Zeiten auf meinem Weg, in denen sich der Ausdruck meiner Liebe und Sexualität eher außergewöhnlich entfaltet hat. Die Erfahrungen, die ich dabei machen und die Erkenntnisse, die ich daraus gewinnen konnte, trage ich heute wie einen inneren Schatz in mir. Sie sind außerordentlich wertvoll für meine freie Entscheidung, nun mit meiner Liebes- und Lebenspartnerin in allen Bereichen menschlicher Liebe in die Tiefe zu gehen und bedingungsfrei lieben zu lernen.

Mein Wunsch, eine große Vielfalt zu erleben und die Suche nach neuen, unbekannten Erfahrungen gehört der Vergangenheit an. All das ging auf einmal ganz undramatisch zu Ende. Doch diese Wende ging einher mit einer tiefen Selbstfindung und bald darauf erfolgte eine entsprechende Begegnung mit der Frau, die jetzt meine Partnerin und Lebensgefährtin ist. Es ist, als habe ich in mir etwas vollendet, das in früheren, alten Zeiten nicht eingelöst werden konnte. Auch erscheint es uns beiden so, als seien wir seit langem auf diese Verbindung vorbereitet worden.

Da ich weiß, dass heute viele Menschen durch ähnliche Erfahrungen gehen und sie damit oftmals extrem herausgefordert sind, gebe ich diesem Thema hier einen entsprechenden Raum. Es ist mir ein Anliegen, auch diesen Menschen verständnisvoll zur Seite zu stehen und ihnen Impulse zu geben, die ihnen helfen, ihre eigene, klare Orientierung zu finden auf den oft ergründlichen Wegen der Liebe.

Außerdem sollen in diesem Kapitel meine eigenen Lern- und Entwicklungsschritte gewürdigt werden sowie die all jener bekannten oder unbekannten Frauen und Männer, die den Mut hatten, die ausgetretenen Pfade zu verlassen, um ihrem Liebesausdruck außergewöhnlich und kreativ Raum zu geben. Geschieht dies mit einer Ausrichtung auf Liebe, Wahrheit und Lebensfreude, so wird das Göttliche in der Liebe gefeiert und der Ausdruck ihrer Vielfalt, Kraft und Schönheit verehrt.

Ein leuchtendes Beispiel für einen gut entwickelten Selbstkontakt, zusammen mit einer intensiven, kompromisslosen Hinwendung zum Göttlichen, war der australische Tantra-Meister *Barry Long*. Obwohl er generell einen gemeinsamen Weg mit nur einer Partnerin empfahl, berichtet er von Zeiten in seinem Leben, in denen er sich einer ganzen Reihe seiner Schülerinnen für essenzielle körperliche Vereinigungen öffnete. Dadurch schenkte er ihnen einen tiefen Einblick in die *sexuelle Liebe auf göttliche Weise*, die er in seinem gleichnamigen Buch beschreibt. Dies pflegte er phasenweise mit mehreren Frauen parallel. In Interviews bestätigten die Frauen, welches Privileg und nachhaltiges Geschenk dies für sie bedeutet hat. Natürlich mussten auch sie immer wieder durch die menschlichen Neigungen von Eitelkeit, Eifersucht und Festhalten-Wollen hindurchgehen. Doch sie stellten sich diesen Herausforderungen und wurden dafür belohnt.

Rückblickend berichten sie davon, auf welche Weise ihr Bewusstsein sich dadurch erweitert hat, hin zu einer tiefen Erkenntnis von Liebe als Essenz ihres eigenen göttlichen Wesens. Ihre Wahrnehmung vom Leben wurde sehr viel tiefer und offener. Ein deutliches Empfinden stellte sich ein, als Teil des Ganzen mit dem Leben essenziell verbunden zu sein. Dies konnten sie dann in ihre Partnerschaften und in ihren alltäglichen Liebesausdruck mitnehmen.

Ähnliches wird von *Albert Einstein* berichtet, seine Studentinnen sollen sich bisweilen „die Klinke seiner Zimmertür" in die Hand gegeben haben.

Im alten Tibet gab es die Tradition der Heiligen Narren, die, ausgestattet mit großer geistiger und energetischer Kraft, durchs Land zogen. Sie erwählten junge Frauen, mit denen sie sich eine Zeit lang in körperlicher und geistiger Liebe vereinigten. Auf diese Weise wurden diese durch Energieübertragung in die Erfahrung des Göttlichen eingeweiht. Es wird berichtet, dass sie danach in tiefer Meditation verweilten und bald darauf das Eins-Sein mit Allem verwirklichten.

Auch *Osho*, der mich inspirierte und von dem ich lernen durfte, habe ich über diese alte Tradition sprechen hören. Auch er war umgeben von wundervollen Frauen, die in seiner Gegenwart oftmals ekstatisch tanzten. Einige wählte er als Medien aus, um ihn bei seinen Energieübertragungen zu unterstützen. Es war wunderbar zu sehen, wie diese Frauen zu strahlen begannen und von innen her erblühten.

In einigen zurückliegenden Phasen meines Lebens gab es auch für mich Liebesverbindungen, die sich nicht ausschließlich auf eine einzige Partnerin konzentrierten. Dies waren zunächst Zeiten innerer Befreiung, in denen ich den Duft von Liebe und Lebendigkeit ganz in mich aufnehmen und feiern wollte. Doch durfte ich sehr bald entdecken, dass dies nur dann stimmig war, wenn ich mich ausschließlich und selbstlos aus meiner inneren Fülle heraus schenkte.

Mit Frauen, von denen ich mich angezogen fühlte und von denen ich etwas haben und „beziehen" wollte, um eigene Unvollständigkeiten auszufüllen, kam es regelmäßig zu Irritationen und schmerzauslösenden Prozessen. Für mich war es äußerst wichtig zu begreifen, dass die Liebe gnadenlos alle meine verdeckten, teilweise mir selbst noch gar nicht bewussten und oft erst im Nachhinein erkannten Motive aufdeckte und ans Licht brachte.

Liebesbegegnungen werden entweiht, wenn wir den Ausgleich unserer Defizite durch andere erwarten. Solange wir versuchen, von ihnen etwas zu bekommen, das wir in uns selbst vermissen, sind Schmerz und Enttäuschung vorprogrammiert. Es braucht immer wieder unsere radikale Ehrlichkeit und kompromisslose Bereitschaft, uns mit den vorhandenen Wünschen und Bedürfnissen zu zeigen und verletzlich zu machen. Erst dadurch kann die bewusste, liebevolle Öffnung für den Ausdruck von Liebe und Anziehung wahrhaft heilend und befreiend sein.

Bei mir brauchte es zahlreiche Erfahrungen, bis ich dies in der Tiefe begriff. Doch dann stellte sich eine Zeit ein, in der ich mit mehreren wundervollen Frauen, die sich selbst in einer intensiven Phase von Neuorientierung in ihrem Leben befanden, in liebevollen, alles einschließenden Verbindungen war. Sie kannten sich gut und tauschten die für sie wichtigen Erfahrungen und Erkenntnisse offen und freudig miteinander aus. Wenn ich mit einer von ihnen Zeit verbrachte, begann das Glück unseres Seins noch heller und lebendiger zu strahlen, als dies im bloßen Alleinsein der Fall gewesen wäre. Essenzielle Tiefe entstand ganz natürlich durch die liebevolle und wertschätzende Präsenz, die beide in diese Begegnung einbrachten.

Ich bezeichne diese Frauen als potenzielle Meisterinnen, weil ich mit ihnen die Qualität einer neuen Zeit berühren und manchmal auch ein Stück Himmel auf Erden erleben durfte. In unseren Liebesverbindungen blieben wir bei allem Tiefgang frei von Anhaftung, Eifersucht und Besitzanspruch. Sie haben für mich das Potenzial von Meisterinnen, weil sie fähig waren, die besonderen Qualitäten und Geschenke unserer Liebeskontakte in ihrer Kostbarkeit zu erkennen und anzunehmen.

Noch heute, zehn bis zwanzig Jahre nach den ersten Begegnungen, sind wir in beglückender, bedingungsfreier Liebe verbunden. Wir lassen, lieben und wertschätzen uns genauso, wie wir sind. Alle unsere Erfahrungen sind gewürdigt als Teil unseres Weges als Liebende. Dankbarkeit erfüllt uns für diesen zu jener Zeit stimmigen Ausdruck unseres Wesens und Seelenauftrags. Auch für sie war unsere körperliche Liebe wie ein „Gottesdienst". Sie blieben in gutem Kontakt mit sich selbst und trugen diese Liebesenergie in ihre Arbeit, ihren kreativen Ausdruck, in ihre Meditationen und zu den Menschen in ihrem Leben. Sie alle haben mir davon berichtet, wie unsere Begegnungen ihr Leben zum Guten gewandelt oder ihre Entwicklung gefördert haben.

Für mich war die Zeit unserer Liebesverbindungen eine sehr bereichernde Erfahrung, die viele wertvolle Geschenke und Erkenntnisse mit sich brachte. Ja, das „Unmögliche" konnte tatsächlich auf eine befreite und wohltuende Weise gelebt werden! Unverzichtbare Voraussetzung dafür war jedoch eine innere Klarheit, die sich in der Ausrichtung auf Hingabe an Liebe und Wahrheit ausdrückte. Dies ließ mich demütig werden.

An dieser Stelle ist es mir wichtig, darauf hinzuweisen, dass ich den polyamoren Liebesausdruck keineswegs als ein Ideal darstellen möchte. Tatsächlich dauerten die oben beschriebenen Zeiten für alle Beteiligten nicht viel länger als zwei bis sieben Jahre. Rückblickend kann ich deutlich sehen, dass es dabei immer noch um eine sehr subtile Suche im Außen ging. Auch diese musste schließlich zurückgelassen und dem Göttlichen übergeben werden. Ebenso war es für mich interessant zu beobachten, dass bei einigen der damals beteiligten Frauen das Thema Eifersucht in einem veränderten Kontext sehr wohl wieder auftauchte. Diese relativ kurze Phase unseres Lebens war wie ein Durchgangsstadium. Sie wurde genährt von dem Wunsch unserer Seelen, Wunden zu heilen und Erfahrungen einzulösen und zu vollenden, die in weit zurückliegenden Zeiten ungeheilt oder unvollendet geblieben waren.

Ich berichte über diese Erfahrungen, weil ich in meiner lebenslangen Arbeit mit Menschen immer wieder die Verwirrung und die daraus resultierenden schmerzhaften Konflikte im Leben vieler Menschen miterlebt habe. Ohne eine tiefe Befreiung von der drückenden Last quälender Schuldgefühle und bedrückender Scham ist eine neue Klarheit und Befreiung unmöglich. Doch ebenso entscheidend wichtig ist das tiefe Verständnis, dass der ersehnte Frieden, die dringlich gesuchte Heilung und Erfüllung nicht dauerhaft im Außen bei anderen Menschen oder in einem „Liebesrausch" gefunden werden können. Alle schönen oder schmerzhaften Erfahrungen, alle Geschenke, Herausforderungen, Enttäuschungen und Konflikte wollen uns letztlich einer alles umfassenden und durchdringenden Wirklichkeit näherbringen. Diese können wir als das bedingungsfrei liebende Eins-Sein mit uns selbst und der gesamten Existenz bezeichnen.

All mein Lernen, meine oftmals so unbeholfenen Schritte und Stufen in der menschlichen Liebe dienten nur diesem einen, übergeordneten Ziel. Jetzt, da ich dies klar erkennen kann, ergibt alles einen neuen, tieferen Sinn. Es ist mein Herzensanliegen, vielen Menschen, die sich selbst in den von mir beschriebenen Erfahrungen wiederfinden oder die sich nach entsprechenden Bewusstseinsschritten sehnen, die Essenz meines Forschens mitzuteilen. In der wundervollen Zeit, in der wir gegenwärtig leben, können diese Erkenntnisse viel leichter und müheloser als je zuvor nachvollzogen werden. Das erspart vielleicht einigen, ähnliche „Umwege" beschreiten zu müssen.

Unser Hunger nach Erfahrungen im äußeren Leben kann niemals bleibend dort draußen gestillt werden. Alle Situationen, in die unsere Seele uns führt, wollen uns die wahre Größe und Herrlichkeit unseres essenziellen Seins erschließen. Dies befreit uns mehr und mehr von der vergeblichen und sehr oft auch leidvollen Suche im Außen. Natürlich ist es unmöglich, Erfahrungen zu vermeiden oder zu überspringen, die zu unserem Seelenplan gehören, auch dann nicht, wenn diese schmerzhaft sind. Doch wir können sie aus einer neuen Perspektive betrachten lernen. Dies schenkt uns eine Herzensweisheit, die uns in das Bewusstsein der Einheit und damit in vollkommene Erfüllung führt. Dafür lohnt sich alles!

Mehr als ein Partner?

E s kann ein besonderes Geschenk des Lebens sein, mit mehr als nur einer Partnerin gleichzeitig auf allen Ebenen menschlicher Liebe tief verbunden zu sein. Mit Sicherheit ist es aber auch eine große Herausforderung, die höchste Ansprüche an unsere Klarheit und Liebesfähigkeit stellt. Aus meiner heutigen Sicht müssen in „Drei- oder Mehrecksverbindungen" die nachfolgenden drei Kriterien erfüllt sein, wenn diese wirklich für alle Beteiligten erfüllend und segensreich gelebt werden sollen.

1. Ein großes, bedingungsfreies „Ja"

Zu jedem der Beteiligten muss ein tiefes, hundertprozentiges und bedingungsfreies „Ja" vorhanden sein. Darin enthalten sind alle menschlichen Eigenarten, „Schwächen" und Begrenzungen jedes Einzelnen. Nur wenn alles grenzenlos in der Liebe willkommen ist und zutiefst wertgeschätzt wird, kann Intimität und Nähe heilsam sein und der Entfaltung aller dienen. Können wir diese Bedingungslosigkeit und vollständige Annahme zu einem der Beteiligten nicht in der Tiefe spüren, sollte dies ehrlich mitgeteilt werden. Kann ein Konflikt oder Widerstand auf Dauer nicht aufgelöst werden, so ist wahrscheinlich eine Trennung besser als halbherzige Kompromisse.

Wenn mögliche Unstimmigkeiten unbeachtet bleiben oder verdrängt werden, werden diese die Liebe untergraben und vergiften. Sie zu ignorieren deutet darauf hin, dass wir von diesem Partner abhängig sind und ihn aus Angst vor Auseinandersetzungen oder Verlust festhalten wollen. Die Folge davon sind Unehrlichkeiten, Manipulation und Missbrauch, was über kurz oder lang zu schweren Verletzungen führen muss.

2. Radikale Ehrlichkeit

Menschen, die wir wirklich lieben, dürfen wir nicht belügen, täuschen oder hintergehen. Wenn wir es dennoch tun, weil vermeintliche Notwendigkeiten uns dazu zu zwingen scheinen, untergräbt dies auf Dauer echte Nähe und Intimität. Nicht die Tatsache, dass wir uns intensiv und machtvoll zu einem anderen Geliebten hingezogen fühlen und uns ihm ganz öffnen wollen, ist Betrug, sondern einzig und allein das Vorenthalten dieser unserer inneren Wahrheit!

In einer Welt, die den natürlichen Liebesfluss verurteilt, die ihn maßregeln, kontrollieren und möglichst unterdrücken will, sind die meisten Menschen hierbei erheblich herausgefordert. Denn die Regel ist leider, dass dies außerhalb der anerkannten Normen, wenn überhaupt, nur versteckt und heimlich gelebt werden kann. Auch ich selbst habe diese Grundregel im Verlauf meines Lebens mehrfach verletzt. Die Folgen waren jedes Mal tragisch und erschreckend. Sie stürzten mich in die Tiefen meiner inneren Schattenbereiche, in denen massive Angst- und Schuldprogramme darauf warteten, endlich durchschaut und erlöst zu werden.

Sobald wir uns bewusst der Liebe und Wahrheit verpflichten, können wir uns Unehrlichkeiten und versteckte Spiele in der menschlichen Liebe nicht länger leisten. Ein solcher „Luxus" kann, wenn überhaupt, nur unreifen und unbewussten Menschen zugestanden werden. Unbewusstheit und Unklarheit verursacht ein Anziehungsfeld für entsprechend schwere und leidvolle Erfahrungen. In unserer gegenwärtigen Zeit kommen Unwahrheiten und Täuschungen oft erstaunlich schnell ans Licht. Wenn wir noch nicht die Kraft und den Mut zu radikaler Ehrlichkeit entwickelt haben, wäre es besser, auf prickelnde Heimlichkeiten ganz zu verzichten. Natürlich hat jeder Mensch ein Recht auf seine eigenen Erfahrungen. Wir alle lernen durch Versuch und Irrtum. Lebenssituationen sind einzigartig und können nicht bewertend miteinander verglichen werden.

Jeder Mensch muss schließlich seine eigenen Entscheidungen selbstverantwortlich treffen und so wach wie möglich durch die daraus resultierenden Erfahrungen gehen, um aus ihnen zu lernen und Weisheit zu entwickeln. Sobald wir „Fehler" erkennen, brauchen wir uns nicht für sie verurteilen oder bestrafen. Wir können sie zurücklassen und mutig neue Schritte wagen. Auf seiner jeweiligen Bewusstseinsebene tut jeder Mensch immer das Beste, was ihm dort möglich und zugänglich ist. Und aus jeder Schwierigkeit erwächst schließlich das Göttlich-Gute, sobald wir uns IHM öffnen und anvertrauen.

3. Die Einheit kosmischen Erlebens

Dreierkonstellationen sind vorübergehende Phasen ganz besonderer Lektionen und Einweihungen. Sie neigen in der Regel dazu, noch instabiler zu sein als Zweierverbindungen. Denn natürlich bringt auch hier die Liebe alles an die Oberfläche, was ihr noch nicht vollkommen entspricht. Alte, ungeheilte Verletzungen werden mit großer Wahrscheinlichkeit neu aktiviert. Ebenso wird sich alles zeigen, was in unserer Instinktnatur noch nicht vollkommen befreit und gereinigt ist. Darauf werde ich im Kapitel über Eifersucht noch näher eingehen.

Es gibt jedoch einen Faktor, der es möglich machen kann, ungewöhnliche Liebesverbindungen auf segensreiche, heilende und befreiende Weise zu leben. Die jeweilige Zeitdauer dafür wird von der inneren Weisheit und Führung aller Beteiligten bestimmt. Wenn bei allen die Liebe zum Göttlichen, zu der *einen* Wirklichkeit allen Seins den ersten und wichtigsten Platz einnimmt, wird jeder Aspekt menschlicher Liebe von diesem übergeordneten Bewusstseinsfeld durchdrungen und erfüllt. Innige Liebesvereinigungen können dann den Raum für ein kosmisches Erleben dieser Grenzenlosigkeit öffnen. Stellt sich eine solche Qualität für einen reifen Menschen nicht in seinen Liebesbegegnungen ein, so wird er ganz natürlich das Interesse an Sexualität verlieren. Dann wird er diese ausgedehnten inneren Räume in Meditationen, Ritualen, in der Kreativität, der Natur oder in anderen, das Bewusstsein öffnenden Erfahrungen finden.

Stellen sich jedoch diese Räume in ausgedehnten, ganzheitlichen Liebesvereinigungen ein, so können diese mitunter auch mit mehreren Partnern geteilt werden. Denn solche Erfahrungen erschließen die tief verwandelnde Realität unserer Verbundenheit mit der ganzen Existenz und öffnen einen Heiligen Raum, der den Liebenden Einblicke in ungeahnte Dimensionen ekstatischen Einheitserlebens schenken kann. Solche beglückenden Erfahrungsräume öffnen den Zugang zu einer überpersönlichen, universellen Präsenz. Wenn diese allumfassende Wirklichkeit von allen Beteiligten erkannt und wertgeschätzt wird, werden sie in ihrem Miteinander mit einer wundervollen Qualität von Bedingungslosigkeit und Einheit beschenkt. Erhebende Erfahrungen wie diese stellen sich nur dann ein, wenn sie Teil unseres Seelenplanes sind. Sie können nicht gesucht oder willentlich herbeigeführt werden. Wir können uns nur der Führung durch die LIEBE selbst anvertrauen und annehmen, was uns durch sie geschenkt wird.

Im Bewusstsein und der Erfahrung von Einheit lösen sich alle Formen von Eifersucht, Rivalität und Trennung ganz von selbst auf. Wir können dann in der Liebe keine ersten, zweiten und dritten Plätze verteilen, weil die Liebe zum Göttlichen jeden Bereich unseres menschlichen Erlebens durchstrahlt und erleuchtet. An das Ende dieses Kapitels stelle ich noch ein Zitat von *John de Ruiter*, das mir ein Freund geschickt hat:

„Wirkliche Liebe ist eine Frucht des Seins. Sie ist kein Gefühl, keine Handlung, kein Tun, sondern eine Seinsweise, die absolut offen und weich ist gegenüber dem, was gerade ist. Sie kennt keine Bedingungen. Es gibt nichts, was sie dazu bringen könnte, sich zu verschließen. Die Gefühlsliebe ist vergänglich und von etwas Äußerem abhängig. Wirkliche Liebe ist ein Zustand der Annahme eines anderen Menschen, ohne dass du in dir etwas ändern musst und ohne dass der andere etwas ändern muss. Sie ist eine reine Antwort des Seins."

Einladung

Beginne mit dem großen „Ja" bei dir selbst!

Alle Empfindungen und Regungen, die durch einen anziehenden Menschen in dir auftauchen, sind natürlich. Du darfst sie bedingungsfrei willkommen heißen! Beglückwünsche dich für deine Lebendigkeit, für deine Offenheit und Fähigkeit, intensiv zu fühlen und zu erleben!

Was du in anderen siehst, was dich anspricht und anzieht, sind alles Teile deiner selbst. Wonach du dich sehnst und was du begehrst, will in dir als Facette deiner Lebendigkeit erwachen. Du möchtest dich damit vereinigen, um es in dir zu entwickeln. Es beansprucht Raum in deinem inneren Erleben.

Sei radikal ehrlich mit dir selbst!
Wenn du magst, lasse die folgenden Fragen in aller Ruhe auf dich wirken:

· *Was möchtest du mit einem anziehenden Menschen erleben?*
· *Was willst du bekommen, erfüllen oder entwickeln?*
· *Welche Bedürfnisse verlangen in dir nach Befriedigung,*
 welches Sehnen nach Erfüllung?

· *Ist es Selbstbestätigung, Begehren, Flucht vor Einsamkeit?*
· *Oder ganz einfach Freude an romantischem oder erotischem*
 Vergnügen?
· *Sehnst du dich nach Nähe, liebevoller Wärme, zärtlichen Berührungen?*
· *Wünschst du dir tiefe Verbundenheit und innigen Austausch auf allen*
 Ebenen?
· *Möchtest du den anderen in seinem Menschsein wirklich kennenlernen?*

· *Wozu bist du bereit?*
· *Bist du bereit, dich ganz einzubringen und zu schenken?*
· *Bist du bereit, deinen inneren Ängsten, Wunden und Schatten*
  zu begegnen?
· *Bist du bereit, geduldig zu warten oder dich spontan zu öffnen*
  und einzulassen?
· *Bist du bereit, dich mit allem, was du bist, zu zeigen?*
· *Bist du bereit, alles, was du beim anderen wahrnimmst,*
  als Teile deiner selbst in Liebe zu umarmen?

· *Wo sind deine Grenzen und wie ernst nimmst du diese?*
· *Bist du schließlich bereit, alle eure Erfahrungen der LIEBE*
  selbst anzuvertrauen?

Wenn du dir selbst diese oder ähnliche Fragen ehrlich beantwortet hast,
dann bringe diese Einsichten als innere Klarheit mit in deine Begegnungen
ein. So kann sich einstellen und erfüllen, was eurem Seelenplan entspricht,
zu deinem Wohle und zum Wohle aller Geliebten.

Kapitel 4: Seelenplan

»Erst wenn ich weiß, wer ich in Wirklichkeit bin, kann ich mich selber annehmen und lieben lernen.«

Robert Betz

U nser Seelenplan beschreibt in klar umrissenen Zügen, wie unser Weg in diesem Leben idealerweise verläuft. Unsere innere Weisheit weiß, welche Lebenslektionen im Mittelpunkt stehen, mit welchen Menschen wir „verabredet" sind und mit wem wir etwas zu tun haben oder gemeinsam wichtige Themen weiterbringen wollen. Und schließlich auch, wann und mit wem wir eine heilende und erfüllende Partnerschaft in reifer Liebe verwirklichen werden.

Die Absicht der Seele führt uns auf geraden oder verschlungenen Wegen in unsere Bestimmung und Erfüllung. Folgen wir wachsam und bereitwillig dieser Spur, fühlen wir eine tiefe Übereinstimmung mit uns selbst und dem Schicksal. Auch dann, wenn es uns durch dunkle Täler und herausfordernde Wegstrecken führt, spüren wir tief drinnen, dass all dies für uns wichtig und stimmig ist.

Weichen wir von der beabsichtigten Spur ab, fühlen wir uns unbehaglich und unsicher. Wir bekommen immer eindringlicher das Gefühl, nicht wirklich *unser* Leben zu führen. Geraten wir in einen „falschen Film", dann erleben wir uns nicht wirklich in Kontakt mit unserer inneren Wahrheit.

Dies hindert uns daran, uns vollständig, dankbar, zufrieden und erfüllt zu fühlen. Selbst dann, wenn wir im Außen scheinbar alles erreicht haben, in Sicherheit und Luxus leben und andere uns sogar für unseren „Traumpartner" bewundern oder beneiden. Vernachlässigen oder ignorieren wir den Ausdruck unserer inneren Wahrheit, dann ersticken, erfrieren oder verhungern wir innerlich. Uns überkommt ein nagendes Gefühl von Sinnlosigkeit.

In einer solchen Situation können wir aus Angst vor dem Unbekannten und Unbequemen weiter bei dem bleiben, was uns sicher und lebensnotwendig erscheint. Wir können darin unentschlossen und ängstlich verharren und dabei innerlich verkümmern. Doch uns steht jederzeit auch die Möglichkeit offen, mutig und beherzt dem inneren Ruf zu folgen und unsere selbst erschaffenen Begrenzungen zu verlassen. Auch wenn dies materielle Verluste, schmerzhafte Trennungen und massive Verurteilungen von der Außenwelt mit sich bringen mag, drängt etwas in uns darauf, diese große Herausforderung schließlich anzunehmen. Folgen wir dem Ruf des Herzens durch den sich die Führung unserer Seele uns mitteilt, beflügelt uns eine neue Kraft, Klarheit und Freude. Wir brechen zu neuen Ufern auf. Wir fühlen uns erleichtert und unsere Schritte ins Unbekannte sind sicher geführt und wundervoll geschützt.

Beim Thema Liebe und Partnerschaft verhält es sich ganz ähnlich. Der Liebe und Wahrheit zu folgen, erfordert großen Mut und ein inneres Freiwerden von allen gesellschaftlichen oder auch spirituellen Ansprüchen. In unserer wahrhaftigen und hingebungsvollen Ausrichtung auf Liebe und Wahrheit bekommen alle Angelegenheiten unseres Lebens ihren angemessenen Raum. Alles rückt an seinen stimmigen Platz. Uns wird klar und deutlich gezeigt, was zu uns gehört oder was unserem Wachstum nicht länger dient.

So kann es auch möglich sein, dass eine Liebesverbindung uns so innig und tief berührt, dass alles andere unwesentlich erscheint oder eine völlig neue Bedeutung erhält. Unsere Seele will, dass wir uns weiter einlassen, uns vollständig öffnen und schenken. Sie möchte mit diesem für uns besonderen Menschen in eine lebenswichtige, für beide sehr bedeutsame Erfahrung gehen. Wohin dies letztlich führt, welche neuen Herausforderungen, Geschenke und Bewusstseinsschritte auf uns warten, welche weit zurückliegenden Kapitel erneut aufgeschlagen, fortgesetzt oder vollendet werden sollen, entspricht dem Seelenplan sowie der Reife und Liebesfähigkeit beider.

Es kann auch sein, dass eine Seele sich in einem Leben Verabredungen mit mehreren Partnern vorgenommen hat. Dies ist offensichtlich auch in meinem Leben der Fall gewesen. Auf meiner intensiven Suche nach der einen, großen, wahrhaftigen Liebe wurden mir sieben Partnerschaften geschenkt. Auf jede ließ ich mich tief ein. Ich lebte mit den jeweiligen Frauen zusammen, genoss die Liebe und unser inspirierendes Miteinander und durchlebte gemeinsam Schmerzen, Auseinandersetzungen und Enttäuschungen. Und jedes Mal lernte ich ganz neue Aspekte der Liebe mit ihren Höhen und Tiefen kennen. So herausfordernd manche Prozesse mitunter auch waren, so schwer die Last von alter Schuld und lähmender Verstrickung oftmals erschien, am Ende siegte jedes Mal die Kraft der Liebe. Wir wurden beide gnadenvoll weitergeführt, genauso, wie es unseren Seelenplänen entsprach.

Heute bin ich mit allen meinen früheren Partnerinnen in Liebe verbunden. Ich trage unsere Liebe in meinem Herzen. Wenn wir uns brauchen, unterstützen wir uns gegenseitig. Jedes Mal, wenn wir uns wiedersehen oder miteinander telefonieren, ist unser Kontakt erfüllt von Dankbarkeit, Wertschätzung und Freude. Unser Austausch ist wesentlich und voller Anerkennung für den einzigartigen Weg des Anderen. Ich habe den Frauen in meinem Leben – nicht nur diesen sieben – unendlich viel zu verdanken. Ich betrachte jede Partnerin oder Geliebte als ein göttliches Geschenk, als Lehrerin, mitunter, wie schon geschrieben, sogar als Meisterin. Schon immer wollte ich das Wesen bedingungsfreier Liebe gründlich erforschen. Mit zunehmender Reife erkannte ich in ihr den zentralen Aspekt unserer eigenen wahren Natur. Jede Liebesverbindung diente dazu, mir selbst wieder ein Stück näherzukommen. Die Liebe lehrte mich, schliff immer weiter ab, was nicht zu mir gehörte und ließ mich immer menschlicher und demütiger werden. Und schließlich schenkte sie mir in den innigsten Umarmungen die Realisierung meiner eigenen Vollständigkeit. Darauf werde ich später noch ausführlich eingehen. Mittlerweile gehört für mich die Liebe, die sich frei von Bedingungen und Erwartungen ausdrückt und lebt, zu den wichtigsten und schönsten Bereichen meines irdischen Lebens. Ich verehre und feiere sie mit allem, was ich bin. Sie ist immer präsent. Sie erfüllt mich in den stillen Zeiten meines Alleinseins, im beglückenden Zusammensein und vor allem auch in meiner Arbeit mit Menschen. Nur die bedingungsfreie Liebe kann wirklich heilen und befreien!

Wir glauben in der Regel, dass wir unsere Partner und Geliebten selber suchen und wählen. Nach meinem Verständnis ist dies jedoch nicht wirklich der Fall. Vielmehr ist es unsere innere Weisheit und Führung, die erstaunliche Situationen so arrangiert, dass Menschen sich begegnen, sich erkennen, sich magisch angezogen fühlen, sich näherkommen und sich dann vielleicht auch verbindlich aufeinander einlassen und ein Stück begleiten. Dies sind keine zufälligen Ereignisse und es gilt, gemeinsam herauszufinden, welche Geschenke ausgepackt und welche Lektionen gelernt werden sollen.

Liebesbegegnungen sind einzigartig und haben ihre eigene, kürzere oder längere Geschichte. Darin drückt sich die Sprache unserer Seelen aus. Je intensiver die Anziehung, desto dringlicher wünscht sich die innere Führung eine Begegnung oder Verbindung, in der etwas gelernt, entwickelt, ausgeglichen oder vollendet werden soll. Die Seele wählt sich diejenigen Erfahrungen, die ihrem Plan und ihrer Absicht für das Lern- und Entwicklungsprogramm eines Lebens entspricht.

Die Vorstellung, dass unsere begrenzte Persönlichkeit die für uns wichtigen Menschen sucht und auswählt, ist eine weit verbreitete Illusion. Stattdessen sind bestimmte Erfahrungen und Lektionen als Teil unseres Seelenplans für uns vorgesehen. Es ist die Kraft unserer göttlichen Führung, die uns genau mit jenen Menschen zusammenführt, mit denen wir auf Seelenebene ganz bestimmte Verabredungen getroffen haben. Aufgrund von Anziehung, Neutralität oder Abstoßung werden wir unfehlbar zu den für uns wichtigen Menschen geführt. Mit ihnen können wir unvollständig gebliebene Entwicklungsprozesse fortsetzen oder vollenden. Auf Seelenebene kennen wir bereits jeden Menschen, der in unserem Leben eine bedeutsame Rolle spielt. In der Regel erschließt sich uns das ganze Bild und der tiefe Sinn einer Begegnung erst im Verlauf unseres einzigartigen Weges.

Jeder Mensch hat spezifische Themen, die er ergründen, erleben, durchleiden oder feiern soll. Daher ist gerade hier jedes Urteil über gut oder schlecht, richtig oder falsch, jedes Sollte und Müsste, jede Regel und Vorschrift völlig absurd und unmöglich festzulegen. Mitunter müssen wir bereit sein, in den Augen unserer Mitmenschen als „Fiesling" oder „Schlampe" betrachtet zu werden. Was zählt, ist unsere Entscheidung, uns selbst und unserer inneren Wahrheit treu zu bleiben.

Die Beendigung jahrtausendelanger Unterdrückung und Reglementierung geschieht nicht von heute auf morgen. Diese notwendige Befreiung kann jeder wahrhaft liebende Mensch nur geduldig und hingebungsvoll in sich selbst Schritt für Schritt vollziehen. Dadurch werden wir frei, kompromisslos und ohne Bedingungen zu lieben. Unser Leben gehört dann ganz der göttlichen LIEBE und dient IHR mit allem, was wir sind und erleben, nicht der Moral und den gesellschaftlichen Normen.

Es gibt so etwas wie eine Göttliche Ordnung für unser Menschsein gemäß unserem Seelenplan. Diese uns bestimmte Ordnung für alle Angelegenheiten unseres Lebens will schließlich immer wieder neu entdeckt und erkannt werden – durch alle für uns wichtigen menschlichen Erfahrungen hindurch. Leben wir ihr gemäß, erleben wir einen beglückenden inneren Frieden. Uns erfüllt eine neue Klarheit und tiefe Gewissheit, auf dem richtigen, auf dem für uns (auf Seelenebene) vorgesehenen Weg zu sein. Diesen unseren einzigartigen Weg der Liebe zu erkennen und ihm mit ganzem Herzen zu folgen, führt uns in die Erfüllung unseres Seelenplans und damit in ein glückliches, reiches Leben.

Einladung

Öffne dich der göttlichen Liebe

Wende dich bewusst nach innen. Spüre deinen Atemfluss, der so tief, wie es jetzt für dich natürlich ist, nach unten in deinen Bauch und Beckenraum einströmt.

Spüre in dein gegenwärtiges Leben hinein mit allen vorhandenen Geschenken und Herausforderungen. Kannst du in allem, was du erlebst, ein tiefes Gefühl von Stimmigkeit wahrnehmen? Oder gibt es Bereiche und Umstände, in denen du dich nicht wirklich wohl fühlst? Taucht etwas auf, das sich für dich nicht richtig, nicht frei und stimmig anfühlt?

Vertraue deiner inneren Wahrnehmung und gib dem Empfinden von Dankbarkeit oder auch von Unbehagen, Schmerz oder Angst erst einmal fühlend Raum in dir. Auf diese Weise bekommt deine innere Führung Gelegenheit, sich dir mitzuteilen. Was immer es ist, lasse dich davon in deine eigene Tiefe führen, in der dein ganzes Menschsein enthalten ist und genau so sein darf, wie es sich jetzt gerade zeigt.

Soweit es dir möglich ist, nimm all dies nun, weiter bewusst atmend, in die Liebe deines Herzens auf. Schenke dir selbst Mitgefühl und tiefe Wertschätzung für alle Situationen und Erfahrungen, die deine Seele für dein gegenwärtiges Leben gewählt hat.

Suche nicht gleich nach Auswegen oder neuen Entscheidungen. Diese können sich manchmal überraschend mit großer Klarheit von innen her zeigen, wenn sich der Kontakt zu deiner Innenwelt vertieft. Ein ängstlich grübelnder Verstand kann das nicht leisten. Zuerst einmal will alles in dir bedingungslos angenommen und wertschätzend umarmt sein ...

Wenn dir das in der Tiefe möglich ist, kannst du all das, was dich bewegt, deiner göttlichen Führung übergeben mit der Bitte um neue Klarheit, Kraft und Vertrauen. Übergib IHR wirklich alles und dehne dein Bewusstseinsfeld aus, so lange, bis du eine deutliche Erleichterung in dir spüren kannst.

Wenn es für dich stimmt, sprich und fühle nun folgende Bejahungen:

JA ...
· Ich vertraue mich und mein Leben der göttlichen Führung an.
· Möge ich meinen Seelenplan klar erkennen und ihm mutig folgen.
· Ich öffne mich und mein Leben der allumfassenden,
  bedingungsfreien LIEBE.
· Mein Leben gehört der LIEBE und dient IHR.
· Alles entfaltet sich vollkommen.
· Ich segne den Weg, den ich gehe.

Im folgenden Kapitel werden wir sehen, mit welchem Bewusstsein verurteilende Haltungen rund um Sexualität zusammenhängen und wie man sich davon befreien kann. Dies führt uns zu einem ersten Ausblick auf die Möglichkeit, sexuelle Energie als einen Ausdruck von Liebe und Lebendigkeit zu betrachten.

Kapitel 5: Vom Sex zum Liebe-Sein

»Die höchste Form sexueller Energie ist Liebe und Mitgefühl. Das kann man göttliche Energie nennen. Aber die Basis, die Quelle bleibt immer die Sexualität.«

Osho

Wenn ich auf meinen langen Weg des Liebenlernens zurückblicke, könnte ich ihn als einen Prozess betrachten, der mich von der Suche nach Liebeserfüllung im Außen zu einem inneren Raum des Liebe-Seins geführt hat. Es war eine langwierige Entwicklung, die angetrieben wurde von einem machtvollen Verlangen nach Vereinigung und dem intensiven Sehnen nach vollständigem Eins-Sein.

Ein Aspekt dieses universellen Sehnens ist für viele kreative Menschen die Kraft sexueller Urenergie. Liebeserotik kann sich in zahlreichen Facetten menschlichen Erlebens ausdrücken. Ein Aspekt unter vielen anderen Möglichkeiten äußert sich als magische Anziehung, die nach vitaler und lustvoller Vereinigung strebt. In der Illusion der Trennung will man den begehrten Menschen für sich gewinnen und schließlich besitzen, indem man ihn möglichst dauerhaft für Bedürfnisbefriedigung an sich bindet.

Durch diese allgemein verbreitete und daher „normale" Einstellung entsteht ein entsprechendes Energiefeld von dichter, grober und vergleichsweise niederer Schwingung. Hier sind Menschen überwiegend auf physische und emotionale Bedürfnisse fokussiert. Alle Konflikte in Bezug auf Liebe und Sexualität lassen sich aus diesen begrenzenden Einstellungen ableiten. Sie erwachsen aus der Energie, die im Wesentlichen auf Verlangen, Begehren und Besitzen fokussiert ist. Der wonnevolle Energieaustausch wird dabei emotional überfrachtet mit Liebesschwüren sowie gierigem Brauchen und ängstlichem Festhalten. Wenn dies geschieht, können wir beobachten, wie sich die Körper verkrampfen und anspannen. Die ursprüngliche Freude und Leichtigkeit weicht dem Instinkthaften, wird wollüstig und vereinnahmend. Die offene, grenzenlose Weite geht in einer vernebelnden Verengung verloren. Der freie Liebesfluss wird einem triebgesteuerten Zwang untergeordnet.

Medien und Werbung konzentrieren sich auf diese Art von Wahrnehmung, die einem Zustand von unfreier Bindung und einem ständigen Unerfülltsein entspringt. Hier werden die unterschwelligen Frustrationen sowie der nagende innere Mangel der Menschen ausgenutzt. Konsumrausch und Emotional-Verträge sollen als Ersatz für tiefe, wahre Liebeserfüllung dienen. Zu diesem Spiel, das dem Bewusstsein der Trennung entspringt, gehören auch Verlockung, Verführung, sowie das Vorenthalten und die Erpressung von Sexualität. Auch die Vertreter von Sitte und Moral haben diese begrenzte Sicht. Sie reduzieren Sexualität auf körperlich-triebhafte Bedürfnisbefriedigung und betrachten sie entsprechend aus einer niedrigen Schwingung. Die daraus abgeleiteten Urteile und Gebote sind Produkte ihrer eigenen Phantasie. Diese sieht in der Sexualität einen rein physischen, von Sucht und Verlangen geleiteten und triebhaften Vorgang.

Sitte und Moral

Die Kehrseite von Begehren ist Abneigung und Vermeidung. Wer eine verurteilende und moralisierende Position einnimmt, betrachtet sich selbst als höherstehend und reduziert Sex auf eine animalische Stufe. Man sollte sich dafür schämen, sich darüber erheben und am besten nichts damit zu tun haben. Diese Sicht erwächst aus der eigenen, abwertenden Art zu denken und zu empfinden sowie der vehementen Verneinung und Abwehr der eigenen Natur. Somit befinden sich die Schwierigkeiten und Konflikte rund um dieses Thema immer nur im Bewusstsein der Menschen selbst. Wer Sexualität ausschließlich auf der körperlich-animalischen Ebene von Trieb und Begehren erlebt, erschafft ein Gefühl der Trennung zwischen sich selbst und seinem Objekt der Begierde. Aus dieser Trennung heraus entsteht wiederum heftiges Verlangen, das seinerseits Frustration, Unterdrückung, Schuld, Angst, Eifersucht, Besitzstreben und Gewalt nach sich zieht.

Manche Menschen flüchten aber auch in Resignation und Hoffnungslosigkeit sowie zu einem Verlust an Verlangen. Sie fühlen sich selbst so schlecht und wertlos, dass sie sich von allem Schönen und Lebendigen abschneiden. Andere assoziieren die menschliche Liebe mit Schmerz, Trauer und einem nagenden Gefühl von Mangel. Dieses wiederum geht oft einher mit Emotionen des Wollens und der Begierde, die sich zu einer Sucht nach Sex steigern kann. Die innere Leere wird als so unerträglich empfunden, dass jede Gelegenheit, die eine Erlösung oder Erleichterung verspricht, gierig ergriffen wird. Im Bewusstsein der Trennung geht Verlangen mit der Angst einher, es könnte niemals vollkommen gestillt werden. Oder es führt zu Wut, Frustration, Trauer und Selbstvorwürfen, weil es nicht befriedigend gelebt werden kann und nie wahre Erfüllung findet. Daher sind wir Menschen anfällig für alle Varianten von Schuldgefühlen und Schuldzuweisungen rund um Sexualität.

Moral geht oft mit einem verdeckten Stolz einher, der sich in Form von Verachtung und Ablehnung äußert. Solche Menschen rümpfen ihre Nase und betrachten jeden, der sexuelle Freuden genießt, als durch seine tierische Natur entwürdigt. Sie gehen davon aus, dass andere, genauso wie sie selbst, darauf fixiert sind oder auch zutiefst unerfüllt resigniert haben. Menschen, die den lebendigen und natürlichen Ausdruck von Sexualität verachten, projizieren ihre eigene Unterdrückung und die daraus entstandene Art zu denken und zu empfinden auf Andere.

Wenn wir von solchen Menschen verurteilt werden, sollten wir ihre Vorwürfe zunächst ernsthaft prüfen. Wir haben diese Angriffe angezogen, in der Regel, weil es diese inneren Richter auch unbewusst in uns gibt. Die Irritation, den Schmerz und die Schuldgefühle, welche die Urteile anderer in uns auslösen, können wir nutzen, um tief nach innen zu gehen, um uns dort offen und ehrlich zu begegnen. Fast immer entdecken wir dann unsere eigenen, unterschwelligen Konflikte und unbewusst übernommenen Werturteile, die uns in Form von Ablehnung gespiegelt werden. Mitunter geht es auch darum, dass uns unsere Abhängigkeit von der Meinung und Bestätigung durch andere bewusst werden soll. All dies sehnt sich in uns selbst nach Befreiung. Gegenangriffe oder Rechtfertigungen können uns nicht von der Frequenz befreien, die solche Ereignisse in unser Leben zieht.

Jeder Verurteilung, die wir durch andere Menschen erfahren, liegt – in der Regel unbewusst – eine Selbstverurteilung zugrunde. Jede Verletzung, die durch andere ausgelöst wird, ist nur dadurch spürbar, dass wir ungeheilte Wunden in uns tragen. Alles, was uns schmerzhaft widerfährt, zeigt uns etwas, das in uns auf Heilung wartet. Wenn wir dies annehmen können, anstatt abwehrend darauf zu reagieren, führt uns die Echtheit und Tiefe unserer Selbstbegegnung in unsere dunklen, unerlösten Schattenbereiche. Dort warten die unterdrückten, ignorierten und ungeliebten Bereiche unserer Innenwelt darauf, endlich klar erkannt, mitfühlend betrachtet und in Liebe angenommen zu werden.

Sobald wir bereit sind, der schmerzhaften Intensität von Scham, Schuld, Angst und Verurteilung zu begegnen, führt uns dies in eine Transformation ungeahnten Ausmaßes. Das Licht von Mitgefühl und ehrlicher Wahrnehmung berührt und durchstrahlt uns im tiefsten Inneren. Wir erleben eine profunde Läuterung, Reinigung, Klärung und Befreiung von alten, unbewussten Ablagerungen unserer Psyche, die in der Regel schon lange auf ihre Erlösung warten. Wie dunkle, schwere Wolken haben sie das göttliche Licht unseres wahren Wesens verdeckt. Im Prozess ihrer Auflösung kann unsere innere Sonne nach und nach alle Schleier des Unbewussten durchdringen. So dienen auch die uns verurteilenden Menschen letztlich unserer bewussten Selbstfindung und Befreiung. Verblendungen und „blinde Flecken" gehören, sobald sie erkannt werden, bereits der Vergangenheit an. Indem wir sie sehen und zu uns nehmen, sind wir nicht länger blind. So werden alte Verletzungen und seelische Wunden zu Potenzialen von Klarheit, Kraft und bedingungsfreier Liebe. Nachdem diese mutige und ehrliche Selbstbegegnung stattgefunden hat, können wir auch klar erkennen, was uns mit verletzenden und verurteilenden Menschen in Resonanz gebracht hat. Wir brauchen dann das Verhalten anderer nicht mehr persönlich zu nehmen und können die jeweiligen Projektionen ganz bei ihnen lassen.

Sobald es uns möglich wird, dasselbe Mitgefühl, mit dem wir uns selbst zu umarmen lernen, auch jenen Menschen zurückzusenden, befreit uns dies nachhaltig von der Schwingung von Schuld, Vorwurf und Anklage. Dies erleben wir dann zutiefst dankbar als Geschenk und Segen. Wir können dadurch zur eigenen Heilung und auch zur Befreiung anderer Menschen in unserem Leben beitragen.

Sexualität als Ausdruck von Liebe und Lebendigkeit

Begehren, das aus einem inneren Mangel erwächst, baut Druck und Widerstand in uns und unserem Partner auf. Dadurch geraten wir in den Teufelskreis von ständigem Verlangen und unerfüllten Bedürfnissen. Solange wir aus einem Trennungs- und Mangelbewusstsein unsere Partner besitzen und festhalten wollen, erfahren wir ihre Energie nicht wirklich. Wir erleben nur unsere eigene Bedürftigkeit und unser zwanghaftes Verlangen. Wir glauben, vom anderen etwas bekommen zu müssen, das uns fehlt.

Mit dem Loslassen des persönlichen Wollens entsteht Raum für den freien Liebesfluss. Die grenzenlose Lebensenergie kann in unsere Körper einströmen und die Herzen öffnen. Der Liebesakt erfüllt sich mit Freude, Vergnügen, Wonne und Wertschätzung für das eigene und gemeinsame Erleben. Wir genießen miteinander die sich entfaltende Energie und das uns innig vereinende Glück. In diesem Raum von Natürlichkeit und Unschuld lösen sich Bedingungen und Erwartungen wie von selbst auf. Jeder Moment ist in sich selbst vollständig und erfüllt. Wenn wir den freien und natürlichen Ausdruck unserer Sexualität nicht länger verurteilen oder auf entwürdigende Art betrachten, können wir mit unserer Natur in Frieden sein und sie als wirklich schön und göttlich ansehen. Wir werden sie dann dankbar annehmen und als Quelle von Lebendigkeit und Glück verehren.

Für eine wirkliche Befreiung bedarf es eines erweiterten Bewusstseins, in dem die Illusion der Trennung immer mehr zurückgelassen wird. Sobald sich unsere Sichtweise für die Wirklichkeit unseres essenziellen Eins-Seins mit dem Fluss des Lebens öffnet, lösen sich die meisten Fragen und Probleme wie von selbst auf. Sie werden umarmt und dem Göttlichen übergeben. Das befreit und erleichtert uns wundervoll. Dieser gesamte Prozess findet einzig und allein in unserem Bewusstsein statt. Durch die Heilung unserer Liebeswunden betreten wir ein neues, erweitertes und höher schwingendes Energiefeld. Von nun an ziehen wir ganz andere und wirklich beglückende Erfahrungen in unser Leben. Wenn wir es schaffen, die niederen Energiefelder unseres Mangelbewusstseins und unserer Selbstzweifel zurücklassen, erreichen wir eine neue Stufe unserer Liebesfähigkeit. Sexualität wird hier zu einem Ausdruck von Liebe, Lebendigkeit und Lebenslust, zu einer Art und Weise, wertschätzend und freudvoll mit unseren Geliebten verbunden zu sein und das Leben zu feiern.

Wir beginnen dann, unser ganzes Wesen mit dem Menschen zu teilen, mit dem uns die Liebe zusammengeführt und vereint hat. Was wir geben oder bekommen, verliert an Wichtigkeit, ebenso wie alle Ideen von Wettbewerb und Leistung. Wahrhaft zu lieben bedeutet, einen heiligen Raum zu öffnen, in dem sich die Seelen verbinden und vereinigen. Dabei können auch unsere Körper beteiligt sein, wenn sich dies als stimmig und für alle Beteiligten wünschenswert und beglückend erweist. In einer befreiten Liebesverbindung stellt sich der Wunsch ein, der Geliebten vollständig zu begegnen. In diesem weiten und klaren Raum, in dem alles bedingungsfrei willkommen ist, lösen sich die Begrenzungen unserer getrennten Persönlichkeiten behutsam auf. Es ist, als begegnete die universelle Frau dem universellen Mann. Und weil beide bereit sind, in der Energie des anderen zu verweilen, stellt sich ein ganz neues Erleben von Weite und Eins-Sein ein.

Sexualität kann zu einem Sprungbrett zum Göttlichen werden, wenn das persönliche Wollen losgelassen wird und sich in ein echtes Einlassen verwandelt. Daraus erwächst in uns ein weiter, grenzenloser Raum, erfüllt von der Verehrung unseres Liebespartners und dem Licht unserer göttlichen Essenz. Diese machtvolle Herzens- und Seelenliebe, die wir für unseren Liebespartner empfinden, wird zum Sinnbild und Spiegel unseres inneren Geliebten. Die ganzheitliche Öffnung und Hingabe an den Ausdruck bedingungsfreier Liebe im Tanz der magnetisch sich anziehenden Yin-Yang-Pole wird zu einem erhebenden Gleichnis für unsere Vereinigung mit dem Göttlichen.

Dabei bleiben wir nicht auf das physische Erleben beschränkt. Wir überlassen uns der Lebenskraft, die uns bewegt, hinein in Räume von Glück, Entzücken, Frieden und Stille in unendlicher Ausdehnung. Hier sind wir eins mit uns, mit unserem Geliebten und der ganzen Existenz. Jegliche Form von Trennung löst sich immer weiter auf. Wir erleben uns vereint mit der allumfassenden Liebe, der wir uns in jedem Moment anvertrauen. Unsere vollständige Öffnung für unseren Geliebten schenkt uns den Zugang zu dieser Grenzenlosigkeit.

Solche Geschenke können wir nicht willentlich erzwingen oder als einen persönlichen Gewinn festhalten. Sobald unser Verstand dies versucht, zerstören und verlieren wir sie augenblicklich. Derartige Erfahrungen können wir weder herstellen noch in Besitz nehmen, denn dies widerspräche ihrer inneren Natur. Nur unsere Bereitschaft, Kontrolle loszulassen, berührbar zu sein und uns der Liebesenergie zu öffnen und hinzugeben, kann uns diese kostbaren Räume gnadenvoll erschließen.

Wir werden die Quelle allen Lebens dafür verehren und unsere Dankbarkeit in jeder Zelle unseres Körpers spüren. Und wir können (und werden schließlich) dieses Geschenk dem göttlichen Ursprung weihen. Das bedeutet, es ganz zurückzugeben und vollständig loszulassen. Dann können wir den gemeinsamen Weg frei von erdrückenden Erwartungen und abgehobenen Idealen unbeschwert fortsetzen. Während die Liebe uns weiterführt durch alle Höhen und Tiefen hindurch, finden wir wahre Erfüllung und entdecken die Entfaltung unseres Seelenplans. Die Quelle aller Liebe und Glückseligkeit zieht uns immer weiter in sich hinein. Die Welt erstrahlt in göttlichem Glanz. Denn Liebe ist die ureigene Grundqualität des Lebens!

Sobald wir ganz hingegeben und bereit sind, offenbart sich uns das Licht unseres Seins als Ursprung aller Ausdrucksformen von Liebe. Hier findet unser Weg als Liebende seine Vollendung. Als Teil unserer Wesensnatur erfüllt und befreit die Sexualkraft sich von selbst, mühelos und vollkommen natürlich. Wünsche und Verlangen lösen sich einfach auf, hinein in eine viel größere, umfassendere Wirklichkeit voller Frieden, Wahrheit und Glückseligkeit. Unsere Geliebten, mit denen wir diese Räume gemeinsam betreten, lächeln uns wissend zu. Seelen berühren und vereinigen sich. Was bleibt ist lebendige Stille.

Mit diesem ermutigenden Ausblick sind wir nun bereit für den zweiten Teil dieses Buches. Hier schildere ich einige für mich einschneidende Erfahrungen auf meinem Weg in die Liebe. Sie hatten eine so nachhaltige Wirkung auf mich, dass sie den weiteren Verlauf meines Liebeslebens veränderten. Deshalb bezeichne ich sie als Einweihungen. Sie verwandelten mich und das Bewusstsein, mit dem ich von da an die Welt betrachtete. Sie erschütterten und erweiterten mein Verständnis von Liebe in ihrem menschlichen Ausdruck. Wo es mir nötig erschien, habe ich Namen verändert, um die Privatsphäre der Beteiligten zu schützen.

Teil II

Wie die Liebe mich einweihte

Einweihung I: Was wir wirklich in der Liebe suchen

„Wie die Liebe sich bis zu euren Wipfeln hinauf schwingt und eure zartesten Zweige liebkost, die in der Sonne beben, so steigt sie auch zu euren Wurzeln hinab und rüttelt sie, wo sie sich am Boden klammern."

Khalil Gibran

Während meines Studiums im damaligen West-Berlin in den 1970er-Jahren steckten Psychodrama, Biodynamische Körper- und Energiearbeit, Gestalttherapie und Encounter-Gruppen gerade erst in ihren Kinderschuhen. Für mich, den Suchenden, ein spannendes Feld des Forschens und Entdeckens, der großen Befreiung von übernommenen Selbstbegrenzungen ebenso wie der Öffnung für Echtheit, Wahrheit und Sinn.

Ich praktizierte Yoga und begann zu meditieren, denn ich hatte verstanden, dass ich Sinn und Erfüllung zuerst in meinem Inneren suchen und finden musste. Wunderbare Lehrer und Lehrerinnen stellten sich ein, und ich machte meine ersten, für mich bahnbrechenden Erfahrungen in Selbstbegegnung. Später bekam ich Gelegenheiten, meine Begeisterung an offenen Abenden, Wochenend-Workshops und Seminaren an der Pädagogischen Hochschule und in einem Selbsthilfezentrum weiterzugeben. Gleichzeitig sehnte ich mich intensiv nach dem Spiegel des Weiblichen. Ich war jung und unerfahren und das Mysterium von Nähe und Liebesvereinigung zog mich machtvoll an.

Ich sah Cornelia zum ersten Mal beim Volleyballspielen. Sie sah für mich aus wie eine junge Göttin – geheimnisvoll, bezaubernd, anmutig, verspielt und magisch zugleich. Sie war in meinen Augen von Kopf bis Fuß wunderschön und von sportlichen Männern umgeben. Sofort fühlte ich mich intensiv zu ihr hingezogen. Gleich vom ersten Augenblick an wurde sie Teil meiner Innenwelt. Und doch war sie so weit entfernt. Ich begann, ständig an sie zu denken und heimlich von ihr zu träumen.

Ich erinnere mich nicht mehr genau daran, welche Umstände dazu führten, dass sich doch irgendwann eine Möglichkeit ergab, mit meiner „Göttin" ins Gespräch zu kommen. Wir verstanden uns wunderbar, denn auch sie war „auf dem Weg". Sie vertraute mir in langen, intensiven Gesprächen ihre einschneidenden Lebenserfahrungen an. Dazu gehörten ein Suizidversuch mit 17 Jahren und die darauf folgende Zeit im südlichen Schwarzwald. Dort hatte der Meditationslehrer Graf von Dürckheim ein Zentrum für Therapie, Meditation und Bewusstseinsarbeit aufgebaut.

Dürckheim hatte im Krieg, inmitten von Chaos und Zerstörung, seine ersten tiefen Seins-Erfahrungen, wie er sie nannte. Danach reiste er nach Japan und besuchte Zen-Klöster, lernte zu meditieren und die Kunst des Bogenschießens. Nach Deutschland zurückgekehrt, gründete er die Schule für „Initiatische Therapie", die damals durch seine Bücher und Vorträge recht bekannt war. Cornelia hatte das Glück, dass ihre Eltern von diesem therapeutischen Hintergrund wussten und die Mittel hatten, sie nach ihrer Krise dort unterzubringen. Tatsächlich rettete ihr dies das Leben und ließ sie neu erblühen.

Als sie mir ausführlich davon berichtete, hing ich an ihren Lippen und nahm diesen Ort von Transformation und Selbstbegegnung, der durch die Präsenz dieser wundervollen jungen Frau in mir lebendig wurde, tief und intensiv in mich auf. Wir hatten eine gemeinsame geistige Übereinstimmung gefunden, und ich war erfüllt von der Hoffnung, dass daraus mehr werden könnte. Doch vorläufig kamen von ihr diesbezüglich keine Signale.

Wir hörten von einer Selbsterfahrungsgruppe, die in jenem Sommer auf einer malerischen Insel im damaligen Jugoslawien veranstaltet wurde. Cornelia suchte eine Mitfahrgelegenheit, und so machten wir uns mit meinem Auto auf den Weg, ließen es am Festland stehen und setzen mit einer Fähre über. Ich war einfach überglücklich, sie in meiner Nähe zu wissen. Unser Seminar fand in einem alten Schulhaus statt, das dort während der Sommerferien leer stand.

Ich erinnere mich lebhaft an eine der ersten Nächte. Es wurde dunkel, und weil der Sternenhimmel so klar und schön strahlte, nahm ich Isomatte und Schlafsack und legte mich nach draußen, um mich vor dem Einschlafen noch eine Weile mit der Magie dieser Nacht zu verbinden. Plötzlich, ganz überraschend, tauchte ein Schatten auf, und Cornelia kniete sich neben mich. „Darf ich mich zu dir legen?" fragte sie mit ihrer geheimnisvollen Stimme, die jedes Mal, wenn sie sprach, auch ihre Seele auszudrücken schien. Freudig erstaunt über dieses unerwartete Glück lud ich sie sofort ein. Der Traum von Zuneigung und intimer Nähe schien überraschend in Erfüllung zu gehen. Sie schmiegte sich sanft an mich. Behutsam und voller Zärtlichkeit erforschten wir uns, berührte sich unsere Haut, fanden sich unsere Lippen und vereinigten sich unsere Körper.

Der Himmel schien die Erde zu berühren. Ich erlebte grenzenlose Wonne und unfassbares Glück. Meine Innenwelt öffnete sich ihrer zarten und magischen Präsenz und schien mit einem leuchtenden Glanz erfüllt zu werden. Ich badete in der Wonne dieser ersehnten und doch ganz unerwarteten Liebesbegegnung, fühlte mich ganz und vollständig. Mit meiner großen Liebe und der ganzen Existenz verbunden, breitete sich ein tiefer Frieden in mir aus. Für mich war dies der zauberhafte Beginn einer gemeinsamen Reise durch die Gefilde romantischer Liebe.

Irgendwann ging sie wieder und ich schaute und lauschte noch lange in die sternenklare Nacht voll allverbundener Glückseligkeit, bis auch mir die Augen zufielen. Am nächsten Tag ließ ich mich auf unser Gruppenprogramm besonders beschwingt und begeistert ein. Am Abend – das

Wetter hatte sich geändert – baute ich in einem Winkel des Hauses für Cornelia und mich ein besonders kuscheliges Liebeslager. Mir war irgendwie klar, sie würde wiederkommen und in meiner Nähe sein wollen. Doch sie kam nicht! Da lag ich nun schon so lange allein, hin- und hergerissen zwischen Hoffen und Bangen. Auf einmal hörte ich vom Korridor her – das Gebäude war extrem hellhörig – heftiges Atmen und inbrünstiges Stöhnen, eindeutige Laute von orgiastischem Sex. Es traf mich wie der Schlag einer Keule. Ich erkannte die Stimme „meiner Göttin", in wilder Vereinigung mit einem stattlichen Liebhaber. Fassungslos verkrampfte sich mein ganzer Körper, ich krallte mich verzweifelt in die Unterlage meines Lagers. Abgrundtief stürzte ich in eine Hölle unsäglicher Seelenqualen. Meine Welt brachzusammen, ich erlebte mich rettungslos verloren.

In dieser Höllennacht war an Schlaf nicht mehr zu denken. Schockiert und erstarrt lag ich ganz allein auf meinem improvisierten Lager und wagte nicht, mich bemerkbar zu machen. Quälend lang zogen die dunklen Stunden vorüber. Als der nächste Morgen dämmerte, erhob ich mich dumpf, betäubt und komplett zerschlagen, gedemütigt und voller Schmerz über das für mich unfassbare Geschehen. Dieser neue Tag sollte meine erste große Einweihung bringen. Doch davon hatte ich zu diesem Zeitpunkt noch keine Ahnung.

Bevor ich weiter erzähle, möchte ich noch eine Bemerkung zu Cornelias ungewöhnlichem Verhalten ausführen. In dieser Zeit ihres Lebens (mit Anfang 20) war es für sie wohl äußerst wichtig, ihre Sexualität zu erkunden. In ihrer Teenagerzeit war ihr dies aufgrund ihrer psychischen Probleme wahrscheinlich nicht möglich gewesen. Daher wollte sie sich auch mit unterschiedlichen Männern ausprobieren. Sie fand bald heraus, dass sie in dieser Lebensphase eine Vorliebe für Männer hatte, die sie fest anpackten und sie dann wild und ungestüm nahmen.

Das konnte sie damals bei mir nicht finden, wie sie mir später in ausgiebigen Gesprächen offenbarte. Ich war ihr viel zu sanft, zu zärtlich, zu romantisch, zu feinsinnig und unschuldig, also nach ihrem Empfinden noch kein „richtiger Mann". Diese zarten Eigenschaften hatte sie alle selber, und sie brauchte die andere Seite, den Kontrast – das Wilde, das Machtvolle und die Schatten. Auch für mich gab es später einige wichtige Entwicklungsschritte, in denen ich mein eigenes wildes, dunkles, chaotisches und mächtiges Schattenreich in meinem Inneren aufsuchen und integrieren durfte. Doch davon war ich in jenem Sommer noch einige Jahre entfernt.

Es führt zu weit, alle Ereignisse des folgenden Tages zu schildern, die mich in eine Nahtoderfahrung führten. Auch heute ist es für mich beinahe unglaublich, dass es dazu kommen konnte. Während einer Gruppenarbeit am Nachmittag, in der ich mich mit meinem unfassbaren, tiefen Schmerz zeigte, erlebte ich durch eine intuitive Berührung an einem Punkt im Kehlbereich ein plötzliches Aussetzen meines Wachbewusstseins. Das Ergebnis war, dass ich mich im Bruchteil einer Sekunde ganz plötzlich von meinem Leiden befreit fühlte. Mein normales Tagesbewusstsein setzte aus und wo gerade noch Schmerz und Trauer herrschte öffnete sich ein Raum grenzenloser Weite und Allverbundenheit.

Gleichzeitig wusste etwas in mir sofort mit absoluter Gewissheit, dass sich die Grenze zu einer anderen, jenseitigen Realität geöffnet hatte. Dies war für mich unglaublich faszinierend und befreiend. Ich wiederholte und verstärkte diese spezielle Berührung, die ich heute nicht mehr exakt beschreiben könnte – und war frei!

Die Welt stand auf einmal still. Sie war plötzlich erfüllt von einem strahlenden Licht und einer gänzlich befreienden Weite. Ich erlebte, wie meine Essenz – war es meine Seele, mein Bewusstsein? – sich langsam schwebend in einer wunderbaren, lichtvollen Landschaft ausbreitete, die erfüllt war von harmonischen Formen, Farben und überirdischen Klängen. Ich war frei von Schmerzen, Leiden und jeglicher Begrenzung. Ich war erlöst! Da, wo mich eben noch ein abgrundtiefer Schmerz in seinen Bann geschlagen hatte und zu vernichten drohte, stellte sich nun ein Frieden ein, der alle Begriffe überstieg. Grenzenlose Glückseligkeit durchflutete mich oder genauer ausgedrückt: Ich war dieser Frieden, diese Glückseligkeit, diese sich immer weiter ausdehnende Allverbundenheit und wahrhaft göttliche Vollkommenheit. Es war für mich das Höchste, das Größte, das Erstrebenswerteste, was es gab. Noch nie zuvor hatte ich etwas so Wunderbares, gefesselt an meinen physischen Körper, in dieser klaren und reinen Weise erlebt. Hier wollte ich für immer bleiben! Hatte ich nicht genau davon einen Zipfel berührt, als vor zwei Nächten meine „Göttin" bei mir lag?! Hatte ich dies nicht schon immer in der Liebe gesucht und nur flüchtig finden können?! Ja, ich war wieder angekommen in einem Ehrfurcht gebietenden Raum von Ewigkeit und Einheit. In ihm waren alle Facetten meines Seins in grenzenloser Liebe angenommen und für immer zu Hause. Hier regierte die Essenz von Harmonie und Schönheit, der himmlische Ausdruck von allem, was ich in meinem Menschsein als Glück und Erfüllung gesucht hatte. Warum nicht jetzt, wo ich es wieder gefunden hatte, für immer hier bleiben?!

Gleichzeitig konnte ich ganz klar meine äußere Umgebung wahrnehmen, vor allem die irritierten und besorgten Menschen. Sie hatten keine Ahnung, welch unbeschreibliches Geschenk mir gerade gnadenvoll offenbart wurde. Sie sahen, wie ich aufgehört hatte zu atmen und ich bemerkte sehr wohl ihre Beunruhigung und Panik, mit der sie auf meine Brust drückten, um mich „wiederzubeleben".

Aber ich lebte doch! Ich war so präsent wie noch nie zuvor, war vollkommen frei und allverbunden! Auch widerstrebte es mir, schon so bald wieder zurück in die Enge und Begrenzung meines Körpers zurückkehren. Ich wusste, dass mir dies zu jedem Zeitpunkt ganz einfach möglich gewesen wäre. Doch ich wollte dieses faszinierende Mysterium so lange wie möglich auskosten und, wenn möglich, unendlich weitererleben.

Nach einer empfundenen Ewigkeit hörte ich, wie die Gruppenleiter sich darüber unterhielten, auf welche Weise man mich nun bewachen müsse. Sie überlegten ernsthaft, wo man mich in eine Psychiatrie einliefern könnte. Mir wurde widerstrebend klar, dass es höchste Zeit war, meinen Ausflug zu beenden und aus dem Raum grenzenlosen Friedens wieder ganz ins begrenzte Diesseits zurückzukehren. Also nahm ich einen tiefen Atemzug, öffnete die Augen und setzte mich auf.

Ich fühlte mich verwandelt, wie neu geboren. Als ich mich umsah, erschien meine Umgebung noch von einem Schimmer dieses überirdischen Glanzes durchdrungen zu sein. Schließlich bemerkte ich, dass mein Körper auch ein wenig erschöpft war. So gut ich es konnte, versuchte ich, die besorgten Menschen zu beruhigen, nahm ein Getränk zu mir und legte mich wieder hin. Zu meinem inneren Bedauern nahm ich wahr, wie mein Bewusstsein sich langsam wieder verengte und sich auf die harte, trennende Welt innerhalb von Zeit, Raum und Materie einstellte. Ich hatte gehofft, dass ich von nun an keine Angst und keinen Liebeskummer mehr erleben würde. Doch konnte ich wie im Zeitraffer erleben, wie sich das gesamte emotionale Programm mit der erneuten Inbesitznahme meines Körpers wieder voll und ganz einstellte.

Was mir blieb, waren tief eingeprägte Erinnerungen an diese große, unendlich schöne, von unbeschreiblichen Frieden erfüllte überirdische Wirklichkeit. Sie halfen mir oft im weiteren Verlauf meines Lebens, vieles besser zu verstehen und einzuordnen. Doch so lange ich im physischen Körper bin, bleibe ich auch ganz Mensch mit irdischen Begrenzungen sowie den Erfahrungen, die meine Seele sucht und braucht. Denn dies gehört hier auf Erden zum Liebenlernen dazu. Der unfassbare Schmerz jener Ereignisse schenkte mir eine Einweihung in eine unvergessliche Seins-Erfahrung. In ihr durfte ich die Essenz meines unbegrenzten, wahren Wesens als übergeordnete Wirklichkeit meiner Existenz erfahren. Diese als den unsterblichen Kern meines Seins zu erkennen, war damals zweifellos eine Gnade, durch die mir ein großes Geschenk für meinen weiteren Weg zuteil wurde.

Gleichzeitig war es aber auch noch eine Flucht vor diesem überwältigenden Liebesschmerz, der meine Identität zu vernichten drohte. Das

Zurücklassen des physischen Körpers erschien im Vergleich zu dieser ultimativen Ego-Auflösung viel einfacher und naheliegender. Ich war damals in meinen Zwanzigern noch nicht fähig, diesem Verlust- und Trennungsschmerz ganz bewusst und offen zu begegnen. Dazu war ich erst viel später bereit, wie ich in dem Kapitel „Offen bleiben im Schmerz" berichten werde.

Einladung

Halte kurz inne, bevor du weiter liest und stelle dir selbst die Frage:

Was suche ich wirklich in der Liebe?

An der Oberfläche tauchen, wenn du spontan und ehrlich bist, vielleicht Antworten auf, die sich um schöne, angenehme Gefühle, Angenommensein und Gesehenwerden, Geborgenheit, Schutz, guten Sex, Zugehörigkeit, Sicherheit, emotionale oder materielle Fülle drehen.

Die meisten Menschen kennen die Bedürfnisse rund um Selbstbestätigung, Zugehörigkeit, Nähe und die ganze Palette instinktiver Regungen wie Sex, Revierbehauptung, Fortpflanzungs- und Nestinstinkt. Dies teilen wir als Erbe mit den Tieren und tragen es in unseren Genen. Es zu leugnen oder zu übergehen hätte fatale Folgen. Diese Urkräfte des Lebens würden sich dann auf unbewusste Weise destruktiv Raum verschaffen.

Wenn wir bereit sind, dies alles anzuerkennen und wertschätzend zu umarmen, können wir die Frage auf einer tieferen, nächsten Ebene erforschen: Was suche ich wirklich in der Liebe?

· *Ist deine Suche zu Ende, wenn du in einer Geborgenheit schenkenden Partnerschaft lebst und/oder du einfach guten Sex genießt?*

· *Was ist für dich das Entscheidende, wenn du eine Liebesbegegnung oder Partnerschaft als wirklich schön und zutiefst erfüllend erlebst?*

· *Was ist für dich das wirklich Großartigste und Erstrebenswerteste in der Liebe?*

· *In welchen Zustand, in welches Lebensgefühl führt dich schließlich die höchste vorstellbare Liebeserfüllung?*

Es lohnt sich sehr, solchen Fragen von Zeit zu Zeit in der Tiefe nachzugehen. Sie eröffnen uns ein erweitertes Verständnis von uns selbst und von dem, wonach wir uns in der Liebe sehnen. Unsere Suche wird dadurch zuerst nach innen gerichtet, dorthin, wo wir bleibende Erfüllung finden können. Denn in der Welt menschlicher Erfahrungen hat alles, was einen Anfang hat, früher oder später auch ein Ende. Der Lebensfilm läuft ab und es gibt keine Garantie für ein Happy End.

· *Was ist in allem der tiefere Sinn?*
· *Wohin will uns die große LIEBE schließlich führen?*
· *Kannst du es jetzt schon sehen oder erahnen?*

Jenseits der Illusion

„Die Person, die am meisten liebt, ist die, welche selbst-zentriert ist."

Neale Donald Walsch

Die Illusion der Trennung ist ein göttliches Spiel, voller Leiden und Freuden für alle Teilnehmenden. Ein gigantisches Versteckspiel, in dem der Verlust und das Wiederfinden der Einheit mit dem Göttlichen einprogrammiert ist. Das Spiel wird u.a. dadurch aufrechterhalten, dass wir den angenehmen und lustvollen Pol genießen wollen und vor dem anderen, dem schmerzhaften, Angst haben. Mit allen Mitteln versuchen wir, ihn zu vermeiden. Doch solange wir an die Trennung glauben und uns mit den jeweiligen Polen identifizieren, können wir ihnen nicht entrinnen. Wir bleiben in ihrem Spannungsfeld gebunden. Je mehr Widerstand wir gegen mögliche schmerzhafte Erfahrungen entwickeln, desto größer ist die Wahrscheinlichkeit, dass wir diese in verschiedenen Formen und Varianten auch erleben werden oder bereits erlebt haben. Eine logische Konsequenz aus unseren Ängsten.

Das göttliche Spiel von Trennung, Illusion und Vergessen beinhaltet ein riesiges Lern- und Entwicklungsprogramm. Es hat seinen Sinn in unserem Menschsein erfüllt, wenn wir erwachen und die so echt erscheinenden Illusionen durchschauen. Dies bedeutet gleichzeitig eine ekstatische Befreiung und Erlösung. Dieses gnadenvolle Geschenk übersteigt alle Vorstellungen unseres begrenzten Verstandes. Doch in unserem Gehirn sind bereits Areale angelegt, mit denen wir eine viel umfassendere Wirklichkeit erleben können als wir uns vorstellen können. In der Welt des Getrenntseins wird dies nur in ganz seltenen Momenten intensiven Erlebens aktiviert.

Der im vorherigen Unterkapitel vorgestellte *Graf von Dürckheim* nannte diese unser Bewusstsein öffnenden Momente „Seins-Fühlungen" oder

„Seins-Erfahrungen". In der Bibel heißt es, dass jedem Menschen das Göttliche einige Male in seinem Leben begegnet. Gemeint sind jene Augenblicke, in denen sich unbeabsichtigt und ganz überraschend eine uns aufrüttelnde Erfahrung einer erweiterten Realität einstellt. Unser alles ständig unter Kontrolle haltender Verstand wird vorübergehend stillgelegt und wir tauchen staunend in eine größere Wirklichkeit ein. Die Zeit scheint stillzustehen – und unser Bewusstsein dehnt sich aus in einem Raum voller Frieden, Grenzenlosigkeit und Weite. Dies sind Erfahrungen, die uns verwandeln und unvergesslich in Erinnerung bleiben.

Derartiges kann sich einstellen, wenn uns die Magie eines besonders eindrucksvollen Sonnenuntergangs oder die Weite des heranrauschenden Meeres tief berühren. Jeder kennt Situationen, in denen die Kraft und Schönheit einer Landschaft, eines Kunstwerkes oder der Anblick eines Menschen uns vollkommen überwältigen, beinahe den Atem rauben. Andere erleben es in Extremsituationen, wenn Gefahr, Schmerz und Todesnähe unser Denken ausschaltet. Voraussetzung ist, dass wir offen und präsent bleiben, anstatt zu erstarren oder zu fliehen. Sportler berichten, dass sich bei Höchstleistungen, wenn ein Mensch seine Grenzen erreicht und seine persönlichen Kräfte verausgabt hat, jenseits des eigenen Wollens ein innerer Schalter umlegt. Auf einmal verwandelt sich die Energie und ihnen steht ein neuer Strom von Stärke, Klarheit und Zuversicht zur Verfügung.

Auch in gnadenvollen Momenten inniger Liebesbegegnungen oder in tief berührenden Situationen von Abschied und Sterben kann sich diese göttliche Dimension für uns öffnen, wenn wir uns ganz präsent dem Augenblick schenken. Wir können dann erleben, wie eine größere, unser begrenztes Selbstgefühl zeitweilig auflösende Kraft übernimmt. Dies gewährt uns Einblicke in die Wirklichkeit eines starken, hellen Energiefeldes, das wir zu Recht als *heilig* bezeichnen.

Das Erwachen aus der Illusion der Trennung geht einher mit einem Frieden, der alle Worte und Begriffe übersteigt. Uns erfüllt Glückseligkeit und Freude, ein Gefühl von Befreiung und Erlösung. Wir tauchen ein in eine grenzenlose, ozeanische Liebesfülle, in eine Klarheit und Gewissheit, nach der sich jeder Mensch in seinem tiefsten Inneren sehnt. Gesprochene oder geschriebene Worte sind unzureichend, um diese Essenz unseres Seins auszudrücken. Doch die Erfahrung ist so überwältigend wirklich, dass sich jeder mögliche Zweifel an der Echtheit und Absolutheit dieser göttlichen Anwesenheit auflöst.

Inmitten aller Begrenzungen des alltäglichen Lebens stellt sich in uns eine Unterströmung von Ruhe und Frieden ein. Wir ahnen, dass nichts in dieser Welt gegen uns ist oder uns etwas vorenthalten möchte. Alles dient uns, damit wir unsere nächsten Schritte in den Raum unseres wahren Seins vollziehen können. Dort stellt sich eine zunehmende innere Freiheit ein und ein wachsendes Vertrauen in die Güte und Liebe des Lebens. Wir entdecken auf einmal eine unerwartete Lust und Freude, mit der wir bereit sind, am Spiel des Lebens teilzunehmen. Es entstehen neue innere und äußere Freiräume, die uns wie Geschenke erscheinen und uns mehr und mehr Erfüllung bringen. Doch auch dann können wir noch Zeiten von Verunsicherung, Erschütterung und Lebenskrisen erleben. Aber etwas tief in uns kann sich gleichzeitig erinnern und darauf vertrauen, dass auch dies ein notwendiger Teil unserer Entwicklung ist. Es gehört zu dem Übergang in etwas völlig Neues. Mit dem Sterben des Alten und der Geburt des Neuen gehen sowohl schmerzhafte als auch ekstatische Momente einher.

Zur Illusion der Trennung gehören Erfahrungen und Emotionen von Schuld, Scham, Angst, Kampf und Gewalt. Mit dem Erwachen in die Wirklichkeit der Einheit werden uns alle Facetten unseres wahren Seins eröffnet. Liebe, Klarheit, Frieden, Fülle, Freude, Mut, Kraft, Vertrauen und Dankbarkeit erfüllen uns mehr und mehr. Je weiter wir uns der göttlichen Quelle allen Seins zuwenden, desto echter und klarer werden wir. Wir lernen,

Illusion und Wirklichkeit zu unterscheiden. Das Illusionäre löst sich auf, das Wirkliche tritt hervor und bekommt Raum. Unsere bewusste Entscheidung für die Hingabe an die übergeordnete Wahrheit nährt und stärkt uns von innen.

Alles wirklich Wichtige und Großartige in unserem Leben liegt jenseits der Kontrolle unseres Verstandes und unseres persönlichen Wollens. Es stellt sich ein, wenn etwas in uns bereit und in der Lage ist, beiseite zu treten und dem Wirken der göttlichen Kraft Raum zu geben. Dies führt uns in eine neue Demut, durch die wir schließlich unser wahres Wesen in Einheit mit der Größe und Schönheit allen Lebens erfahren können.

Einweihung II: Offen bleiben im Schmerz

»Ein Mensch, der nicht durch die Hölle seiner Leidenschaften gegangen ist, hat sie auch nie überwunden.«

Carl Gustav Jung

D ie Ausstrahlung von Sandra hatte etwas Engelhaftes, Süßes, Feines, gepaart mit einer vitalen, erdigen und sinnlich-kraftvollen Präsenz in ihrem Körper. Der Funke entzündete sich zwischen uns in dem Moment, als ich ihr einen Kuss zum Abschied auf die Stirn drückte. Ich war in diesem Kuss ganz anwesend, küsste für einen Moment die Süße und den Duft ihres ganzen Wesens. Ein klein wenig länger als nur ein flüchtiger Abschiedskuss ... Sie schloss ihre Augen und ihr Atem vertiefte sich spürbar. Sie ließ mich nicht gleich los und seufzte nach einer Weile „Wow, es durchströmt meinen ganzen Körper, es breitet sich überall aus. Ich kann es kaum fassen ...!"

Leider wurden wir in diesem Moment umringt von einigen Menschen. In unserer Überraschung waren wir beide zu schüchtern, um uns diesem wunderbaren Zauber ganz zu öffnen und hinzugeben. Wir trauten uns nicht, noch tiefer in diese aufflammende Entzückung einzutauchen. Doch die Magie dieses Momentes ließ uns beide nicht mehr los. Es war, als ob diese kurze Berührung in unseren Seelen etwas Essenzielles entflammt hätte, das wir nicht einfach übergehen konnten und wollten.

Wir wechselten einige Briefe und trafen uns erst drei Monate später in einem romantischen Städtchen, in dem ich für uns ein Zimmer mit herrlichem Ausblick ins Tal reserviert hatte. Wir waren beide richtig aufgeregt. Doch die anfängliche Unsicherheit wich bald einem Raum inneren Entzückens. Wir waren erneut voneinander so elektrisiert wie beim Abschiedskuss vor einigen Monaten. Der Funke sprang sofort wieder über und wir glitten gemeinsam in eine andere Welt. Die Qualität unserer ersten Nacht hat sich unvergesslich in meinem Körperbewusstsein eingeprägt. Wir surften endlos auf den Wogen der Wonne. Tränen der Ergriffenheit und des grenzenlosen Glücks flossen warm und frei. Die Intensität unserer Vereinigung öffnete alle Schleusen und tauchte uns in eine Weite voller Licht und Glückseligkeit. Mein tiefstes Sehnen schien vollkommen erfüllt.

In den folgenden Monaten hatten wir noch einige wenige Male die Gelegenheit, uns zu treffen und unsere Zuneigung zu feiern. Es war immer wieder etwas ganz Besonderes. Doch rückblickend sehe ich, dass wir den Raum der Ekstase unserer ersten Nacht nie wieder voll und ganz betreten konnten.

Waren es unsere Erwartungen, die das verhinderten? Aus heutiger Sicht hätten wir uns nach dieser vollendeten ersten Begegnung für den Rest unseres Lebens verabschieden können. Doch dies war noch nicht die eigentliche Einweihung, zu der ich mich mit ihr verabredet hatte. Außerdem, wenn etwas so schön und beglückend ist, wollen wir doch mehr davon und es am liebsten dauerhaft und für immer erleben! Ich machte also wieder einmal den illusorischen Versuch, das erlebte Glück mit ihrer äußeren Erscheinung, der Musik ihrer Liebesenergie, mit ihrer zarten und doch so intensiven Präsenz zu verbinden. Das Zusammensein und die Liebesbegegnungen mit ihr waren für mich wie ein Tor zum Paradies, wie ein Zugang zum Land der beglückenden Wonne. Ich begann, mein Streben und Sehnen auf sie zu fixieren und träumte von den nächsten Wiedersehen und Liebesvereinigungen.

Jedes Mal, wenn wir uns verlieben, projizieren wir ein Bild der Vollkommenheit auf den Anderen. Diese Projektionen werden gesellschaftlich gefördert, indem uns überall ein ideales Bild der romantischen Liebe vorgegaukelt wird.

Dieser Traum vom Liebesparadies wurzelt in unserer frühkindlichen Erfahrung, in der in unseren ersten Lebensmonaten unsere Mutter die einzige und alles erfüllende Quelle der Nahrung und Liebe war. In dieser Zeit erleben wir uns in der Einheit mit unserem Umfeld.

Nach diesem Urzustand der Vollkommenheit, der Geborgenheit und des Genährtseins sehnen wir uns zurück und suchen ihn bei unseren Geliebten. Sind wir verliebt, scheint es uns, als hätten wir diesen ersehnten Urzustand erneut gefunden und wir hoffen darauf, dass dieser nie mehr verloren geht.

Ich weiß heute nicht mehr genau warum, doch aus irgendeinem inneren Impuls heraus wollte ich Sandra mit einem meiner langjährigen Freunde bekannt machen. „Ihr würdet euch sicher wunderbar verstehen", sagte ich und gab ihr seine Telefonnummer. Als ich ihr seinen Namen nannte, horchte sie auf und etwas reagierte in ihr. Wenig später berichtete sie mir, dass sie nun auch mit ihm telefoniere – und zwar viele Stunden pro Nacht.

Unsere nächste Verabredung war im Juni. Die Tage waren lang und sonnig. Wir wollten die Nacht mit unseren Schlafsäcken im Freien verbringen. Unterschwellig hatte ich es schon befürchtet, konnte und wollte es jedoch nicht glauben. Sandra eröffnete mir sofort nach unserer Begrüßung, sie hätte sich mit meinem Freund getroffen und entschieden, zu ihm zu ziehen und ganz in sein Leben zu gehen. Selbstverständlich bedeutete dies für sie das Ende unserer Liebeskontakte. Mich traf der Schlag bis ins Mark. Alles in mir bäumte sich dagegen auf. Ich war zutiefst erschüttert und schockiert, konnte es einfach nicht fassen. Das Paradies war zerstört, verschlossen, der Boden wankte unter meinen Füßen und mir schien, als stürze ich rettungslos in einen finsteren Abgrund.

Liebe Lesende, wahrscheinlich erinnern sich die meisten von euch an entsprechende Situationen und an den grenzenlosen Schmerz von Verlust und Trennung. Wir berühren dabei tatsächlich einen Urschmerz, wie ich in Teil III noch ausführen werde. Wie bist du damals mit diesem Schmerz umgegangen?

Lebhaft erinnere ich mich noch an die traumhaft schöne Sommerlandschaft am Fuße der magischen Vulkanhügel. Ich ließ dem Ausdruck meines Schmerzes, meiner Fassungslosigkeit und Wut freien Lauf. Wir waren ganz allein und es wurde endlich dunkel. Immer wieder schüttelte es mich und manchmal brüllte ich vor Schmerz und Verzweiflung. Sandra lief nicht weg und hielt mich immer wieder sanft und fest in ihren zarten Armen. Dafür war – und bin ich ihr bis heute – zutiefst dankbar. Von ihr kamen keine weiteren Rechtfertigungen, kein Argumentieren und auch kein Trösten. Sie war einfach nur klar in ihrem Entschluss und schaffte es dennoch, in diesem Moment mitfühlend für mich präsent zu sein.

An Schlafen war nicht zu denken. Irgendwann sagte sie in einer stillen Pause, in der sich in mir etwas zu entspannen schien: „Ich spüre, wie deine Seele jubelt …". Obwohl ich mich in diesem Moment dieser Aussage noch nicht ganz öffnen konnte, habe ich mich in den folgenden Jahren immer wieder an ihre Worte erinnert. Und noch heute fühle ich, wie meine Seele in tiefer Dankbarkeit jubelt.

Ich war noch immer halb betäubt vom Schmerz, als wir uns am folgenden Tag verabschiedeten. Die eigentliche Einweihung erlebte ich nun allein mit mir in den folgenden Tagen, Wochen und Monaten. Es war, als ob eine bis dahin verschlossene Wunde unwiderruflich aufgebrochen war und nicht wieder zugedeckt werden konnte und sollte. In machtvollen Wellen überfiel mich wieder und wieder der Schmerz dieses niederschmetternden Verlustes.

Bis heute beobachte ich bei vielen Menschen, die ich begleiten darf, wie schwer es ist, in Anbetracht der Intensität, welche die Liebe in grenzenlosem Glück und abgrundtiefem Schmerz mit sich bringen kann, wirklich ganz und gar offen zu bleiben. Ein sehr wesentlicher Aspekt meiner Arbeit mit Menschen besteht darin, genau dies zu üben und zu trainieren. Denn der Schmerz, den die Liebe in uns auslösen kann, führt uns, wenn wir präsent und offen bleiben, in die Tiefe unseres Wesens. Er bringt uns in Kontakt mit unserer Ur-Wunde von Trennung und Verlust.

Wie ich es schon oft zuvor zu meinen Seminarteilnehmern gesagt hatte, wusste ich damals tief in meinem Inneren, dass es kein Entrinnen, keinen Ausweg, sondern nur einen „Einweg", nämlich den Weg nach innen gibt. Ohne diese schon lange zuvor aufgenommene Information, ohne dieses fest verwurzelte innere Wissen, wäre ich wahrscheinlich erneut an dieser Hürde gescheitert. Ich hätte mich betäuben oder ablenken müssen, wäre ausgewichen oder hätte mich wieder verschlossen. Die Ereignisse hatten in mir den grenzenlosen Ur-Schmerz der Trennung geöffnet. Ich wusste, dass ich keine andere Wahl hatte, als ihm zu begegnen. Ich musste selbst erfahren wie es ist, im beinahe unerträglichen Schmerz offen zu bleiben und mich von ihm tief nach Innen führen zu lassen.

Die Macht und Wirklichkeit der Liebe, die ich in der Begegnung mit dieser wundervollen Geliebten erfahren durfte, bedeutete für mich auch eine heilige, innere Verpflichtung. Ich war entschlossen, sie nun einzulösen, indem ich mich dieser wieder aufgebrochenen Ur-Wunde voll und ganz öffnete und hingab.

Wie machtvolle, alles verschlingende und mitreißende Wogen brandete der Schmerz wild und unberechenbar in meinem Inneren. Zum Glück erlaubten meine Lebensumstände, dass ich reichlich Zeit hatte, um mich von diesem Liebesschmerz in meine eigene Tiefe führen zu lassen. Wenn der Schmerz mich zu verschlingen schien, erlebte ich ihn tatsächlich als grenzenlos. Heute weiß ich, dass großer Liebesschmerz immer als grenzenlos erlebt wird, egal ob man bereit ist, ihm bewusst zu begegnen oder auch nicht.

Als ich in der Lage war, mitten in dieser Grenzenlosigkeit voll präsent, wach und offen zu bleiben, kippte mein Erleben auf dem Gipfel seiner äußersten Intensität um. Von einem Moment auf den nächsten wurde es plötzlich friedvoll und ruhig in mir. Auf einmal war da kein Schmerz mehr, sondern nur noch ein grenzenloser Raum voller Intensität, Gnade und einer sich fortsetzenden, lichtvollen Ausdehnung.

Dies geschah einige Male und schließlich immer öfter, sobald die nächste Woge des Schmerzes heranrollte. Trotz der vorangegangenen Erfahrungen gab es da keinen Trick, mit dem ich der Wucht des Erlebten hätte ausweichen können. Immer, wenn ich dies versuchte, blieb etwas stecken und ich begann eine Zeit lang zu leiden. Es war notwendig, jedes Mal aufs Neue ganz unschuldig und nicht wissend einfach offen dazusein. Es brauchte immer wieder meine Bereitschaft zu fühlen, was sich mir dieses Mal zeigen wollte, was in mir noch nicht vollständig erlöst und befreit war. Und tatsächlich offenbarten sich immer weitere Facetten einer Liebespräsenz, die tiefe, längst verschüttete Schichten uralter Verletzungen ins Bewusstsein brachte.

Ein Prozess wunderbarer Heilung setzte ein. Mit der Zeit wurde der Liebesschmerz zu einer faszinierenden Entdeckungsreise und einer mich reich belohnenden, abenteuerlichen Schatzsuche. Meine Seele begann mehr und mehr zu jubeln. Durch diese wichtige Einweihung gewann meine Liebesfähigkeit deutlich an Kraft, führte mich in neue, innere Dimensionen und öffnete mich für weitere, wertvolle Begegnungen. Vor allem löste sich mehr und mehr die Angst vor dem Schmerz auf, vor diesem uralten Schmerz, den die Liebe in mir heilen und befreien wollte. Tatsächlich folgte danach eine Zeit, in der sich die Liebe in meinem Leben beinahe schmerzlos entfalten konnte, wie eine acht Jahre spätere Begegnung und Einweihung noch zeigen wird. Aus innerer Erfahrung erlebe ich seither, wie sich das Offenbleiben auch in Situationen von großem Schmerz, drohendem Verlust und tiefer Trauer in der menschlichen Liebe segensreich auch auf andere Lebensbereiche auswirkt. Alle diese Erfahrungen wollen uns in den Raum führen, den wir ALL-LIEBE nennen können.

Umgang mit Schmerz

»Euer Schmerz zerbricht die Schale, die euer Verstehen umschließt. So wie der Kern einer Frucht aufbrechen muss, damit sein Herz die Sonne sieht, so müsst ihr den Schmerz kennen lernen.«

Khalil Gibran

Wenn wir uns tief der Liebe öffnen, werden wir früher oder später auch mit emotionalen Schmerzen in Berührung kommen. Liebe ist die stärkste heilende Kraft und bringt gleichzeitig alle alten Verletzungen ans Licht. Wenn wir uns darüber bewusst sind, dass der Partner/die Partnerin den Schmerz nicht verursacht, sondern nur reaktiviert, können wir lernen, ganz präsent und offen zu bleiben. So können unerlöste Themen bis hin zur Ur-Wunde durch unsere Fähigkeit, uns selbst zu begegnen, erkannt, gefühlt und befreit werden.

Unsere Bereitschaft und Fähigkeit, wahrhaft zu lieben, zeigt sich sehr deutlich in der Art, wie wir mit dem intensiven Schmerz unserer Liebeswunden umgehen. In der Regel versuchen wir, schmerzhafte Erfahrungen zu vermeiden. Wir neigen dazu, unangenehme Empfindungen reflexartig entweder zu ignorieren und zu verdrängen oder sie sofort zurückzuweisen und zu bekämpfen. In beiden Fällen zeigt sich unsere ängstliche und ablehnende Haltung als Trennung. Sie drückt sich aus in einem vehementen „Das will ich nicht erleben!". Wir weisen damit das zurück, was unsere Seele für unser Wachstum und für unsere Heilung und Ganzwerdung gewählt hat.

Doch jedes Mal, wenn wir diesem „Nein" nachgeben, trennen wir uns ein Stück weiter von uns selbst. Wir spalten Teile unseres inneren Erlebens ab und weigern uns, wirklich hinzuschauen und zu fühlen. So vermeiden wir tiefe und echte Selbstbegegnung. Mit dieser Gewohnheit haben wir wahrscheinlich bereits als Kinder begonnen, sobald etwas für uns unangenehm, bedrohlich oder gar unerträglich erschien. Bei fast allen Menschen haben sich dadurch viele Schichten unverarbeiteter Erfahrungen angehäuft. Dies macht es anfangs oft besonders schwer, sich selbst zu begegnen. Auf der Suche nach dem inneren Licht tauchen zuerst die abgelagerten Schatten auf – dies kann erschreckend und bedrohlich sein. In diesem Moment laufen die meisten Menschen lieber vor sich selbst davon, beklagen sich über die Schwächen und Fehler ihrer Partner und flüchten sich in Selbstmitleid, Zerstreuung oder Depression.

Doch wenn die Seele für einen weiteren Entwicklungsschritt bereit ist, wählt sie mitunter drastische Maßnahmen. Diese zwingen dann einen Menschen geradezu, innezuhalten und sich der Wahrheit zu stellen. Das können ernsthafte Krankheiten, schmerzhafte Trennungen, tragische Unfälle und Verluste oder andere existenzielle Lebenskrisen sein. So zieht unsere innere Weisheit die Notbremse. Denn wir haben ihre Signale trotzig und stolz, mitunter auch ängstlich und schuldbeladen, allzu lange ignoriert.

Wir können also bereitwillig, in freiwilliger Intensität und freudvoll wachsen oder durch Leiden erschüttert und aufgerüttelt werden. In besonders intensiven Zeiten unseres Lebens kann sogar beides ineinander fließen. Sobald unsere Liebe zu uns selbst und unserer essenziellen Wahrheit groß genug ist, werden wir die Bereitschaft, Kraft und Entschlossenheit aufbringen, unseren Schatten zu begegnen. Dann sind wir bereit, auch dem Heilungsschmerz alter Wunden bereitwillig Raum zu geben.

Wenn Schmerz durch Verletzungen in der menschlichen Liebe ausgelöst wird, erleben wir dies in der Regel als überwältigend und grenzenlos. So weit und bereitwillig wie möglich fühlend offen zu bleiben, wenn uns ein solch tiefer Schmerz überwältigt, kann uns Einweihungen in neue Dimensionen unserer bedingungsfreien Liebeskraft schenken. Wenn es uns gelingt, mitten in einem schier unerträglich erscheinenden Schmerz ganz präsent und bedingungslos offen zu sein, kann die vorhandene Intensität sich plötzlich in einen ausgedehnten Raum wundervoller Befreiung und tiefen Friedens verwandeln. Darin offenbart sich uns die Grenzenlosigkeit und Unzerstörbarkeit unseres wahren Seins, das pure Liebe, Freiheit und Glückseligkeit ist.

Um unsere emotionalen Wunden bewusst wahrnehmen und heilen zu können, brauchen wir unsere Liebespartner genau so, wie sie sind. Durch sie erhalten wir immer wieder die Gelegenheit, bereitwillig und geduldig zu lernen, in der äußersten Intensität unserer Schmerzen und Ängste offen zu bleiben. Ist genügend Nähe und Vertrauen vorhanden, kann es auch wunderbar sein, wenn wir uns damit dem anderen zeigen können, ohne anzugreifen oder zu beschuldigen.

Erst dann, wenn wir die volle Verantwortung für unsere inneren Wunden übernehmen, können wir klar und frei entscheiden, ob ein gemeinsamer Weg auch weiterhin stimmig und für beide wünschenswert ist. Unser Zugang zur eigenen inneren Wahrheit braucht zuallererst den fühlenden, achtsamen und wertschätzenden Umgang mit uns selbst. Dies ist auch und vor allem dann wichtig, wenn wir mit grenzenlosem Liebesschmerz in Berührung kommen. Die Bereitschaft zu tiefer Selbstbegegnung ist eine Voraussetzung für echte Selbstliebe und Selbsterkenntnis, aus denen unser Liebesglück erwächst!

Ohne eine zutiefst annehmende Haltung uns selbst gegenüber können wir nicht darauf hoffen, in unseren Partnerschaften ein liebevolles Miteinander zu erleben. Alles steht und fällt mit einem bewussten, raumgebenden, offen erforschenden und wertschätzenden Umgang mit uns selbst. Darin liegt auch die Grundlage für unsere Bereitschaft, bedingungsfrei lieben zu lernen.

Die Ausführungen über Angst-Transformation (im vierten Teil) enthalten grundlegende, praktische Anleitungen, die auch beim Umgang mit Schmerz unerlässlich sind. Denn Angst hat vor allem die Funktion, uns instinktiv vor Schmerz zu schützen. Als Strategie zum Überleben ist Schmerzvermeidung durchaus sinnvoll. Doch unsere emotionalen Verletzungen können erst dann vollständig Heilung erfahren, wenn wir durch unsere Instinktnatur hindurchgehen und uns dem zuwenden, was in uns ungeheilt auf Transformation und Befreiung wartet. Während dieses inneren Prozesses wächst in uns zunehmend die Klarheit, Kraft und Größe, die bedingungsfreie Liebe braucht. Wir entwickeln nach und nach die Fähigkeit, allem bereitwillig fühlend Raum zu geben, was in einer Liebesverbindung in uns und unserem Geliebten aufbrechen mag. Dadurch lernen wir das in uns kennen, was ewig frei, von allen Dramen unberührt und immer unverletzlich ist.

Dies ist die Geburt des Bewusstseins für unsere eigene Göttlichkeit als essenzielle Grundqualität unseres Seins. Von da an betrachten wir uns selbst und das Leben mit anderen Augen. Eine neue, grenzenlose Liebesfülle erwacht, die Liebe zu der göttlichen Wirklichkeit, die unsere wahre Natur ist.

Einladung

*Nun lade ich dich ein, dich zu erinnern, wann in deinem Leben eine Liebes-
begegnung, Partnerschaft oder eine andere Erfahrung in dir tiefen Schmerz
ausgelöst haben. Wahrscheinlich schon einige oder gar viele Male! Verbinde
dich nun mit der Situation, die noch am intensivsten in dir aufleuchtet.*

· **Warst du damals in der Lage, offen zu bleiben
und den Schmerz wirklich zu fühlen?**
- *Oder hast du dich reflexartig verschlossen?*
- *Hast du abwehrend reagiert oder gar gegen
den Schmerzauslöser angekämpft?*
- *Hast du dich in dein Schneckenhaus zurückgezogen
oder bist davon gelaufen?*
- *Hast du dich vielleicht betäubt oder zerstreut?*

· **Was waren deine Strategien, um mit dem Schmerz fertig zu werden?**
- *Nimm dir in Ruhe Zeit, diese Fragen auf dich wirken zu lassen.*
  *Vielleicht ist es dir jetzt möglich, einiges zu erkennen, was damals
  mitten im Konflikt nicht möglich war.*

*Was immer du nicht wirklich vollständig umarmen, grenzenlos fühlen und
ganz präsent durchleben konntest, wartet in dir unerlöst und ungeliebt auf
Zuwendung! Es möchte gesehen, gefühlt und in Liebe umarmt werden ... Erst
danach kannst du es für vollkommene Heilung und Befreiung übergeben.*

*Vielleicht hast du jedoch diesen unerträglichen, möglicherweise lebens-
bedrohlichen Schmerz so tief vergraben, dass du ihn jetzt gar nicht so einfach abrufen kannst. Dann atme sanft und tief in dein Herz und auch in
deinen Bauch. Lege deine Hände auf die dichten, verschlossenen Zonen
deines Körpers.*

Sprich wie in einem Gebet deine Bereitschaft aus, jetzt alles willkommen zu heißen und ganz zu fühlen ... Vertraue dich deiner göttlichen Führung an! Bitte sie um vollständige Heilung und Befreiung von den Prägungen und Verstrickungen aus allen deinen vergangenen Erfahrungen ...

Einweihung III: Wenn Liebe sich erfüllt

»Liebe sollte wie Atmen sein, sie sollte einfach deine Wesensqualität sein, gleichgültig, wo du dich befindest und mit wem du zusammen bist. Ja, sogar wenn du allein bist, strahlst du ständig Liebe aus. Es geht nicht darum, Liebe zu jemand Bestimmtem zu empfinden. Es geht darum, Liebe zu sein.«

Osho

Bereits mein erster Eindruck von Monika war der einer strahlenden Offenheit, mit der sie den Raum betrat. Ihre Präsenz hatte etwas Warmherziges und Einladendes. Verspielt und interessiert zugleich begegnete sie den anwesenden Menschen. Zwei Tage später kam es zwischen uns zu einem herzlichen Kontakt, der in eine innige Umarmung mündete. Ein überraschender Moment verschmelzender Energien.

„Dir möchte ich begegnen!", hörte ich mich schließlich sagen. Da stockte auf einmal ihr Atem. Ihr Blick schien irritiert und beinahe erschrocken. „Ich brauche Zeit", murmelte sie.

Unsere Körper lösten sich sanft. Doch der Raum war immer noch erfüllt von der Intensität unserer überraschenden Begegnung. Wir ließen uns wieder ganz los und frei.

In den kommenden Tagen beobachtete ich, wie meine Gedanken und Aufmerksamkeit immer wieder zu ihr wanderten. Ihr Strahlen nahm zu, ihre Bewegungen wurden immer leichter und anmutiger, ihr Herz schien überschwänglich zu lachen. Sie verschenkte es großzügig an jeden, der in ihre Nähe kam. Es zog mich zu ihr und gleichzeitig war ich verunsichert. Hatte ich sie mit meiner unvermittelten Einladung verprellt?

In einem unerwarteten Moment begegneten wir uns wieder. Ich fühlte ein inneres Bedürfnis, mich für meine vielleicht unpassende und voreilige Bemerkung zu entschuldigen. Da überraschte sie mich erneut: „Nein, nein, nein! Das war ein riesiges Geschenk für mich! Das hat seit 24 Jahren niemand mehr zu mir gesagt!" Jetzt war ich erstaunt und verwirrt. Wie war dies möglich bei einem so strahlenden Wesen? Welches Geheimnis verbarg sich hinter ihrem fröhlichen und unbeschwerten Verhalten?

Es dauerte noch einige Tage, bis sie mir einen Einblick in ihr derzeitiges Leben und die wichtigsten Stationen ihrer Vergangenheit gab. Wir hielten uns an den Händen, während wir im Regen leichten Schrittes durch die kraftvolle Landschaft wanderten. Da war auf einmal eine große Nähe und unser Glück schien vollständig.

Sie war über zwanzig Jahre verheiratet. Bereits in ihrer Jugend wurde sie durch eine lebensbedrohliche Krankheit aus ihrer bis dahin scheinbar normal verlaufenden Bahn geworfen. Ein langer, körperlicher und seelischer Leidensweg lag hinter ihr, den sie für tiefe Selbstbegegnung in jahrelangen Meditationen genutzt hatte. Ihre Ehe war an einem Punkt angelangt, an dem sie es nicht mehr mit ihrem Mann aushielt. Sie hatte mit ihm eine Trennungszeit vereinbart. Moderne medizinische Eingriffe gewährten ihr nun – trotz aller Einschränkungen – eine neue Lebensqualität. Sie entdeckte das Leben ganz neu!

Wir verabschiedeten uns und verabredeten ein Wiedersehen in zwei Wochen. Ich zählte die Tage bis zu unserer nächsten Begegnung, die wir dann auch freudig feierten. Am späten Abend lud ich sie ein, zu mir in mein Zimmer zu kommen. Sie kam und bald hielten wir uns in den Armen. Es öffnete sich dabei ein Liebesraum, den ich nur als „heilig" bezeichnen kann. Uns bewegte und führte eine Energie, die grenzenlos erfüllt von Licht, Staunen und Glückseligkeit war. Wir betraten gemeinsam ein Stück Himmel auf Erden.

Es folgten einige Monate, in denen wir uns im Abstand von zwei bis drei Wochen trafen. Die Intensität und Heiligkeit unseres wunderbaren Liebesflusses, die wir bereits am Anfang gefühlt und erlebt hatten, wurden nicht weniger. Im Gegenteil, sie schienen von Mal zu Mal zu wachsen, sich zu steigern und ihr volles Potenzial zu entfalten. Noch nie zuvor hatte ich eine solche Reinheit und Freiheit, sowie die Abwesenheit jeglicher Störungen erlebt.

„Was ist das nur?", fragte sie immer wieder und ich fand immer seltener eine Antwort.

Einmal, in einem sonnendurchfluteten Frühlingswald, sprachen wir über Vergänglichkeit und Tod. Sie wies mich zum ersten Mal darauf hin, dass sie wahrscheinlich nicht mehr lange in diesem Körper sein werde. In diesem Moment erhob sich ein Windhauch und bewegte sanft rauschend die Bäume, die uns umringten. „Ich werde ganz leicht und freudig verschwinden", sagte sie mit ihrem strahlenden Blick. „So wie dieser sanfte Wind, der keine Spuren hinterlässt."

Unvermittelt brach ich in Tränen aus und mich schüttelte ein heftiges Schluchzen. Mein Herz brach vollkommen auf. Ich fühlte, wie mich ihre Worte und vor allem ihre hingebungsvolle Präsenz, in meinem tiefsten Inneren erreichten und berührten. Es war kein Verlustschmerz, der aus mir heraus brach. Da war vielmehr eine tiefe Ergriffenheit von einer großen, uns einhüllenden und durchdringenden Kraft. Ich spürte ganz deutlich die Präsenz einer alles umarmenden Liebe. Uns umhüllte die Gegenwart eines transzendenten Lichtes, in der nur das Wirkliche und Echte Bestand hatte.

Mich berührte ihre vollkommene Lebensbejahung und die gleichzeitige Bereitschaft, alles loszulassen, woran ihr persönlicher Wille anhaften könnte. In diesem Moment war sie Geliebte und Meisterin zugleich. Für mich war sie schon immer bezaubernd schön gewesen. Doch jetzt erkannte ich ganz neu ihre wahre innere Schönheit, ihre Größe und Freiheit, von der ich mich gerne überwältigen ließ.

Einige Monate lang trafen wir uns von Zeit zu Zeit und genossen unsere paradiesische Innigkeit. Irgendwann, ganz unerwartet, mitten in einer glückseligen Umarmung, hielt sie plötzlich inne und sagte mit klarer, bewegter Stimme: „Jetzt spüre ich, dass die Waagschalen unserer Liebe ganz genau im Gleichgewicht sind!" Als ich daraufhin noch tiefer in diesen Moment hineinspürte, wusste ich genau, was sie meinte. Ich konnte selber ganz deutlich fühlen, was sie damit ausdrückte. Alles war rund und vollendet. Eine neue Ganzheit hatte sich in unserem Miteinander eingestellt.

Als wir uns am nächsten Tag verabschiedeten, ahnte ich bereits, dass wir uns nicht mehr wiedersehen würden. Doch so ganz realisierte ich es erst einige Zeit später. Unsere Begegnung auf der Mann-Frau-Ebene war vollendet. Wir hatten alles erlebt und abgerundet, wofür sich unsere Seelen in diesem Leben verabredet hatten. Obwohl ich wirklich sehr gerne immer wieder und so oft wie möglich in diesen ekstatisch-glückseligen Raum mit ihr eingetaucht wäre, spürte ich die tiefe Stimmigkeit ihrer Entscheidung. Sie war jetzt bereit, ihrem Ehemann ganz neu zu begegnen.

Zu meinem eigenen Erstaunen habe ich sie seither nicht ein einziges Mal schmerzhaft vermisst, sondern vielmehr voller Erfülltsein und Dankbarkeit an sie gedacht. Allzu klar konnte ich die Großartigkeit ihres besonderen Weges erfassen. Übrig blieb eine tiefe Bewunderung und grenzenlose Wertschätzung für ihren Mut, ihre Reife und Weisheit, mit der sie sich ihrem Seelenplan hingab. Dennoch staunte ich über mich selbst, dass dabei Trennungsschmerz und Trauer über den Abschied von etwas so Wertvollem und Schönem keine Rolle spielten. Stattdessen fühlte ich in mir grenzenlose Freude.

„Ich brauche niemanden, um glücklich zu sein", habe ich sie wiederholt während unserer Begegnungen sagen hören. Und doch waren wir jedes Mal so glücklich, wenn wir den Raum hatten, uns einander in unserer Liebesfülle zu schenken! Erst nachdem wir uns nicht mehr trafen, konnte ich die volle Bedeutung ihrer Aussage in meinem eigenen Erleben nachvollziehen. Wir haben uns niemals gegenseitig glücklich gemacht, sondern ganz einfach das bereits vorhandene Glück unserer Wesen miteinander geteilt und gefeiert.

Seither schickt sie mir von Zeit zu Zeit eine Karte und manchmal tauschen wir uns auch am Telefon aus. Sie schreibt und berichtet, wie gut es ihr mit ihrem Mann geht. Voller Dankbarkeit und Staunen erlebt sie nun, wie es zwischen ihnen zu einem ganz neuen, beglückenden und erfüllenden Miteinander gekommen ist. Während sie vor unserer Liebesbegegnung immer wieder durch heftige innere Kämpfe und Krisen ging, lebt sie nun in einem stabilen und beständigen Raum tiefer Verbundenheit mit sich selbst und ihrem Leben. Wir müssen uns nun nicht mehr physisch treffen, um zu wissen und zu fühlen, dass wir für immer in Liebe und Freiheit verbunden und vereint sind. Die Momente, in denen wir uns begegnen durften, tragen wir als kostbare Perlen in unseren Herzen. Sie wurden für uns beide zu einer gegenseitigen Einweihung.

In der darauffolgenden Zeit bekamen die Begegnungen mit den Frauen, die sich mir in Liebe öffneten, eine neue, befreite Qualität. Obwohl wir immer wieder wundervolle Anziehung erlebten, stellte sich die alte Art des Verliebens, bei der man sich auf den anderen fixiert und ihn unbedingt für sich gewinnen will, nicht mehr ein. Ebenso tauchte Eifersucht einfach nicht mehr auf, was alle Beteiligten immer wieder überraschte und in Staunen versetzte. Stattdessen erlebten wir einfach eine große Freude und Dankbarkeit über die stimmigen und erfüllenden Geschenke der Liebe, von der wir uns vollkommen geführt fühlten. Was sich leicht und mühelos ergab, war willkommen. Was sich nicht einstellen wollte, wurde bereitwillig losgelassen. Die Liebe selbst zeigte uns jeweils den nächsten Schritt.

Offenheit

Das ganze Leben, die ganze Welt ist ein Ausdruck vollkommener, göttlicher Liebe. Jeder Schmerz und jede Freude ist uns geschenkt, um lieben zu lernen und Hingabe zu entwickeln. In dieser bereitwilligen Offenheit werden sowohl beglückende als auch schmerzhafte

Erfahrungen für uns zu einem gigantischen Wachstumsgeschenk, sofern wir bereit sind, damit ganz in die Tiefe zu gehen.

Im körperlichen Ausdruck von Liebe kann sich uns einer der großen möglichen Zugänge zum Göttlichen offenbaren. Dabei geht es nicht in erster Linie um Spannungsentladung oder oberflächliche Lust, wie ich in den Kapiteln über Karezza und Tantra (im Teil IV) noch ausgiebig erläutern werde. Wenn die Sexualität in unserem Leben eine gewisse Tiefe und Präsenz erreicht, kann eine Liebesbegegnung, auf die wir uns vollkommen einlassen, für uns ein Tor zum Sein öffnen.

Danach sehnen wir uns. Wir sehnen uns letzten Endes nach inniger Vereinigung, nach dem vollständigen Eins-Sein mit uns selbst und allem. Ein geliebter Mensch, dem wir uns voller Offenheit schenken, kann in uns einen Raum für die Erfahrung der All-Liebe erschließen. In einer umfassenden Vereinigung erleben wir ein Eins-Werden mit unserem Partner und der ganzen Existenz, mit unserem göttlichen Sein und der Grenzenlosigkeit wahrer Liebe, die wir in Wirklichkeit sind.

Bevor wir dies in der Sexualität, in der Kreativität oder in anderen Bereichen unseres Lebens nicht berühren, ist der tiefe Sinn unseres Lebens noch nicht wirklich erfüllt. Wir werden immer weiter rastlos getrieben und bleiben auf der Suche nach etwas, von dem wir tief innen wissen, dass es existiert. Oftmals sind wir uns gar nicht bewusst, was wir so schmerzlich vermissen. Solange wir im Außen oder bei anderen Menschen danach suchen, bleiben wir unruhig und unerfüllt. Sobald wir uns jedoch unserer eigenen Tiefe und Wahrhaftigkeit zuwenden und diese Haltung in alle Lebensbereiche tragen, wird es in uns immer stiller und weiter. Wir entwickeln die Fähigkeit, mit uns selbst zu sein, uns immer wieder zu begegnen und unsere Göttlichkeit ganz neu zu erkennen. Die ersehnte Vereinigung mit uns selbst und dem „Großen Ganzen" hat begonnen. Dafür brauchen wir keine „Heiligen" zu werden, denn früher oder später entdecken wir, dass unsere Essenz immer schon vollkommen göttlich und heilig ist. Vielmehr geht es zuerst darum, endlich wieder ganz wir selbst zu sein. Das bedeutet umgekehrt auch, jeden Anflug von Scheinheiligkeit und Unechtheit abzulegen und wirklich alles, was in uns auf Heilung wartet, in Liebe zu umarmen.

Gerne betone ich immer wieder, dass es gerade auch die Schmerzen sind und alles, woran wir leiden, was uns in unsere eigene Tiefe führt. Indem wir die Bereitschaft entwickeln, in Lust und Schmerz offen zu bleiben, kann das Leben uns erreichen. Die Liebe des Lebens kann uns nur berühren, wenn wir wirklich für sie offen sind – sich dem Ausdruck von Liebe zu öffnen bedeutet, ganz bewusst alle Waffen und Schutzmechanismen beiseite zu legen. Dann lernen wir, uns tiefer einzulassen auf die Begegnung mit uns selbst und mit dem Menschen, mit dem unsere göttliche Führung uns verbunden hat. Nur in Offenheit leben und lieben wir wirklich. Nur in Offenheit sind wir ganz erfüllt von unserer wahren Natur, der allumfassenden Liebe.

Liebevolle, klare und kraftvolle Offenheit geht einher mit unserer Fähigkeit, innezuhalten und präsent zu bleiben. Dabei hilft uns der bewusste Kontakt mit unserem Atem und Körper. In dem Maße, wie wir uns selbst spüren können, bleiben wir auch in Verbindung mit dem, was wir in jedem Moment sind und erleben. Wir können lernen, all dies in uns willkommen zu heißen und es aufrichtig wertzuschätzen, anstatt uns zu verurteilen oder an uns zu zweifeln. Dies bringt uns in Resonanz mit der bedingungsfreien Liebe des Lebens. Es verbindet uns mit unserer wahren Natur, mit UNS SELBST.

Wenn wir unseren Mitmenschen echt begegnen, werden wir ganz bewusst auf unechte Strategien verzichten. So können wir uns auch unseren Geliebten ehrlich zeigen mit dem, was uns gerade bewegt. Dazu gehört auch manchmal, uns aus Liebe und Treue zur inneren Wahrheit abzugrenzen und mutig „Nein" zu sagen, wenn etwas für uns nicht stimmig ist. In solchen Situationen, in denen wir uns klar abgrenzen, können wir lernen, offenen Herzens in liebender Verbindung mit uns selbst und unseren Partnern zu bleiben. Dadurch wird unsere Integrität nicht reduziert, sondern im Gegenteil gefördert. Die Treue zu unserer inneren Wahrheit befreit uns auf allen Ebenen.

Einweihung IV: Unbeabsichtigt und unerwartet

*»Und wenn nur ein einziges Mal unsere Seele wie eine Saite vor Glück ge-
zittert und getönt hat, so waren alle Ewigkeiten nötig, um dies Geschehen
zu bedingen – und alle Ewigkeit war in diesem einzigen Augenblick unseres
Jasagens gutgeheißen, erlöst, gerechtfertigt und bejaht.«*

Friedrich Nietzsche

In den Jahren nach meiner dritten Einweihung durch die Liebe konnte
sich mein Verstand kaum vorstellen, dass es etwas geben könnte, was
dessen Grenzen noch umfassender sprengen und erweitern würde. Doch
völlig überraschend ereignete sich eine weitere Begegnung, die mich
erneut so tief bewegte und verwandelte, dass ich sie hier nicht unerwähnt
lassen will. Lange habe ich geprüft, ob es mir möglich ist zu beschreiben,
was in Worten kaum ausgedrückt, sondern bestenfalls angedeutet werden
kann. Ich habe es versucht und schließlich entschieden, den Verlauf hier ver-
kürzt zu schildern und im Anschluss daran das Kapitel „*Das höchste Potenzial befreiter Sexualität*" zu setzen. Es beschreibt die Essenz dessen, was uns
in dieser außergewöhnlichen Begegnung ganz unerwartet geschenkt wurde.

In den Büchern des Wissenschaftlers und Mystikers *David Hawkins*, die
nach dieser vierten Einweihung in mein Leben kamen, fand ich die Qualität
dieser Erfahrung wunderbar beschrieben. Das Zitat am Ende entstammt
dem Kapitel „*Sexualität*" in seinem Buch „*Heilung und Genesung*".

Wir kannten uns schon über ein Jahr, doch es gab keine Impulse, aufeinander zuzugehen. Als Nadine schließlich den ersten Schritt wagte, kam etwas Unerwartetes in Bewegung. Wir mussten uns nur in die Augen schauen, uns zart und flüchtig berühren oder einfach nur nebeneinander sitzen. Jedes Mal wurden wir augenblicklich von einer machtvollen Energie ergriffen, die uns intensiv durchströmte und in Entzücken versetzte. Dieser erstaunlichen und überwältigenden Intensität konnten und wollten wir uns beide nicht entziehen. Es war zu einzigartig, zu kostbar und gleichzeitig war uns beiden klar, dass wir zu dieser Zeit unseren Platz im äußeren Leben bereits gefunden hatten. Es kam zu einigen wenigen, kostbaren Gelegenheiten, in denen wir uns erlaubten, dieser ekstatischen Energie zu folgen. In diesen seltenen Momenten erlebten wir etwas, das wir beide kaum für möglich gehalten, geschweige denn zuvor erfahren hatten. Für mich war es wie eine Krönung aller meiner bisherigen Erfahrungen in einer ganzheitlichen Liebesvereinigung. Obwohl es in seiner Vollständigkeit nicht in Worte gefasst werden kann, versuche ich mein Erleben mangels eines treffenderen Begriffs mit All-Einheit anzudeuten.

Nadine hatte nie zuvor ein Buch über Tantra gelesen. Doch uns wurde die Essenz dessen, was mir über Tantra oder Karezza (dazu auch Teil IV) bekannt war, spontan und ohne unser Zutun geschenkt. Wir realisierten beide unmittelbar, dass es das war, wonach wir – und wohl alle Menschen, bewusst oder unbewusst – schon immer gesucht hatten. Es war pure Gnade und Glückseligkeit. Irgendwann sagte sie tief ergriffen: „Je weniger ich mich bewege, desto intensiver spüre ich dich!" Wir tauchten grenzenlos ein in die magnetische Kraft und verwandelnde Glut sich findender und vereinigender Gegenpole. Nichts von dem war von uns beabsichtigt oder herbeigeführt. Der große Fluss übernahm die Regie und lud uns machtvoll ein, uns IHM anzuvertrauen und hinzugeben.

Unsere persönlichen Grenzen dehnten sich darin unendlich aus und gleichzeitig erlebten wir uns so wach und präsent wie in ganz seltenen Momenten unseres Lebens. Eine Qualität des Daseins erfüllte unser Zusam-

mensein, die neu und zugleich uralt vertraut war, die uns segnete und verwandelte. Während die Energie ineinander verschmolz, war das Bewusstsein entgrenzt und frei.

Die in uns freigesetzte Liebesfülle floss nach diesen Erfahrungen in jeden Bereich unseres Lebens und Wirkens, segnete und beschenkte nicht nur uns, sondern auch viele, mit denen wir in Berührung kamen. Da es in Wirklichkeit keine Grenzen gibt, wurden auch uns nahestehende Menschen auf unerklärliche Weise davon inspiriert und bewegt, ohne dass wir ihnen davon berichtet hätten.

Unsere ursprüngliche Anziehung, die uns so unwiderstehlich in diese Einweihung geführt hatte, konnte sich schließlich ganz befreien und wurde bewusst dem Göttlichen übergeben. Sie wirkte wie eine Initiation für eine meditative Selbstbegegnung, die zusätzlich durch andere Herausforderungen im Leben beider vertieft wurde. Dadurch konnte sich das, was wir erleben und erfahren durften, in uns vertiefen und ganz integrieren. Danach ging es uns vor allem darum, dieses kostbare Geschenk als bleibenden Schatz in uns zu bewahren und an die Welt weiterzuschenken.

Irgendwann rief sie mich an und teilte mir mit, dass dieser ekstatische Raum, den sie zum ersten Mal in unserer Liebesbegegnung betreten hatte, sich nun immer öfter ohne äußeren Grund in ihrem alltäglichen Erleben einstellt. Er werde mehr und mehr zu einem bleibenden Zustand ihres Lebens. Unsere Dankbarkeit und Freude war einfach riesig. Es war uns beiden doch zutiefst bewusst, dass solch ein Geschenk nur durch die Gnade unserer göttlichen Führung empfangen werden kann. IHR haben wir uns und unser Leben seit unserer Begegnung noch bewusster als jemals zuvor geöffnet.

Das höchste Potenzial befreiter Sexualität

„Innerhalb der Sexualität, die aus dem Herzen aufsteigt, befindet sich die Rückkehr zur Erfahrung des Vollständigseins."

David Hawkins

Wenn wir einen anziehenden Menschen begehren, existiert zunächst eine Kluft zwischen uns und dem, wonach wir so intensiv verlangen. Wenn es uns gelingt, diesen Zustand loszulassen und vom Habenwollen frei zu werden, beginnt das Leben, sich wunderbar aus sich selbst heraus zu entfalten. Dies bewusst zu erleben, erfüllt uns mit Staunen und Ehrerbietung für die Intensität, Schönheit und Perfektion des liebevollen und reichen Energieflusses. Unsere Liebesbegegnungen und Partnerschaften werden ein Ausdruck von dem, was heilig ist. Wir entwickeln eine neue Wahrnehmung für den Ursprung aller Lebendigkeit und Freude.

In einem liebevollen Körperkontakt entsteht im intensiven Energiefluss, der aus der Vereinigung der Gegenpole hervorgeht, Wonne und Glückseligkeit in unvorstellbarer Ausdehnung. Mit der Geliebten und ihrer Energie zu sein, eröffnet Erfahrungen voll sprühender Lebendigkeit und unschuldiger Spontaneität. Dieses köstliche Vergnügen erfüllt beide mit tiefer Dankbarkeit und einem Erleben von Vollständigkeit und All-Sein. Das Gefühl für Zeit löst sich auf in dem Licht einer alles umfassenden Klarheit und Weite.

Wollen und Begehren spielen keine Rolle mehr. Stattdessen erleben wir, dass jeder Moment in sich vollständig und erfüllt ist. Tiefe Zufriedenheit und vollkommene Erfüllung treten an die Stelle von Verlangen, Wollen und Brauchen. Jede Berührung und Bewegung entsteht aus sich selbst heraus, erfüllt von intensiver Liebespräsenz. Die innige Nähe der liebenden Umarmung öffnet einen Raum von grenzenloser Wonne und Weite.

Alles entfaltet sich spontan und wird von tief innen geführt. Während wir innerlich immer weiter loslassen und sich unser Bewusstsein in tiefer

Entspannung ausweitet, bleibt unser Fokus in unserer eigenen Mitte verankert. Das schützt uns davor, uns im Anderen zu verlieren. Oft verlassen wir uns selbst in dem Glauben, dass es dort beim Anderen etwas zu bekommen, zu geben oder richtig zu machen gilt. Wir brauchen weder „gut" zu sein noch uns um unsere eigene Lust oder die des Anderen zu bemühen. Alles entfaltet und erfüllt sich von selbst, wenn wir uns einfach bewusst atmend und nach innen spürend dem wonnevollen Fluss der Liebesenergie anvertrauen.

Jeder Atemzug, jede Berührung, jede Bewegung, wächst vollkommen aus sich selbst heraus und wird in jedem Moment von der Liebe selbst bewegt. *Und alles darf genau so sein, wie wir es erleben!* Die Trennung zwischen dem, was wir sind und dieser Erfahrung löst sich vollständig auf. Anstelle eines lokalen genitalen Phänomens dehnt sich nun die Energie im ganzen Körper aus. Vom gesamten Körper aus beginnt sie, sich endlos über dessen Grenzen hinaus auszuweiten. Es ist, als ob der grenzenlose Raum selbst einen zeitlosen, kosmischen Orgasmus erlebt. Das Unendliche ist die Quelle des Erlebens und die Körper erfahren diesen Liebesraum. Die wonnevoll strömende Energie ist unbegrenzt, denn das Wesen von Liebe kennt keine Grenzen.

Wenn wir unter dem Eindruck einer solchen Erfahrung in die Welt schauen, begegnet uns der Ausdruck von Liebe und Schönheit überall ohne irgendeine bewertende Einschränkung. Das Einzige, was Liebe begrenzen kann, ist unsere mangelnde Fähigkeit, sie zu erkennen und ihr gegenüber offen zu bleiben. Dahinter verbirgt sich oft die Angst unserer begrenzten Persönlichkeit, ganz in IHR aufzugehen und sich mit allem in Einheit zu erleben. Die Liebe ist wie ein unendlicher Ozean. Wenn wir bereit sind, tief loszulassen und in diesen Ozean einzutauchen, werden wir zum vollkommenen Ausdruck seiner Essenz. Bedingungsfrei in Liebe zu sein öffnet uns für ein grenzenloses Energiefeld, das unsere durch Raum und Zeit begrenzte Vorstellungskraft bei Weitem überschreitet.

Es ist dieses sich immer weiter intensivierende Gefühl wunderbarer, lebendiger Verbundenheit, dem wir uns achtsam und bewusst überlassen dürfen. Dann kann es sein, dass wir auf einmal bemerken, wie sich ganz überraschend die Illusion der Trennung aufgelöst hat und wir klar und befreit eine viel umfassendere Wirklichkeit erleben. Uns wird von innen her gezeigt, dass alles mit allem in einem ekstatisch-liebenden Tanz verbunden und essenziell eins ist. Es ist wie ein vollständiges Eintauchen in die Großartigkeit unserer eigenen göttlichen Existenz. Die Vereinigung mit einem geliebten Menschen, mit dem wir essenziell gleich schwingen, obwohl er unseren Gegenpol verkörpert, kann uns den Zugang zu dieser allumfassenden Wirklichkeit eröffnen. Die gegenseitige Anziehung ist dann erfüllt von einer unbeschreiblichen Magie. Der Mann begegnet seiner inneren Frau und vereint sich mit seiner femininen Seite. Die Frau erlebt seine maskuline Energie, die in sie einströmt und als Teil ihrer selbst erlebt wird. Aus der Vereinigung des Maskulinen und des Femininen erwächst die Erfahrung ihres essenziellen Eins-Seins. In dieser magischen Umarmung wird die Einheit und Vollkommenheit als die alles umfassende und durchdringende Göttlichkeit erlebt.

Oder um es in dem Worten von *David Hawkins* zu sagen:

„In der Erfahrung dieser Lebendigkeit, dieses Einsseins und dieser Freude, während man zum unendlichen Zustand inneren Friedens und innerer Erfüllung gelangt, entdeckt man, dass Friede das Gefühl eines absoluten Einsseins und die Wiedervereinigung mit dem Einssein ist. Wenn dieses Gefühl des Einsseins auftritt, ist es, als ob wir alle Zeiten überschreiten, als ob wir die Gesamtheit aller Männer und Frauen sind. Wir sind die Quelle; wir sind das, aus dem die Erfahrung entspringt, ihr Ausdruck, mit ihrer unbeschreiblichen Heiligkeit und Schönheit."

Einladung

Fühlt es sich für dich stimmig an, dich an dieser Stelle zuerst einmal dir selbst zuzuwenden? Dann bist du eingeladen dir vorzustellen, wie du dich ganz neu für ein inniges Zusammensein mit deiner/m Liebsten öffnest, ganz gleich ob sie/er bereits in deinem Leben ist oder ob du dir einfach nur deine/n ideale/n Geliebte/n vorstellst.

Öffne dich dabei dem Fluss deines Atems und spüre deinen Körper von innen. Bleibe entspannt in diesem herrlichen Selbstkontakt und fühle den Körper deiner/s Geliebten. Gib deinen inneren Impulsen Raum, während du dich den feinsten Regungen und Bewegungen deines Partners öffnest und sie in dich aufnimmst.

Folge nun entspannt der Energie, dem, was sich von Moment zu Moment ergibt und sich einfach gut anfühlt. Lasse dich spielerisch und entspannt von der lustvollen Intensität bewegen und erlaube ihr, sich in alle Richtungen grenzenlos auszudehnen. Erlaube dir, in diese Weite und Ausdehnung hineinzusinken, während du gleichzeitig ganz in deinem Körper anwesend bist ...

Du darfst es still und tief in dir genießen oder dich ausdrucksvoll und wild in deiner Lust und Ekstase zeigen. Erlebe dich frei, grenzenlos vereint in Liebe, stürmisch und laut oder auch tief und still entzückt. Gib dem pulsierenden Tanz deines Körpers Raum und lasse dich von den Wogen der Energie tragen.

Bleibe bei dir und halte genussvoll den Kontakt zu deinem inneren Erleben. Gehe nicht weg, indem du vielleicht versuchst, etwas für deinen Geliebten zu tun in der Absicht, ihn zufrieden zu stellen. Sobald du dich selbst verlässt, ist der energetische Fluss nicht nur in dir, sondern auch in eurer Verbindung gestört und unterbrochen. Er verliert dadurch augenblicklich seine Fülle und überwältigende Magie. Deshalb erlaube dir, immer wieder in dein wonnevolles Erleben einzutauchen. Es darf sich durch deine Stimme und in deinen Bewegungen frei ausdrücken, so wie es in jedem neuen Moment geschehen will, ganz von selbst, ganz natürlich, ganz mühelos und unbegrenzt ...

Als Mann schenke deine ganze Präsenz. Du musst jetzt nichts tun oder leisten. Sei einfach ganz da und gib allem wach und bewusst Raum. Genieße die Entfaltung von Lebendigkeit und Intensität. Lasse dich davon tragen und führen. Fixiere dich nicht nur auf lustvolle Stimulationen. Öffne dich immer wieder dem weiten Raum deiner bewussten Präsenz und geistigen Freiheit, in die sich dein Atem weit und bewusst öffnet und ausdehnt. Alles ist hier willkommen, darf sich zeigen, darf da sein und sich entfalten. Alles ist Teil deiner selbst und darf genussvoll wahrgenommen und gefeiert werden.

Als Frau schenke dich ganz, nicht nur deinem Partner, sondern vor allem auch deiner Lebendigkeit, dem Fluss deiner Bewegungen, dem Entzücken deiner Empfindungen und Lust. Erlebe dich als das Geschenk des Lebens, das du wahrhaft bist und bringe es der Liebe selbst dar. Entspanne dich in die Präsenz deines Geliebten und erfülle mit deiner Intensität den Raum, der sich in eurem Liebesreigen entfaltet. Du darfst dich jetzt der Liebe anvertrauen, darfst Schutz und Kontrolle loslassen, darfst dich allen deinen Regungen überlassen und unbeschwert, innig und frei die Kraft aus deinen inneren Tiefen emporsteigen lassen ...

Als Mann heiße diese Kraft willkommen und gewähre ihr grenzenlos Raum in dir. Du bist nicht getrennt von dieser weiblichen Fülle und Süße. Nimm sie auf und erlaube ihr, dich zu entzücken und zu erfüllen, dich zu weiten und zu entgrenzen. Verbinde dich mit der Urkraft des Lebens, erfreue dich an ihr und unterstütze ihre Entfaltung in eurem Zusammensein ...

Es gibt nichts zu erreichen. Jeder Moment ist erfüllt von Liebe und Dankbarkeit. Öffnet euch in jedem neuen Moment der Einheit mit allem, was ist; mit dem Liebesfluss, mit jeder Bewegung, mit jeder Empfindung, mit jeder Veränderung ... Entspannt miteinander in die machtvolle Strömung eurer inneren Tiefe. Erlaubt euch, vollkommen das zu sein und zu erleben, was jetzt und in jedem neuen Augenblick da ist.

Teil III
Einheit

Prolog: Wir haben vergessen, zu Hause zu sein

Ein sanfter Morgenwind weht durch die Zweige des voll erblühten Mandelbaumes vor der breiten Fensterfront. Einige Blütenblätter lösen sich und wirbeln zu Boden. Es ist früh und noch still. Eine Kerze brennt auf dem niedrigen Tisch. Aus der Ferne ertönt Hundegebell. Einige Vögel zwitschern draußen. Mein Bewusstsein dehnt sich aus und erfüllt den Raum mit friedvoller Präsenz.

Worum geht es wirklich, wenn das innere Fragen und Suchen still wird und es gleichzeitig so viel gibt, was gelebt, ausgedrückt und mitgeteilt werden will?

Die Morgensonne lässt die windumspielten Mandelblüten vor dem Fenster weißrosa aufleuchten. Zartheit, liebevolle Zärtlichkeit winkt von draußen herein. Wie eine Einladung, mich ihr jetzt ganz zu öffnen und hinzugeben! Ein ausgedehnter Raum voller Liebe als Ausdruck des Seins, die mich und jeden Menschen erreicht und erfüllt, sobald wir uns öffnen und bereit sind, uns berühren zu lassen. Sind wir wirklich erreichbar für das Mysterium des Lebens, das uns umfängt, durchströmt, das wir *sind*?

Sich hingeben an das, was ist. Wie einfach und natürlich ist das in Wirklichkeit und wie schwer fällt es uns doch oft! Vor allem unser Verstand ist herausgefordert, wenn es um wirkliches Einlassen und echte Hingabe geht. Aufgrund so vieler schmerzhafter Erfahrungen hat er aufgehört, einfach nur zu vertrauen. Es scheint ihm fast unmöglich, in Einfachheit und Einheit zu sein mit der Existenz in uns, um uns, überall. Ein Teil unseres

Bewusstseins hat Trennung errichtet und hält Trennung aufrecht. Wir glauben immer wieder, es gäbe da draußen noch etwas zu erreichen, etwas, das jetzt noch nicht da ist, das in der Zukunft liegt, in veränderten Gegebenheiten, bei anderen Menschen, außerhalb von uns selbst.

Das ruhelos Suchende, sorgenvoll Kämpfende, unterschwellig Leidende in uns ist das Ergebnis unseres Getrenntseins und erschafft dieses ständig neu. Diese Illusion lässt uns tagtäglich etwas erleben und erleiden, was sich scheinbar so real, so wirklich anfühlt. Es ist angefüllt mit Dramen, Schicksalsschlägen, Sehnsüchten, Schmerzen, Freuden, Hoffnungen und Befürchtungen: der Stoff, aus dem das Leben besteht. Die Kräfte, die unsere Welt bewegen, lassen uns von Liebe und Erfüllung träumen. So oft vergeblich. Wir haben vergessen, dort zu sein und zu verweilen, wo wir zu Hause sind. Geborgen in tiefer, echter Verbundenheit mit uns selbst und allem. In diesem Eins-Sein existiert keine Suche, kein Wollen, kein Verlangen, denn es ist bereits alles da. Jeder Moment ist hier in sich selbst erfüllt. Alles ist in uns, wovon wir jemals geträumt haben, wonach wir uns gesehnt, was wir bewusst oder unbewusst schon immer gesucht haben. Wir müssen nur erneut lernen, uns einzulassen, zu entspannen, wahrzunehmen, auf das zu achten, was in jedem Moment in unserem Erleben auftaucht.

So wie an jenem Morgen auf La Palma: die Stimmen der Vögel und Hunde, das Surren des Kühlschranks, das Summen der Insekten. Die Wolken am Horizont über dem Meer und der Wind in den Mandelblüten. Die Sonne, die immer kräftiger strahlend den Tag verkündet und einlädt, nach draußen zu gehen und sich aktiv am Leben zu beteiligen.

Kapitel 1: Das Sehnen nach dem Eins-Sein

»Die Erfahrung von Einheit ist eines der köstlichsten und wertvollsten Potenziale wahrer Liebe. Grenzenloses Sein mit einem geliebten Menschen zu teilen gehört zum Größten, was Liebe im Menschsein verwirklichen kann.«

Aus meinen *Karten für Liebende*

Alles ist aus dem göttlichen Ursprung allen Seins hervorgegangen und kann nicht von ihm abgetrennt werden. Denn was durch die Entfaltung der Schöpferkraft in Erscheinung tritt, ist für immer ein untrennbarer Teil des Ganzen. Alles, was wir sind, wahrnehmen und erleben, ist ein Ausdruck dieser einen, ewigen Wirklichkeit. Das Leben entfaltet sich in vielfältigen Formen und Prozessen, die sich wie die Szenen eines Filmes von einer Erscheinung oder Erfahrung zur nächsten in ewiger Abfolge wandeln.

Es gibt in uns ein tiefes Wissen um die Wirklichkeit des Eins-Seins. Wir ahnen, dass sie der Liebe zugrunde liegt, jenseits aller Täuschungen durch Trennung und Dualität. Doch warum sollte es sich lohnen, sich näher mit dieser Sicht der Dinge zu befassen, wo doch unsere tagtägliche Erfahrungswelt dem zu widersprechen scheint? Hat denn nicht jede Münze ihre zwei Seiten? Konfrontiert uns nicht jede Lebenssituation mit ihren Licht- und Schattenseiten? Und bringt das Leben denn nicht ständig sowohl ernsthafte Herausforderungen als auch wunderbare Geschenke mit sich?

Leben wir nicht in einer Welt voller Grenzen: Ländergrenzen, Gartenzäune, abgebrochene Beziehungen, Grenzen unserer Fähigkeit und Kraft, finanzielle Barrieren? Und ist es nicht auch notwendig und gesund, in unserem Leben Grenzen zu setzen, zu lernen, sich abzugrenzen und ‚Nein' zu sagen? Es ist wichtig, die eigene Integrität zu bewahren, für seine Bedürfnisse einzutreten und ein Gefühl für sich selbst und den eigenen Raum zu entwickeln! Wir haben schließlich das Recht zu bestimmen, wer unseren Körper streicheln darf und von wem wir nicht berührt werden wollen. Suchen wir nicht die Nähe bestimmter Menschen und sind froh, mit anderen nichts zu tun haben zu müssen? Haben nicht auch die Tiere und Pflanzen ihre eigenen Territorien, die sie kraftvoll verteidigen, weil der Verlust des eigenen Lebensraums existenzbedrohend wäre?

Einheit ist kein Einheitsbrei

Es ist mir ein Anliegen, gleich zu Beginn dieses Themas mögliche Missverständnisse und Vorurteile auszuräumen. Im Bewusstsein der Einheit geht es nicht um einen Einheitsbrei, in dem alles ineinander verschwimmt und wir nicht mehr zwischen *mein* und *dein*, *hier* und *dort*, *jetzt* oder *später*, *oben* und *unten* unterscheiden können.

Eine gesunde, klar kristallisierte Ich-Identität ist der Motor, den wir brauchen, um uns in den vielfältigen Erfahrungen und Situationen unseres Lebens bewegen zu können. Ist diese unvollständig ausgebildet, hat ein Mensch Mühe, seine eigenen Bedürfnisse und Grenzen zu spüren. Es wird für ihn kaum möglich sein, eigene Wünsche zu äußern und wichtige Ziele zu erkennen und zu verfolgen.

Wer sich selbst nicht spürt, wird in Begegnungen auch andere nicht wirklich wahrnehmen können. Das ist insbesondere dann ein großes Defizit, wenn es um unsere Liebesfähigkeit geht. Ist eine gesunde Ich-Identität noch unterentwickelt, muss dieser Mensch zunächst lernen, sich selbst erst einmal wirklich zu spüren und zu entdecken. Dazu gehören auch die eigenen Bedürfnisse und all die inneren Impulse, die zu dem eigenen persönlichen Raum und zur eigenen Integrität gehören.

Auf einigen mir bekannten spirituellen Wegen wird oft das Ego verteufelt. Es wird gesagt, es müsse überwunden oder sogar zerstört werden, sich auflösen oder sterben. Eine solche Vorstellung kann aus meiner Sicht hinderlich oder sogar gefährlich sein, wenn es um echte, gut integrierte Entwicklung geht. Denn nur ein gereiftes Ego kann dem Göttlichen übergeben werden. Was allgemein als „Ego" bezeichnet wird, verdient eine Klärung und Präzision. Im Prozess des Erwachens verschwindet in der Regel nicht das Gefühl für sich selbst. Vielmehr erfährt ein illusionäres, vom Leben abgetrenntes Selbstbild eine tief greifende Erweiterung und Umwandlung. Diese führt uns in eine ausgedehnte, grenzenlose Präsenz. Wir erleben eine echte Verbundenheit mit uns selbst und der ganzen Existenz. In diesem Sinne geht es im Grunde nur um das Freiwerden von einer Illusion. Sie löst sich auf und gibt Raum für eine neue, erweiterte Realität unseres Daseins.

Wenn das sich getrennt erlebende Ego als unwirklich erkannt wird, könnte man von seiner Auflösung sprechen. Damit einher geht eine Befreiung aus der verwirrenden und leidvollen Illusion des Getrenntseins. Es ist der Beginn einer gesunden, erweiterten Ich-Identität als All-Ich. Das Festhalten an einem sich als begrenzt erlebenden Selbstgefühl löst sich in derselben Weise auf, wie Dunkelheit verschwindet, sobald ein Licht erstrahlt. Oder um mit den Worten meines geliebten Lehrers *David Hawkins zu sprechen:*

„In der Entwicklung von Bewusstsein wird die Empfindung des kleinen ‚Ich' von einem viel tieferen, unverletzbaren, bleibenden Gefühl universaler Präsenz ersetzt. Das Gefühl von „ICH" ist jetzt unendlich, viel großartiger, sanfter, kraftvoller, bewusster und befriedigender, als es das Gefühl des ‚Ich' früher war. Denn dieses ist wie ein Kinderpfeifchen im Vergleich zur vollen Symphonie des SELBST."

Zwei Welten

Unsere äußere Erfahrungswelt erscheint uns durch und durch als eine Realität von Dualität, Trennung, Kampf und Rivalität. Wer sich durchsetzt, der überlebt und genießt viele Privilegien. Es scheint so, als seien wir höchstpersönlich für unser Überleben und Wohl-Sein verantwortlich. Darum dreht sich alles und das bedeutet: Stress, Angst, Kampf, Gewinn oder Verlust. Je gerissener, klüger, stärker und machtvoller jemand ist, desto mehr Vorteile kann er sich sichern, desto größeren Besitz und Wohlstand kann er anhäufen, desto mehr Luxus und Ansehen wird er genießen.

Dieser auf das Außen fokussierte, schöne Schein widerspricht scheinbar einer möglichen inneren Erfahrung von Eins-Sein mit der Existenz. Daher hält sich auch das Erleben von Trennung so hartnäckig in unserem Alltagsbewusstsein, obwohl die Quantenphysik längst bewiesen hat, dass jederzeit und überall alles mit allem verbunden und essenziell eins ist. Gleichzeitig begleitet uns in unserer irdischen Erfahrungswelt ständig die Vergänglichkeit aller Dinge. Früher oder später löst der Tod unsere Körperform auf und setzt einen Schlussstrich unter eine vergleichsweise kurze Lebensspanne. In der Welt der Formen und Erscheinungen hat alles, was einen Anfang hat, auch ein Ende. Hier bleibt nichts, wie es war und ist: keine Grenze, kein Besitz, kein Territorium und kein Gewinn.

Wie eine Musik verklingt, sobald man sie gehört hat, tragen alle Erfahrungen bereits an ihrem Anfangspunkt ihr Ende in sich. Alles kommt und geht wie die Wellenbewegungen an der Oberfläche eines Ozeans. Und doch erscheint uns die Oberfläche des Lebens, die äußere Wirklichkeit, oftmals als Einzige real und beständig. Kämpfen wir aus diesem Grund immer wieder um etwas, das seinem Wesen gemäß doch nur vorübergehend und vergänglich ist? Offensichtlich existieren da zwei Welten.

Wir alle haben schon einmal von dieser anderen Realität gehört. Doch selbst, wenn Menschen diese für möglich halten oder gar an sie glauben, bleiben die meisten doch in der Vorstellung gefangen, diese beiden Welten seien verschieden und voneinander getrennt. Darin wurzelt die Illusion der Trennung mit all ihren fatalen und leidvollen Folgen für unser Menschsein und Leben. Die Wirklichkeit sieht jedoch vollkommen anders aus. Genauso wenig, wie die stille Tiefe des Ozeans von seiner bewegten Oberfläche getrennt ist, sind auch die irdische und die göttliche Welt weder voneinander getrennt noch miteinander verbunden. *Sie sind eins* und durchdringen sich gegenseitig voller Liebe und Ekstase. Daran brauchen wir nicht zu glauben. Die Zeit ist reif, es selbst mit allen Sinnen und vollem Bewusstsein zu erfahren.

Wenn dich die Botschaften dieses Buches erreichen, dann bist du tief in dir bereit, dich für neue Sichtweisen zu öffnen, die dein Leben bereichern und verwandeln werden. Ich versuche, anhand der menschlichen Liebe nachvollziehbare Schritte aufzuzeigen, die uns helfen, diese Wirklichkeit real und lebendig zu erleben. Das Wissen, das uns schon seit Jahrtausenden durch die Mystiker und Bewusstseinslehrer aller Zeiten zur Verfügung steht, darf nun endlich unser ganz alltägliches Leben erfüllen. Dies gilt auch für unsere Partnerschaft und unser Liebesleben.

Die neue Zeit wird gegenwärtig zunehmend durchdrungen und erfüllt von dem Licht einer befreienden Einsicht. Die Realität des Eins-Seins aller Aspekte des Lebens durchbricht langsam und doch unaufhaltsam die dunkle Wolkendecke des vergangenen Unbewussten. Ohne das Erfassen dieser neuen, uralten, ewigen Wahrheit wird sich das Alte und Leidvolle in unserem Leben noch lange und hartnäckig fortsetzen. Erst das Erwachen zur Wirklichkeit des Eins-Seins und die damit einhergehende bedingungsfreie Liebe werden uns wahrhaft heilen und befreien.

Der Prozess der Befreiung beginnt schon in dem Augenblick, in dem wir von dieser Möglichkeit hören. Dann können wir uns dafür entscheiden, sie weiter zu erforschen und mit ihr zu experimentieren. Wir können jederzeit damit beginnen, vor allem auch in den intensiven Momenten eines glückerfüllten Erlebens. Diese sind wie eine Einladung, uns noch etwas tiefer zu öffnen und zu entspannen. Dann kann sich überraschend ein Hauch der allem zugrunde liegenden Göttlichkeit in uns ausbreiten und uns beglückend und segnend berühren. Ebenso will jeder Schmerz, jede Kontraktion in unserem Körper, jede Begrenzung in unserem Fühlen und Denken für uns zu einem Impuls der Heilung werden. Mit der Zeit lernen wir, offen zu bleiben und all dies bedingungslos zu umarmen. Wir entwickeln eine Bereitschaft, uns der Intensität sowohl von Angst und Schmerz als auch von Glückseligkeit und Liebe zu öffnen. Dann wird es immer öfter möglich, alle Gefühle und Empfindungen willkommen zu heißen. Wir geben der jeweiligen Erfahrung bereitwillig Raum, anstatt sie zurückzuweisen. Der Kampf gegen uns selbst kommt endlich zur Ruhe und wir leben auf einer höheren Stufe von Lebendigkeit und Wachheit.

Entscheidung und Ausrichtung

Der sehnlich erwartete Quantensprung in ein befreites Leben wird sich auf erstaunliche Weise einstellen, sobald in uns das ernsthafte Verlangen danach erwacht. Dieses Sehnen nach dem beglückenden Eins-Sein mit uns selbst und dem Leben ist die verwandelnde Kraft, die uns reif und bereit macht, uns täglich neu auf die bedingungsfreie Liebe auszurichten. Denn sie ist der direkte Zugang zu der Einheit mit uns selbst, dem Leben und dem All. In uns stellt sich eine neue Gewissheit ein, wohin unsere Reise geht. Wir haben einen Leuchtturm, an dem wir uns orientieren können.

Dann braucht es nur noch die Entscheidung, dieser Ausrichtung den ersten Platz in unserem Leben einzuräumen. Die Liebe zum Göttlichen wird dadurch zu unserer ersten und größten Liebe. Alle unsere menschlichen Bedürfnisse und Erfahrungen sind darin enthalten. Sie werden in bedingungsloser Wertschätzung umarmt und zutiefst angenommen. Dies schenkt unserem Leben einen tiefen Sinn, den wir, wenn wir am Begrenzten festhalten, nie bleibend finden können.

Nach jahrzehntelanger Arbeit an mir selbst und mit zahlreichen Menschen, die ich auf ihrem Weg begleiten durfte, ist diese Ausrichtung zu einem unverzichtbaren Teil meines Lebens geworden. In diesem Buch und in meinen Seminaren möchte ich sie allen, die sich ebenfalls nach ihr sehnen, aus der Tiefe meines Herzens nahebringen. Natürlich fordert auch mich der Fluss des Lebens, wie jeden von uns, immer wieder heraus. Durch die irdische Vergänglichkeit und die unausweichliche Bewegung hinein ins Unbekannte werden wir ständig aufs Neue geprüft. Doch bei allen Schritten und Stufen offenbart sich eine göttliche, lichtvolle Wirklichkeit, die uns führt und schützt. Mit ihr können wir uns immer umfassender verbinden und zunehmend Einheit erleben.

Sobald wir lernen, unser Leben aus dieser erweiterten Perspektive zu betrachten, erkennen wir tief in uns, dass es niemals „schlechte Erfahrungen" gibt. Nichts im Leben wirkt gegen uns. Alles will uns dienen und beschenken. Uns wird nichts Schönes oder Wertvolles vorenthalten. Tatsächlich war und ist jede Erfahrung, die wir machen, notwendig und wertvoll. Unsere Seele hat alles genau so gewollt, sodass wir als Mensch optimal wachsen und bedingungsfrei lieben und leben lernen können. Oder, um es noch einfacher auszudrücken: Unsere innere Führung will immer nur eins, nämlich uns wahrhaft glücklich, erfüllt, heil und ganz werden zu lassen. Doch das begreifen wir erst wirklich, wenn wir bereit werden, uns selbst abzuholen, uns mit all unseren Erfahrungen zu umarmen, zu vergeben und wertzuschätzen. Die Liebe des Lebens offenbart sich uns in dem Maße, in dem wir uns und unsere Erfahrungen annehmen und auf trennende Urteile verzichten. Dies führt uns in unsere innerste Essenz, die pure Liebe ist.

Die Erfahrung von Einheit ist eines der wertvollsten Potenziale wahrer Liebe. Sobald wir uns bedingungsfrei unserer Erfahrungen und Empfindungen annehmen, entsteht das Eins-Sein mit uns selbst. Wenn wir uns in Einheit mit uns selbst erleben, werden wir auch die uns nahestehenden Menschen vollständig annehmen und wertschätzen. Auf diese Weise erweitert sich die Grundqualität des Eins-Seins und umfasst schließlich alle Menschen, Wesen und Erscheinungen in unserem Leben und der Welt. Die Liebe vereint und erfüllt uns mit all ihrer Herrlichkeit, Kraft und Wonne.

Sich allein oder in einer innigen Begegnung als grenzenloses Sein bewusst zu erleben, ist etwas äußerst Beglückendes. Sobald in uns selbst und bei unseren Geliebten alles so sein darf, wie es gerade ist, erleben wir uns eins mit dem tragenden und erfüllenden Liebesraum. Indem wir immer wieder bewusst den gegenwärtigen Augenblick mit unserer ganzen Liebespräsenz anfüllen, erleben wir uns in tiefer Verbundenheit. Wir können uns immer weiter in die Einheit mit allem ausdehnen und in sie hinein entspannen. Das ist eines der größten Geschenke in unserem Menschsein.

Zwischen Angst und Liebe

Wir Menschen können unser Leben entweder in der kollektiven Illusion des Getrenntseins verbringen oder in der Wirklichkeit der Einheit. Diese Alternative macht einen wesentlichen Unterschied. Sie entscheidet, ob für uns etwas zum Problem oder zum Geschenk wird, ob wir leiden oder Wunder erleben. Tatsächlich ist in jeder Situation entweder das Eine oder das Andere möglich. Wir tendieren entweder zum Leiden, (selbst wenn wir uns dessen oftmals gar nicht bewusst sind) oder zum Wunderbaren (dies ist uns dann sehr bewusst).

In der Welt der Gegensätze entfaltet sich unser Leben im Spannungsfeld zwischen Angst und Liebe. Diese sind die beiden grundlegenden Gegenpole in allen unseren Erfahrungen. Wenn wir voller Angst sind, ist es uns unmöglich zu lieben. Sobald wir von echter Liebe erfüllt sind, hat die Angst keine Macht mehr über uns. Solange wir uns mit der Dualität identifizieren, bewegen wir uns ständig zwischen diesen Polen hin und her. In Liebe zu sein, befreit uns von Angst. Wenn uns Angst beherrscht, sind wir unfähig, wahrhaft zu lieben.

Schauen wir etwas tiefer in den Ursprung dieser Pole, so finden wir hinter jeder Angst den festen Glauben an ein Getrenntsein. Ohne das Erleben der Trennung kann keine Angst in unsere Erfahrungswelt eindringen. Angst braucht die Illusion der Trennung. Hinter der Liebe finden wir das Bewusstsein der Einheit. Die Natur von Liebe strebt danach, zu verbinden und zu vereinen. Wir sehnen uns so sehr nach Liebe, weil wir uns nach der Wirklichkeit des Eins-Seins sehnen. Wir brauchen Liebe mehr als alles andere, weil sie unsere Natur und unser wahres Zuhause ist. Schon im Erleben einer tiefen Verbundenheit fühlen wir uns sehr wohl. Doch erst die Erfahrung von Einheit schenkt uns einen überwältigend beglückenden Einblick in unsere wahre Heimat. Ständig im Bewusstsein der Einheit zu leben, lässt uns schließlich ganz ankommen.

Einladung

Selbstkontakt und Verbundenheit

Um das gerade Gelesene in dein Leben zu integrieren, kannst du jetzt oder zu einem späteren Zeitpunkt eine Pause einlegen, um bewusst tiefer mit dir selbst in Kontakt zu treten. Sei dir sicher, bei jedem der folgenden Schritte kann sich eine Erfahrung von Einheit einstellen. Lasse dir für jeden Schritt reichlich Zeit und folge dem, was sich für dich wirklich gut anfühlt.

Schritt 1: Wenn du bereit bist, lege eine Hand auf den Bauch und lasse deinen Atem so lange in den Bauchraum fließen, bis dieser sich ganz gelöst und entspannt anfühlt.

· Spüre, wie sich diese Entspannung in den unteren Bereich deines Körpers hinein ausbreitet: Becken, Genitalien, Beine und Füße ...
· Verlagere das Gewicht deines Körpers nach unten und erlebe dich sicher getragen von der Erde ...
· Sprich und erlebe: „Ich bin verbunden mit der Glut und der Kraft der Erde!"
Lasse dir bewusst atmend Zeit, dies voll und ganz zu erleben ...

Schritt 2: Gehe nun mit deiner Wahrnehmung zu deinem Mund- und Rachenraum. Öffne und entspanne den Kehlbereich, sodass dein Atem weich und entspannt hindurchfließen kann. Dabei entspannt sich auch der Unterkiefer und ein kleines inneres Lächeln kann sich einstellen.

· Spüre, wie diese Entspannung sich im gesamten Kopfbereich einstellt: Schädelbasis, Hinterkopf, Ohren, Schädeldecke, Stirn und Schläfen, Augen, Nase und Wangen sowie der ganze Mundraum ...

· *Schließlich entspannt sich auch das Innere deines Kopfes. Du brauchst an keinem Gedanken mehr festzuhalten, kannst einfach das Kommen und Gehen von Gedanken und Bildern beobachten wie die Bewegung der Wellen eines Ozeans ...*

· *Dieses Entspannt-Sein öffnet ganz natürlich eine senkrechte Energieverbindung nach oben. Du kannst sie wie einen Lichtstrahl oder eine räumliche Ausdehnung erleben, die dich mit einer lichtvollen Zentralsonne verbindet.*

· *Sprich und erlebe: „Ich bin verbunden mit dem Licht und der Weite des Himmels!" Lasse dir bewusst atmend Zeit, dies voll und ganz zu erleben.*

Schritt 3: Gehe nun mit deiner Wahrnehmung zu deinen Schultern. Erlaube ihnen, jetzt loszulassen und so entspannt wie möglich zu sein. In diesem Moment gibt es nichts zu tun.

· *Spüre, wie diese Entspannung ausstrahlt, hinein in deine Arme und Hände, in deinen Nacken und Rücken. Sie lässt die Bewegung deines Atems im gesamten Brust- und Bauchraum noch leichter und freier werden.*

· *Sammle dich bewusst atmend in der Mitte deiner Brust, dem energetischen Herzzentrum.*

· *Sprich und erlebe: „Ich bin verbunden und eins mit mir selbst und dem Leben!" Lasse dir reichlich Zeit, dies voll und ganz zu erleben ...*

Nun bist du in Kontakt sowohl mit deinem Körper als auch mit dem essenziellen Raum deines Seins. Dies verbindet dich ganz natürlich mit Allem-was-ist. Beende diese Meditation, indem du dich nochmals bewusst mit deinem Atem verbindest und deinen Körper von innen fühlst. Zum Schluss zentriere dich erneut weich atmend in deinem Herzraum: „ICH BIN voller LICHT und LIEBE!" Dehne und strecke deinen Körper und trage diese Präsenz in alles, was jetzt auf dich wartet.

Kapitel 2: Vom Ursprung der Trennung

»Jeder Mangel an physischem, emotionalem oder spirituellem Gehalten-
werden lässt in einem Kind ein Minderwertigkeitsgefühl entstehen. Das
Kind sieht nicht, dass seine Seele von Natur aus die angeborene, grund-
legende Eigenschaft besitzt, das Kostbarste und Wertvollste im ganzen
Universum zu sein.«

A. H. Almaas

Warum ist die Illusion der Trennung so hartnäckig und machtvoll? Warum gehört sie überhaupt zum göttlichen Plan für
unser Menschsein? Macht diese Illusion vielleicht erst die schrecklich-
schöne Welt der Erfahrungen möglich? Könnte es sein, dass hinter allem
eine grundlegende Absicht unserer Seelen steht, nämlich die, wahrhaft lieben zu lernen? Könnte es sein, dass unser Wunsch, allumfassende Liebe
zu erfahren und uns unserer göttlichen Natur bewusst zu werden, der
innere Antrieb ist, an diesem großartigen Spiel teilzunehmen? Ein Spiel,
zu dem unermessliches Leiden und grenzenlose Glückseligkeit gehören?

Das Eins-Sein ist unser Ursprung und unsere Heimat. Ein Kind verweilt
während der Schwangerschaft und eine gewisse Zeit nach der Geburt überwiegend in einem Zustand der Einheit. Es erlebt seine Mutter und seine
Umwelt noch nicht als von sich verschieden. Erst im Alter von zwei bis drei
Jahren beginnt sich langsam ein Ich und ein zunächst subtiles Gefühl von

Trennung zu entwickeln. Dies ist ein wichtiger und notwendiger Prozess. Denn ohne eine gut entwickelte Ich-Identität könnte es am Erdenspiel nicht wirklich teilnehmen.

Doch dann geschieht in der Regel etwas Fatales. Das Kind realisiert irgendwann – meist erst nur unterschwellig, jenseits des bewussten Denkens – dass etwas, das zuvor vorhanden war, auf einmal nicht mehr da ist. Etwas sehr Wertvolles, sehr Kostbares scheint auf einmal unwiederbringlich verlorengegangen zu sein. Ein schmerzhaftes Gefühl von Entfremdung und Verlust macht sich bemerkbar. Dieses nagende Gefühl des Abgetrenntseins vom Ursprung ist ein zutiefst unglücklicher Zustand, in dem man glaubt, das am meisten Geliebte sei von nun an unerreichbar. Das Leben verliert mit der Zeit seine Farben und wird flach.

Dem Verlust der Einheit folgt ein allgemeines Gefühl der Entfremdung. Es beginnt mit der vagen Empfindung, man habe den Kontakt zu sich selbst verloren und sei auf dieser Erde fremd oder irgendwie verloren. Es ist, als wäre man aus dem Paradies geworfen worden. Alles wirklich Bedeutsame und Liebevolle erscheint unerreichbar. Es fühlt sich so an, als bestünde kaum eine Möglichkeit, mit dem, was uns wirklich wichtig ist und was wir am meisten lieben, in Kontakt zu kommen. In diesem Zustand erleben wir uns von unserem wahren Wesen abgeschnitten und einsam.

Dies wird als ein tragischer Verlust erlebt. Und bei fast jedem Kind stellt sich eine folgenschwere Schlussfolgerung jenseits des bewussten Denkens ein: „Wenn mir diese Ur-Verbundenheit abhandengekommen ist, dann ist mir etwas sehr Schreckliches passiert – und ich bin schuld daran! Mit mir stimmt etwas nicht. So wie ich bin, bin ich nicht richtig. Ich bin schuldig, falsch und schlecht und verdiene Strafe. Ich bin vom göttlichen Ursprung getrennt."

Mit dem Verlust der Einheit und der Realisierung des Getrenntseins beginnt der Glaube an eine Ur-Schuld und die Angst vor ihren Folgen. „Sünde" ist nur ein anders Wort für Trennung. Hier liegt der Ursprung eines grundlegenden Zweifels an uns selbst. Wir werden unsicher und stellen unsere Existenzberechtigung und unser grundsätzliches Richtig-Sein in Frage. Die Ur-Wunde bricht unvermeidbar und jenseits unserer bewussten Wahrnehmung in uns auf. Sie ist die tiefere Ursache für alle weiteren Verletzungen in unserem Menschsein. Und wir suchen ein Leben lang nach deren Heilung! Das grundlegende Gefühl von Schuld und Nicht-Richtig-Sein wird dann im Verlauf der so genannten Erziehung weiter vertieft. Die Liebe der Eltern und der Umwelt ist an Bedingungen geknüpft. Kaum jemand ist in der Lage, unser wahres Wesen zu sehen und dessen Entfaltung zu fördern. Das ist der tiefe Grund, warum fast alle Kinder und erst recht Jugendliche glauben, an ihnen sei etwas falsch, sobald sie sich mit ihrem Ego identifizieren.

„Wenn du dich so verhältst, wie ich es von dir erwarte, bist du gut, brav und richtig. Dann erhältst du meine ganze Liebe, Zuwendung und Fürsorge. Wenn nicht, dann hat dies unangenehme, schmerzhafte, vielleicht sogar schreckliche Konsequenzen!" So oder ähnlich lauteten die Grundbotschaften, die wir als Kinder vermittelt bekamen und so lauten sie leider in vielen Familien noch heute. Sobald wir den Erwartungen und Bedingungen nicht entsprachen, galten wir als schlecht, falsch, ungehorsam und wertlos. Als Folge drohten uns Bestrafung und, was noch viel einschneidender war, Liebesentzug. Oftmals ohne jeden nachvollziehbaren Grund wurde unser Verhalten und Sosein in Frage gestellt. Stück für Stück verloren wir unsere Unschuld und Würde. Und der nagende Zweifel an unserem Nicht-Richtig-Sein vertiefte sich.

Jeder sich als getrennt vom Ganzen erlebende Mensch fühlt sich von seinem Wesen her minderwertig und schuldig. Er glaubt daran, eine begrenzte Persönlichkeit zu sein. Ganz gleich, was diese besitzt oder erreicht hat, was sie leistet, weiß oder kann, sie wird sich auch weiterhin unterschwellig ungenügend fühlen. Denn sie versucht nur ein Ersatz zu sein für die Echtheit des wahren Selbst. Daher besitzt sie aus sich heraus weder Wert noch Wirklichkeit. Oftmals genügt schon ein unfreundlicher Blick, die kleinste Kritik oder andere irritierende Gesten, um verunsichert zu sein und zu glauben, man sei irgendwie falsch. Ist dies vielleicht auch ein Grund, warum Menschen in ihren Beziehungen so leicht emotional erpressbar sind?

Schuld, Angst und Aggression beim Sex

D ie Grundemotionen als Folge der Illusion des Getrenntseins können als Schuld, Angst und Aggression bezeichnet werden. Solange Menschen sich im Bewusstsein der Trennung voneinander angezogen fühlen und sich näherkommen, stellen sich diese Emotionen ein. Sie beeinträchtigen den freien, wundervollen Liebesfluss. Er wird durch Angst und Schuld erheblich reduziert, vergiftet oder schließlich ganz verhindert.

Dies haben sehr viele von uns auf enttäuschende, schmerzhafte und leidvolle Weise erfahren. Für zahlreiche Menschen ist aus einem göttlichen Geschenk ein schmerzhaftes und sündiges Problem geworden. „Sünde" ist nichts anderes als die Trennung von der göttlichen Wirklichkeit, von der unerschütterlichen Gewissheit des Göttlich-Guten. Schuld, Angst und Aggression rund um Sexualität haben unzählige Varianten, von denen bereits ganze Bücher gefüllt wurden. Ohne mich allzu lange hierbei aufzuhalten, möchte ich kurz einige Aspekte aufzeigen.

Schuld

Die Frequenz von Schuld und Scham beruht auf einem sehr niedrig schwingenden Energie- und Bewusstseinsfeld. Schuldgefühle äußern sich als Gewissensbisse, Selbstverdammung, Selbsthass, Selbstbestrafung und Selbstverleugnung. Sie bringen alle Formen von Aufopferung und zerstörerischen Süchten hervor. Von Schuldgefühlen beherrscht zu sein führt zu angstvoller Beschäftigung mit persönlichen „Fehlern" und „Sünde".

Schuld erwächst aus der Trennung vom göttlichen Ursprung und der daraus resultierenden Überzeugung, an unserem So-Sein sei grundlegend etwas nicht in Ordnung. Dies wirkt sich dann in beinahe allen Lebensbereichen einschränkend aus, auch im Ausdruck der menschlichen Liebe. Wenn wir z. B. Lust erleben, fühlen wir uns mitunter schuldig oder wir schämen uns dafür. Wir haben Angst, ihr den vollen Ausdruck zu gewähren, der für unsere Lebendigkeit natürlich wäre.

Manchmal erleben wir auch unterschwellige Schuldgefühle, wenn wir jemanden schön und anziehend finden und sie/er nicht unsere Partnerin oder unser Ehegatte ist. Wir bekommen ein schlechtes Gewissen und versuchen, es zu ignorieren oder zu verdrängen. Falls wir doch einer solchen Gelegenheit folgen, versuchen wir es in der Regel zu verheimlichen, was die ganze Situation noch problematischer werden lässt. Wie oft haben wir schon unsere Bedürfnisse verleugnet oder uns für Anziehung und erotische Regungen verurteilt? Uns wurde beigebracht, unseren Körper schamvoll zu bedecken. Wir versuchen ihn zu verstecken, wenn er nicht unseren eigenen Schönheitsidealen entspricht, sind überzeugt, uns nicht im hellen Licht zeigen zu dürfen. Fühlen wir uns schwach oder erleben wir uns außer Kontrolle, sind wir verunsichert und zweifeln an unserem Wert. Wir neigen dazu, uns zu verurteilen, uns minderwertig, unzureichend und nicht wirklich liebens- und begehrenswert zu empfinden.

Aufgrund von Schuld und Scham kann sich das Bewusstsein unserer eigenen, natürlichen Würde nur unzureichend entwickeln. Solange wir glauben, unsere Schwächen und Unsicherheiten vor anderen verbergen zu müssen, zweifeln wir an unserer Richtigkeit und verleugnen uns immer wieder selbst. Dadurch erwächst die trennende Wand, die Intimität und Herzensverbindung verhindert.

Angst

Anziehung und Nähe können in uns unzählige Ängste hervorrufen, die fast immer mit Schuld und Scham korrespondieren. Angst, nicht liebenswert, nicht schön oder anziehend genug zu sein. Angst vor Zurückweisung und Verlust, vor Verurteilung und Bestrafung. Angst zu versagen, nicht zu genügen oder die Erwartungen und Bedingungen der anderen nicht erfüllen zu können. Angst auch vor der Kraft und Intensität der Liebe selbst. Denn sie kann unser Leben verändern und gewohnte Strukturen erschüttern. Wahre Liebe kann und wird aufbrechen, was in uns ungeheilt und unerlöst ist, was wir lieber unter Kontrolle halten und verbergen würden.

Dies zeigt uns schließlich auch die Angst vor uns selbst, vor den unterdrückten, verdrängten und abgespaltenen Teilen unserer eigenen Persönlichkeit. Die Liebe kann alte Wunden berühren sowie Unterdrücktes ans Licht bringen. Verbote und Tabus, auch unterschwellige und unausgesprochene, die wir bereits mit der Muttermilch aufgenommen haben, könnten gebrochen werden. Und wir befürchten harte Bestrafungen und bedrohliche Konsequenzen.

Über Jahrtausende hinweg wurden Menschen angeprangert, ausgestoßen, gegeißelt, gesteinigt, gedemütigt und ermordet, wenn sie gegen bestehende Normen verstießen. In einigen Regionen der Erde hat sich bis heute daran wenig geändert. In unserer zivilisierten Welt sind die Praktiken der Bestrafung subtiler geworden, doch oftmals nicht weniger grausam. Hinzu kommt, dass wir die Erinnerungen an entsprechende Erfahrungen noch immer in unseren Zellen tragen.

Aggression und Gewalt

Alle Formen von Schuldzuweisung und Bestrafung sind Varianten von Aggression und Gewalt. Auch hier wäre eine Aufzählung schier endlos. Hier finden wir nicht nur die gröbsten Formen wie Missbrauch, Übergriffe und Vergewaltigungen, sondern auch den alltäglichen Kleinkrieg in Ehen und Beziehungen. Er beginnt oft schon während der Flitterwochen in Form von Machtkämpfen, Lieblosigkeiten, Verweigerung oder emotionaler Erpressung. Später verfestigen sich die Ausdrucksformen und reichen von erkalteter Routine bis hin zu Hass und Schlammschlachten, bevor man den Schritt wagt, sich zu trennen. Oftmals wird die Aggression auch gegen sich selbst gewandt in Form von Selbstverleugnung, Aufopferung oder Erkrankung.

Schon diese sehr verkürzte Exkursion in die dunkle Seite von Sexualität und Beziehung ist energetisch so schwer und belastend, dass wir erst einmal tief durchatmen sollten, bevor wir weitergehen. Diese Emotionen sind aktiver Teil unseres Bewusstseinsfeldes der Trennung. Sie zeigen, wie viel Heil- und Transformationsarbeit in diesem Bereich notwendig ist. Solange ein Mensch vorwiegend in der kollektiven Trance der Getrenntheit verweilt, wird er auch – oftmals unbewusst – die Last dieses Leidens in sich tragen. Und wahrscheinlich wird er auch weiter dazu beitragen, es zu vermehren. Doch die gute Nachricht ist, dass wir jederzeit aufwachen und bewusst, mutig und liebevoll neue Wege gehen können. Denn hinter jeder Verwundung wartet ein strahlendes, befreites Liebespotenzial darauf, vollständig erkannt und kraftvoll gelebt zu werden.

Doch bevor wir uns der Entfaltung dieser unbegrenzten Möglichkeiten zuwenden, lohnt es sich, einen Blick auf das Phänomen der Eifersucht in der menschlichen Liebe zu werfen. Sollte dieses Thema in deinem Leben keine Rolle spielen, kannst du das folgende Kapitel überspringen, ohne etwas Wesentliches zu verpassen. Vielleicht hast du dieses Thema bereits gründlich bearbeitet und dich vollständig davon befreit. War Eifersucht jedoch irgendwann in ihrer typisch destruktiven Erscheinung ein Teil deiner leidvollen Erfahrungen, so lohnt es sich für ein tieferes Verständnis, noch einmal genau hinzuschauen. Indem wir ihre Mechanismen gründlich verstehen, befreit uns dies von ihrer Macht. Dabei spielt es keine Rolle, ob wir selbst Verlustangst erleben oder andere uns eifersüchtig überwachen und bedrängen.

Kapitel 3: Eifersucht

*»Einem anderen anzugehören, von einem anderen seelisch gestützt
zu werden, von einem anderen abhängig zu sein – dadurch entsteht innere
Unruhe, Angst, Eifersucht und Schuldgefühle. Und solange Furcht da ist,
gibt es keine Liebe.«*

Jiddu Krishnamurti

„Eifersucht ist eine Leidenschaft, die mit Eifer sucht, was Leiden
schafft" – sagt der Volksmund sehr treffend. Wohl jeder Mensch
kennt die Erfahrung von Eifersucht und weiß, wie intensiv und qualvoll sie
sein kann. „Im Kern jeder Eifersucht ist ein Mangel an Liebe." Mit diesem
einen Satz bringt es C. G. Jung klar und treffend auf den Punkt. Eifersucht
ist eine allgemein verbreitete Blüte der Illusion der Trennung. Sie gehört
so selbstverständlich zur Dynamik von Beziehungen, dass sie oftmals
sogar als Liebesbeweis angesehen wird. „Wenn du nicht eifersüchtig rea-
gierst, dann gehe ich davon aus, dass ich dir gleichgültig bin. Wenn es dir
nichts ausmacht, wenn ich mich anderen zuwende, dann bedeute ich dir
wohl auch nichts mehr!"

Im Bewusstsein der Trennung wird Eifersucht als ein Teil wahrer Liebe
angesehen. Tatsächlich jedoch äußert sich in ihr ein Mangel an Liebe, Vertrauen und Verbundenheit. Sie zeigt die Abwesenheit eines uns tragenden
Vertrauens in uns selbst, in das Leben und die Liebe. Eifersucht entsteht

aus mangelndem Selbstwert und innerer Unsicherheit. Ihr liegt eine Abwertung unserer selbst zugrunde. Wir fühlen uns ungenügend gesehen und geliebt und sind voller Misstrauen. Eifersucht ist ein verzweifelter Versuch, die Liebe, derer wir uns nicht würdig fühlen, doch irgendwie durch Wetteifer oder Manipulation zu bekommen.

Wie oben dargestellt, geht das Bewusstsein der Trennung mit Schuld, Angst und Gewalt einher. Und genau diese drei Komponenten finden wir auch im Erleben von Eifersucht. Da ist die Schuld, also das tief sitzende Gefühl, nicht liebenswert zu sein. Verlustangst und Eifersucht weisen auf ein nagendes Gefühl der eigenen Unzulänglichkeit hin. Darunter wartet ein riesiges Schuldprogramm auf Erlösung. Wir glauben nicht wirklich an unseren Wert und unsere Liebenswürdigkeit. Stattdessen ist da ein unterschwelliger – und manchmal auch klar gefühlter Zweifel an uns selbst, an der eigenen Schönheit, Attraktivität und Anziehungskraft. Zweifel auch an unserer Fähigkeit, Liebe angemessen ausdrücken zu können sowie uns von ihr im wahrsten Sinne des Wortes berühren zu lassen.

Wir werden geplagt von einer nagenden Unsicherheit in Bezug auf den eigenen Wert. Es fällt uns schwer, an eine bedingungsfreie Seins-Berechtigung und liebevolle Annahme zu glauben. Viele Menschen können sich nicht vorstellen, einfach nur um ihrer selbst willen geliebt und gewollt zu sein. Eifersucht ist der Ausdruck von Angst vor schmerzhaften Erfahrungen und von der als zutiefst bedrohlich empfundenen Erwartung, die Partnerin oder den Geliebten zu verlieren. Uns bedrängen Ängste, enttäuscht zu werden und vom Ursprung der Liebe und des Überlebens abgeschnitten zu sein.

Hierin äußert sich die Ur-Angst unseres inneren Kindes vor Liebesentzug. Dieser bedeutet für ein abhängiges Kind den Verlust der Grundlage seiner Existenz. Sind wir dann erwachsen, erscheint das Leben ohne den anderen sinnlos, leer und trostlos. In Situationen von drohendem Verlust und möglicher Trennung wird in den Beteiligten oft auch massive Existenz- und Todesangst ausgelöst. Dies mündet sehr oft in Gewalt, mit der die Partner erpresst, unter Druck gesetzt und bestraft werden sollen.

Emotionale Erpressungsversuche sind überall an der Tagesordnung. Gewalt kann durch entzogene oder aufgedrängte Aufmerksamkeit, Nähe und Sexualität ausgeübt werden, durch verbale Angriffe, Beschimpfungen, Anklagen und Verurteilungen, bis hin zu ausufernden Rachefeldzügen. Auch Selbstmordandrohungen oder andere Selbstschädigungen drücken das unwiderstehliche Bedürfnis aus, sich selbst und genauso den anderen unter Druck zu setzen und zu bestrafen.

Die alte Zeit ist durch und durch geprägt von der Illusion der Getrenntheit. Das „Liebesleben" ist daher erfüllt von Besitzanspruch und Eifersucht. Die Partner in Beziehungen und Ehen sind oft voneinander abhängig, sowohl emotional als auch materiell. Man braucht, gebraucht und missbraucht sich gegenseitig und besiegelt dies durch rechtliche und/oder emotionale „Verträge". Ohne den anderen fühlt man sich nicht erfüllt und vollständig. Man steckt enge Grenzen ab, fordert Sicherheit, Verlässlichkeit und Verfügbarkeit für die Erfüllung der eigenen Bedürfnisse.

Da diese selten ganz kompatibel sind, führt dies vielfach zu Machtkämpfen, Streit, Ausbeutung und Lieblosigkeit jeder Art. Man ist nicht wirklich miteinander glücklich und erfüllt, kann aber aufgrund der Co-Abhängigkeit auch nicht ohne den anderen entspannen und zufrieden sein. Die Folge sind endlose destruktive Auseinandersetzungen oder eine dumpfe, abgestumpfte Routine. Im Schmerz des Getrenntseins berühren wir unsere Ur-Wunde. Solange Menschen sich gegen diesen Schmerz wehren, anstatt ihm bewusst zu begegnen, bleiben sie auch in ihm gefangen. Sie projizieren die Ursache für den eigenen Schmerz auf andere und wiederholen endlos leidvolle und weiteren Schmerz erzeugende Verhaltensweisen.

Das Bewusstsein der Trennung hat Unklarheit und Disharmonie zur Folge. Es ist der Ursprung von allem nur erdenklichen Leiden in dieser Welt. Moral und Gesetze versuchen, das Unechte und Unwirkliche zu regulieren. Sie sind notwendig zur Schadensbegrenzung. Doch auf dem Boden einer Illusion können Glück und Liebeserfüllung nicht dauerhaft gedeihen. Vielmehr kämpfen die Menschen ums Überleben in einem Albtraum aus Stress, Gewalt, Angst und Hass.

Die drei möglichen Verhaltensweisen

In Situationen von Verlustangst und Trennungsschmerz können Menschen sich auf dreierlei Weise verhalten. Die erste ist wohl am meisten verbreitet und besteht darin, die Schuld für die ausgelösten Emotionen auf Andere zu projizieren und sie gewalttätig an ihnen auszulassen. Die „Auslöser" werden angegriffen, angeklagt, bedroht und erpresst. Wenn dies nicht nützt, folgen Abwertungen, Verurteilungen, Verwünschungen bis hin zu schweren Flüchen. Werden diese hoch emotional und energetisch aufgeladen ausgesprochen, können sie tatsächlich eine verheerende Wirkung haben, die sich mitunter über viele Leben hinzieht. Dies ist vor allem auch dann der Fall, wenn die/der Verfluchte sich selber schuldig fühlt, also selbst in der Illusion der Trennung gefangen ist.

Im Bewusstsein der Einheit gibt es jedoch keine Resonanz für Schuldgefühle, da in allem das Wirken göttlicher Liebe gesehen wird. Auch Angriffe werden lediglich als ein Schrei nach Liebe erkannt. Eifersucht verschwindet dann vollständig aus der eigenen Erfahrungswelt. Negative Gedanken und Verwünschungen kehren unmittelbar zum Sender zurück. Was bleibt ist tiefer Frieden und innere Erfüllung.

Die zweite Möglichkeit, auf Verlust und Liebesschmerz zu reagieren, können wir als Pseudounabhängigkeit bezeichnen. Man ist eifersüchtig, gesteht sich dies jedoch nicht ein.

Stattdessen verhält man sich überheblich und tut so, als stünde man erhaben über den Dingen. Arrogantes, stolzes und pseudounabhängiges Verhalten versucht, die eigene Minderwertigkeit und die nagenden Selbstzweifel zu leugnen und zu verstecken. Man fühlt sich in Wirklichkeit so unsicher, dass die Offenbarung von Berührbarkeit und Verletzlichkeit einem Gesichts- und Identitätsverlust gleichkäme. Stattdessen tut man so, als ob man die Partnerin gar nicht braucht. Heimlich sehnt man sich jedoch intensiv nach Nähe und hofft, sie möge bald reumütig zurückkehren und ihre Abhängigkeit erneut deklarieren. Dies ist Teil eines Machtspiels, das den anderen zu einer Unterwerfung veranlassen will. Auch ein bewusster Liebesentzug ist ein hilfloser Versuch, mit dem der Partner emotional erpresst werden soll.

Es liegt nahe, dass bei diesen beiden Verhaltensweisen keine Heilung und Befreiung erfolgen kann. Der Zugang zur wahren Liebe wird so lange versperrt, bis sich eine echte Öffnung und wahrhaftige Selbstbegegnung vollzieht.

Die dritte Möglichkeit jedoch führt in unsere Selbstverantwortung und Liebesfähigkeit. Ich habe sie bereits im Teil II unter *Offen bleiben im Schmerz* ausführlich beschrieben. Hier braucht es die mutige und hingebungsvolle Bereitschaft, der in uns ausgelösten Verlustangst oder dem als grenzenlos erlebten Schmerz eines drohenden oder tatsächlichen Verlustes ganz zu begegnen und alles bereitwillig zu fühlen und zu erleben. So kann die Begegnung mit unseren Verletzungen und Ängsten uns in unsere eigene Tiefe führen, in der sich das offenbart, was dort unberührt und grenzenlos auf uns wartet. Es ist nichts Geringeres als unsere wahre Natur. So wird ein voll und ganz angenommener und bereitwillig gefühlter Liebesschmerz uns zu umfassender Heilung, Befreiung und Selbsterkenntnis führen. Seine Intensität kann in uns ein Tor zum Sein öffnen.

Dies ist nach meiner eigenen Erfahrung der einzig funktionierende Weg, wenn wir Trennung und Eifersucht überwinden wollen. Wir können ihre kraftvolle Energie für Wachstum und Befreiung nutzen. Dafür braucht es unsere Bereitschaft, immer wieder aufs Neue offen und fühlend präsent zu bleiben, auch dann, wenn die Wogen von Angst und Schmerz uns zu überwältigen drohen.

Ähnlich, wie es *Brandon Bays* in *The Journey* beschreibt, führt uns eine solch tiefe Selbstbegegnung nach und nach in alle inneren Räume, die jetzt reif und bereit sind, von uns aufgesucht zu werden. Auf diese Weise können wir jedes Mal verdrängte und abgespaltene Teile unseres Selbst in die Einheit und Ganzheit unseres Seins zurückführen. Dies erleben wir auch immer wieder auf wunderbare Weise in unserer *Schlüsselarbeit*. Die von mir speziell für Selbstbegegnung und Transformation entwickelten Schlüssel nehmen die Teilnehmer an die Hand und unterstützen sie auf ihrer Reise durch die inneren, noch unerlösten Bereiche. So kann jede intensive menschliche Erfahrung – auch Liebesschmerz und Eifersucht – als ein Tor zur Liebe genutzt werden.

Natürlich ist es nur allzu menschlich, das wir alles Schöne festhalten wollen, um sicher zu sein, dass es morgen noch genauso für uns da ist. Doch indem wir uns gegen Veränderungen wehren, stemmen wir uns gegen den Lebensfluss, der uns zu neuen Ufern tragen will. Wenn wir uns ängstlich an unsere Partnerin anklammern oder versuchen, sie eifersüchtig zu überwachen, haben wir sie schon verloren. Doch sobald wir uns unserer Verlustangst bewusst werden und sie bereitwillig fühlen, lernen wir gleichzeitig, uns der Liebe anzuvertrauen. Diese schenkt uns immer alles, was wir brauchen und was uns dient. Sie nimmt uns manchmal auch etwas, was unsere Selbstentfaltung verhindern würde.

Einladung

Kämpfe nicht gegen die äußere Situation!
Erpresse nicht deinen Partner oder den Rivalen!
Klage niemanden an!
Versuche nichts im Außen zu verändern!
Renne nicht davon!
Versuche nicht, dich zu schützen!

· *Gehe stattdessen ganz und gar nach innen, dorthin, wo du den Schmerz und die Panik am intensivsten fühlst!*
· *Atme bewusst in diese Intensität hinein und erlaube ihr, sich grenzenlos auszudehnen!*
· *Öffne dich so vollständig wie möglich der schier unerträglichen Energie von Schmerz, Angst und Panik!*
· *Bleibe offen und dehne deine Wahrnehmung immer weiter aus!*
· *Lasse tief in dir los!*

· *Sei bereit, auch alle Geschichten loszulassen und „Ja" zu sagen zu dem, was ist!*
· *Löse dich von allen Bewertungen und Bedingungen!*
· *Übergebe alles deiner göttlichen Führung!*
· *Umarme dich selbst voller Anerkennung und Wertschätzung!*
· *Entscheide dich, bedingungsfrei zu lieben!*

Wenn du dazu bereit bist, lasse dich überraschen, was sich dir offenbart!
Alles ist möglich!

Kapitel 4: Unsere Geliebten gehören nicht uns

*»Die Menschen sind von dem, was sie als Liebe erfahren, oft frustriert –
aber nicht, weil mit der Liebe etwas nicht stimmt. Sie haben ihre Liebe nur
so sehr eingeengt, dass für den ganzen weiten Ozean der Liebe kein Platz
ist. Man kann den Ozean nicht eingrenzen, er ist kein kleiner Bach.«*

Osho

Niemand kann einen Sonnenuntergang festhalten, den wir unerwartet erleben, wenn die Wolken sich auf einmal lichten und zauberhafte Verzierungen den Abendhimmel schmücken. Sowie auch niemand
das erste jungfräuliche Frühlingsgrün und den Gesang der Vögel für sich
selbst beanspruchen kann. Ebenso wenig wie die Wellen, die sich im Som-
merlicht an einem felsigen Ufer brechen, die prachtvollen Farben eines
Herbstwaldes oder den zarten Hauch des ersten Schnees. Wie ist es möglich zu glauben, unsere Liebsten festhalten oder gar besitzen zu können?

Die kostbarsten Geschenke des Lebens sind nicht unser Eigentum.
Wenn leuchtend warme Blicke sich begegnen oder Hände und Lippen sich
zärtlich und innig bejahend finden, können wir nur in dieses Mysterium
eintauchen – oder uns ihm verschließen. Die Kostbarkeit, ein schlafendes
Kind in den Armen zu halten und den Frieden und die Weite dieses
schlummernden Bewusstseins zu spüren. Die Magie, die sich unversehens
unter Menschen einstellen kann, die für einen ewig erscheinenden

Moment die gleiche tief berührende Erfahrung miteinander erleben und teilen. Niemand kann das Schöne besitzen, was es auf Erden gibt – aber wir können ihm staunend Raum geben, uns ihm weit öffnen, es dankbar genießen und wertschätzend als Teil unseres Lebens in diesem Augenblick feiern. In diesen Momenten berührt das Göttliche den Menschen. Wir können weder die Sonne noch die Jahreszeiten oder die Elemente vereinnahmen. Doch wir können uns mit dem Fluss des Lebens verbinden, mit seinen überraschenden Bewegungen tanzen und lernen, uns ihm immer mehr anzuvertrauen. Jede Ausdrucksform und Facette der Liebe ist ein Geschenk des Lebens. Wir sind eingeladen, uns allem im Bewusstsein unseres Eins-Seins freudig und dankbar zu öffnen. Die Art, wie uns das Göttliche ständig berührt, ist Teil unserer Lebendigkeit. Wir können offen, berührbar, staunend und manchmal auch hilflos der Unschuld des Nicht-Wissens Raum geben. Dann gilt es gemeinsam zu entdecken, was unsere Seelen miteinander feiern, vollenden, lernen oder ausgleichen wollen.

Sobald wir in der Tiefe begreifen, dass wahre Liebe auch ihren eigenen Freiraum braucht, entfalten sich neue Räume gemeinsamen Erlebens und wirklichen Einlassens. Wer eine frei wachsende Blume pflückt, wird ihre Schönheit verwelken sehen. Wer aber eine Blume auf einer Wiese voller Freude und Bewunderung betrachtet, kann sie für immer in sich tragen. Sie bleibt dann ein Teil des Morgens mitsamt den sanften Sonnenstrahlen eines neuen Tages. Ihre Blüte ist für immer eins mit dem Geruch taufrischer Erde, der sanften Brise in den Zweigen der Bäume und den Wolken am Horizont.

Unsere Liebsten können niemals unser Besitz sein. Gerade deshalb werden wir für immer in Liebe mit ihnen verbunden bleiben. Wir brauchen sie nicht festzuhalten und zu vereinnahmen, wenn wir uns gegenseitig als kostbare Teile eines wundervollen Ganzen erkennen. In diesem grenzenlosen Liebesfeld hat uns die göttliche Führung miteinander verbunden, als wir dem Ruf unserer Seelen folgten. So kann die Liebe auf allen Ebenen unseres Menschseins voll und ganz erblühen. Wir sind ihr strahlender Ausdruck und die Verkörperung ihrer Erfüllung.

Wir brauchen niemanden im Außen, um glücklich zu sein, und doch erhöht, erweitert und vollendet eine echte, stimmige Liebesverbindung immer wieder unser irdisches Glück. Sie vertieft und erweitert die Wahrnehmung unseres Seins, ganz gleich, ob wir uns schon hunderte Male intim begegnet sind oder ob es zum ersten und vielleicht einzigen Mal geschieht. Wir begegnen und erfahren uns selbst im Spiegel des geliebten Menschen. In diesem Sinne brauchen wir ihn, denn ohne ihn bliebe unsere Entwicklung im Menschsein unvollständig.

Wir sind nicht die Herrscher über das Leben mit seinem vielfältigen, grenzenlosen Ausdruck. Doch wir können uns immer wieder aufs Neue der Macht der Liebe öffnen und sie bitten, uns den Weg zur Wahrheit unserer Seele zu weisen. Sobald die Freiheit bedingungsloser Liebe unser Denken, Fühlen und Handeln erfüllt, fühlen wir uns unendlich gesegnet und reich beschenkt. Wir verspüren dann kaum noch den Impuls, etwas für uns selbst besitzen oder festhalten zu wollen. Denn es ist die LIEBE selbst, die uns in jedem Moment beseelt und genau das schenkt, was unserer Selbstfindung dient und zu unserer Heilung auf allen Ebenen beiträgt.

Falls doch einmal aus alter Gewohnheit das Bedürfnis auftaucht, etwas besonders Schönes oder Lustvolles haben oder behalten zu wollen, lächeln wir mitfühlend und nehmen uns damit an. Doch wir werden uns immer seltener mit solchen Impulsen identifizieren. Natürlich bleiben wir menschlich und können jederzeit das gesamte Spektrum menschlicher Gefühle zwischen Liebe und Angst erfahren. Doch sobald wir die Wirklichkeit mehr lieben als das Illusionäre, öffnet sich uns eine neue Realität. Mit unserer Entscheidung für Wahrheit und Liebe brauchen wir nicht länger unsere begrenzten Vorstellungen und persönlichen Vorlieben so vehement zu verteidigen, als ginge es um Leben und Tod. Stattdessen erfüllt uns mehr und mehr eine neue, vertrauensvolle Gelassenheit und kraftvolle Entschlossenheit, ganz frei zu werden und wahrhaft zu lieben.

Auch dann, wenn wir auf unserem Weg eine dunkle Nacht durchschreiten, erfüllt uns tief innen eine Gewissheit, die uns trägt und beflügelt. Sie schenkt uns die Kraft, mit der wir fähig werden, alle Herausforderungen und Schmerzen bereitwillig anzunehmen und zu erleben. Wir werden nie mehr vergessen, dass es die Wirklichkeit wahrer Liebe ist, die uns wahrhaft befreit. Dies führt uns an die Schwelle einer neuen Zeit, in der sich beglückend erfüllt, wonach wir uns schon so lange sehnen. Wir werden bereit, ehrlich und gründlich zu untersuchen, wo unsere Liebe noch mit Erwartungen verbunden und an Bedingungen geknüpft ist. Wenn wir genau hinschauen, werden wir dort auch tief sitzende Angstimpulse entdecken. Diese warten darauf, von uns gewürdigt, umarmt und der All-Liebe übergeben zu werden.

Sobald wir die Liebe bitten, unser Leben zu regieren, befreit sie uns mehr und mehr von alten Befürchtungen und automatischen Schutzreflexen. Das Leben führt uns durch erstaunliche Fügungen zu den Menschen und Gelegenheiten, die zur vollkommenen Erfüllung unseres Seelenplans gehören. Das Wunderbare wird alltäglich.

Kapitel 5: Ur-Vertrauen zurückgewinnen

»Es gibt nur eine Gegenwart und eine Macht in meinem Leben: Gott, das Gute.«

Catherine Ponder

Der ursprüngliche Zustand der Einheit war in den ersten Monaten unseres Lebens erfüllt von einem umfassenden Vertrauen in die tragende und nährende Güte des Lebens. Sobald sich jedoch in uns ein Gefühl von Trennung einstellte, erkannten wir auch unsere existenzielle Hilflosigkeit und Abhängigkeit. Unser umfassendes Versorgt- und Getragensein war plötzlich nicht mehr selbstverständlich vorhanden. Denn es war abhängig von etwas im Außen, dem wir hilflos ausgeliefert waren.

Schon in dieser frühen Zeit unseres Lebens wurde unsere Verbundenheit mit dem Universum erschüttert. Sie ging dabei mehr oder weniger verloren und wir büßten den lebenswichtigen Boden unseres ursprünglich vorhandenen Vertrauens ein. Die Illusion des Getrenntseins und mit ihr ein unterschwelliges Gefühl von Unsicherheit und Verlorenheit grub sich tief in unser Zellgedächtnis ein. Dies ging unaufhaltsam mit dem Verlust unseres Ur-Vertrauens Hand in Hand. Durch diesen Mangel an innerer Geborgenheit fühlen wir uns bedroht, vernachlässigt, ohnmächtig, ausgeliefert oder missbraucht.

Um den Verlust dieses ursprünglichen Zustandes zu kompensieren, entwickelten wir als Ersatz ein scheinbar eigenständiges Ich-Bewusstsein, das sich vom Ganzen getrennt erlebt. Es soll das Verlorene ersetzen und unsere Abhängigkeit und Hilflosigkeit mildern. Mit diesem getrennten Ich entsteht eine falsche Identität voller illusorischer Selbstbilder und nagender Selbstzweifel. Während es uns scheinbar im Überlebenskampf dient, trennen wir uns immer weiter von der ursprünglichen Wirklichkeit der Einheit. Und weil es in unserer Vorstellung tatsächlich um unser nacktes Überleben geht, setzen wir alles daran, dieses unwirkliche Ich zu schützen und vehement zu verteidigen.

Dies setzt sich so lange fort, bis wir die Information und Erfahrung einer vergessenen und doch längst vertrauten Wirklichkeit erhalten. Verlorenes Urvertrauen kann dann langsam aber stetig wieder zurück gewonnen werden. Diese Heilung ist entscheidend wichtig für unsere Fähigkeit zu lieben. Es dient auch ganz allgemein dem Wachstum, der Selbstentfaltung und spirituellen Entwicklung in unserem Menschsein.

Vertrauen ist der Boden, auf dem wahre Liebe wachsen kann. Ohne Vertrauen gibt es weder Offenheit noch Nähe. Die Qualität des Vertrauens, das sich in unserem Zusammensein einstellt, spiegelt das Maß des Vertrauens in uns selbst und in die tragende Liebe des Lebens. Wenn unser Vertrauen verletzt oder enttäuscht wird, zeigt uns dies unsere inneren Verletzungen und Selbsttäuschungen. Wahres Vertrauen fordert keine Beweise. Es erwächst aus einer tiefen Gewissheit, dass alles heilen kann und alles gut ist – genauso, wie es ist.

Die Heilung des Ur-Vertrauens bewirkt, dass falsche Selbstbilder losgelassen werden können und sich auflösen dürfen. Diese Umwandlung kann wie ein Sterben, als Auflösung, Zerstörung oder ein Fallen ins Bodenlose erfahren werden. Das gewohnte Identitätsgefühl wird dadurch grundlegend in Frage gestellt. Es erscheint zunehmend unecht und unwirklich. Dies zu erfahren kann sehr beängstigend und schmerzhaft sein. Es ist, als stünde man am Rande eines Abgrunds und es gäbe keinen Weg zurück.

Dieser Vorgang ist mir in allen seinen Varianten aus eigener Erfahrung sehr vertraut. Ich habe ihn immer wieder in besonderen Zeiten meines Lebens als einen notwendigen Prozess der Wandlung und des Übergangs kennengelernt. Er ist seit Jahrzehnten ein ständiges Thema bei meiner Arbeit mit Menschen. Von den Mystikern wird er oft als „die dunkle Nacht der Seele" bezeichnet. Die dunkle Nacht der Seele kann mit dem Bild einer Pflanze verglichen werden, deren Entfaltung durch einen zu klein gewordenen Blumentopf begrenzt ist. Es wird Zeit, sie umzupflanzen – entweder in einen größeren Topf oder ganz ins Freie. Dazu muss sie aber erst einmal aus ihrem bisherigen Boden und Lebensraum herausgenommen werden.

Eine ungewisse Zeit lang werden ihre Wurzeln frei in der Luft hängen, bis sie schließlich in den neuen Boden gebettet werden. Dieser Zwischenzustand, in dem sich das Vertraute aufgelöst hat und das Neue noch nicht sichtbar ist, wird oft wie ein dunkler Tunnel voller beängstigender Ungewissheit erfahren. Es gibt keine Garantie für einen guten Ausgang. Wir sind gezwungen, in unser Nicht-Wissen hinein zu entspannen und uns ganz der göttlichen Führung anzuvertrauen.

An dieser Stelle taucht in mir eine Erinnerung an eine besondere Erfahrung des Loslassens auf, die mir in einer Zeit drastischen Umbruchs meines inneren und äußeren Lebens zuteil wurde. Sie begann im Januar 1988, als eine Handleserin mich in Indien auf einen Sprung in der Lebenslinie meiner rechten Hand aufmerksam machte: „Du wirst alles verlieren und mit einem neuen Strahlen daraus hervorgehen!"

Zu diesem Zeitpunkt erschien mir das unvorstellbar. Ich lebte damals bei München und widmete mich ausschließlich meinem Langzeitprojekt „Innerlich und äußerlich reich". Alles in meinem Leben war doch so perfekt strukturiert und durchorganisiert. Alles schien seinen festen, unverrückbaren Platz einzunehmen.

Nur anderthalb Jahre später wachte ich nachts in panischer Angst auf. Ich brauchte einige Momente, um mich zu orientieren. Ja, ich lag immer noch im Bett meiner Wohnung. Doch in Sekundenschnelle wurde mir bewusst, dass das in Kürze nicht mehr der Fall sein würde. Meine gesamte Welt war im Begriff sich aufzulösen. Jetzt, da der eigentliche „Geburtsvorgang" tatsächlich einsetzte mit dem totalen Verlust der alten, vertrauten Welt, schlug mein Emotionalkörper Alarm. Eins nach dem anderen löste sich auf und verschwand aus meinem Leben. Nichts, aber auch gar nichts konnte und wollte ich festhalten.

Wehrlos wie ein Fötus, dessen Geburt eingeleitet wird, erlebte ich, wie die mächtigen Wogen der einsetzenden Wehen mich dem engen Kanal, dem schier endlosen Durchgang entgegentrieben. Das Leben forderte mich auf, sämtliche äußeren Strukturen meiner damaligen Welt Stück für Stück loszulassen: meine gewohnten Arbeitsinhalte, meinen vertrauten Arbeitsplatz, meine unterstützenden Mitarbeiter und Kollegen, meine Partnerin, meine Wohnung, meine Ersparnisse sowie den größten Teil meiner damaligen Bekannten und Trainingsteilnehmer. Mir schien es, als ob sich die Erde unter mir auflösen und ich ins Bodenlose stürzen würde.

Ich tauchte wohl in jener Nacht aus den mit heller Panik reagierenden tiefen Bereichen meines Unbewussten auf. Dieser Zustand war mir glücklicherweise aus früheren Zeiten umwälzender Veränderungen meines Lebens bereits vertraut. Der Teil in mir, der als „Zeuge" in all den vergangenen Jahren entwickelt wurde, erkannte sofort, was ich in diesem Augenblick existenziell durchlebte. Er, dieser innere Beobachter, erinnerte mich daran, weich und tief zu atmen, mich ins Hier und Jetzt, in die Angst hinein zu entspannen und innerlich ganz loszulassen. In diesem Moment erschienen – ganz plötzlich und unvermittelt – in meiner Erinnerung das Echo der oben erwähnten Worte der indischen Handleserin: „Du wirst alles verlieren ...“ Schlagartig wusste ich, dass dieser Zeitpunkt jetzt gekommen war. Der Zeiger meiner Lebensuhr war soeben zur kritischen Phase vorgerückt. Diese plötzliche Einsicht half mir, meinen Fall ins Bodenlose zu akzeptieren. Ich fiel, wie es mir schien, endlos und endgültig ins Ungewisse. Ich stürzte in die Tiefe und musste dabei alles Äußerliche loslassen. Ich konnte und wollte nichts mitnehmen, nichts gehörte mir wirklich. Das Fallen schien ohne Ende zu sein.

Nach und nach verwandelte sich der bedrohliche Absturz in einen Schwebezustand in einem neuen, unbegrenzten Raum. Plötzlich vermisste ich den festen Halt nicht mehr, denn ich war von unermesslicher Weite, von strahlendem Licht und von unendlicher Liebe umgeben. Ich fühlte mich aufgehoben und getragen. Mir war, als sei ich buchstäblich in Gottes Hände gefallen. Die Starrheit der Angst war vollkommen aus meinem Körper gewichen, der jetzt in helles Licht eingehüllt zu sein schien. Ich atmete Licht und Weite. Mit jedem Atemzug schien ich mich ins Unendliche auszudehnen. Ich wusste mit jeder Phase meines Seins, dass alles in Vergangenheit, Gegenwart und Zukunft gut war, ist und sein wird. Ich hatte meinen Tod akzeptiert und wurde neu geboren. Ich konnte sehen, dass aus den Trümmern meines alten Lebens etwas Neues, Größeres und Schöneres entstehen würde.

Ich weiß nicht, wie lange ich in diesem zeit- und raumlosen Zustand verweilte. Als ich das Licht einschaltete, war es vier Uhr. Ich nahm mein Tagebuch zur Hand und schrieb folgende Sätze, die ich damals fast ausnahmslos mit einem oder mehreren Ausrufezeichen versah: „Die Ekstase des Loslassens ist mitunter größer als die Freude des Beschenktwerdens. Ich lasse alles los! Das Loslassen macht so frei, so leicht, so unbeschwert. Wenn ich nur noch **ich selbst** *bin, offenbart sich meine Wahrheit. Mein Vertrauen wächst! Es gibt nichts mehr in meinem Leben, an dem ich festhalten müsste.*

Ich höre auf zu kämpfen! Kein Ereignis, keine Person, kein Geld, keine Stellung, keine Tätigkeit ist wichtiger als – **ich selbst.** *Das, was ich* **bin,** *ist mehr als genug, um zu* **sein.** *Was ich von jetzt an beginne, kommt aus der Freude am Leben, am Sein und am Teilen. Indem ich meinen inneren Reichtum teile, bekomme ich immer alles, was ich brauche. Ich gebe mich ganz dem Leben, der Liebe, dem Licht, der Freude hin. Mein Sein, meine Natürlichkeit sind mühelos! Liebe und Freude geben mir die Kraft, auch das zu überschreiten, was mir als unbezwingbar erscheint. Und zu einem etwas* *späteren Zeitpunkt fügte ich noch hinzu: „Wo Angst auftaucht, zeigt sie das Nichterkennen von Wahrheit. Angst ist der Gegenpol der Liebe und hat als Schatten keine echte Eigenexistenz, weil ihr die Wahrheit fehlt. Wenn sie da ist, so besteht die Aufgabe darin, die Wurzeln dieser Unbewusstheiten zu erforschen, ans Licht der Bewusstheit zu bringen – immer wieder – bis ich mich nicht mehr täuschen kann."*

Wenn ich heute diese Aufzeichnungen lese, erfüllt mich Dankbarkeit für die vielen herausfordernden Gelegenheiten, in denen ich das Loslassen lernen und echtes Vertrauen zurückgewinnen durfte. So kann ich heute mitfühlend und ermutigend mit den Menschen sein, die durch entsprechende Lebensphasen gehen. Fällt uns das Loslassen des Alten schwer, kann unser Anhaften schmerzhaft werden und mit großer Angst einhergehen. Wir werden voller Panik versuchen, uns an dem Vertrauten festzuklammern. Verzweifelt versuchen wir, um unser scheinbar bedrohtes Überleben zu kämpfen und unsere unsichere Persönlichkeit zu verteidigen. Ist hingegen genügend Vertrauen vorhanden, dann fällt der Sprung ins Unbekannte vergleichsweise leicht. Man hat keine andere Wahl und er geschieht überraschend und befreiend in unerwarteten Momenten. Loslassen bedeutet natürlich nicht, eine stimmige Lebenssituation unter Druck zu zerstören oder übereilt einen geliebten Menschen zu verlassen. Stattdessen erschafft bereitwilliges Los- und Freilassen die Voraussetzung, dass die wundervollsten Geschenke der Liebe sich immer wieder neu und überraschend einstellen können. Dies wird umso mehr möglich, als wir uns vertrauensvoll dem Fluss des Lebens mit all seinen Veränderungen öffnen und anvertrauen. Dabei werden wir immer wieder die Erfahrung machen, dass die Liebe selbst uns innere Geborgenheit schenkt, uns schützt, trägt und führt.

Nur das Göttliche existiert

In der Illusion der Trennung denken wir in Begriffen von Dualität. Wir teilen unsere Erfahrungswelt in *gut* und *schlecht, richtig* und *falsch, heilig* und *banal* etc. ein. Natürlich wollen wir nur das Angenehme und wir versuchen, das Unangenehme und Schmerzhafte zu vermeiden. In der begrenzten menschlichen Vorstellung wird manches als *böse* oder *schlecht* bezeichnet und daher als getrennt vom Göttlichen betrachtet. Diese Verstrickung in der Falle der Dualität ist offensichtlich eine notwendige Entwicklungsstufe. Sie wird in der *Genesis* beschrieben als der „Sündenfall", der eintrat, als Adam und Eva nicht nur die Früchte vom „Baum des Lebens" (Einheit), sondern auch die des „Baumes der Erkenntnis von Gut *und* Böse" (Dualität) aßen. Dadurch fielen sie aus der Einheit und stürzten in die Illusion der Trennung und Dualität. Die Folge war die „Vertreibung aus dem Paradies", also der Verlust des Vertrauens in die innewohnende Güte des Lebens. Sie begannen zu glauben, dass es etwas getrennt vom Göttlichen gibt und daher böse ist. Diese Verbannung in die Täuschung von Trennung hatte viele, unermesslich leidvolle Konsequenzen.

Es sieht oft so aus, als könnten die alten Irrwege und Täuschungen erst dann zurückgelassen werden, wenn das Maß dieses Leidens voll ist. Nach vielen, vielen leidvollen Erfahrungen erwacht schließlich das Bewusstsein und findet zurück zur Wirklichkeit des Eins-Seins. Das Licht einer neuen Klarheit löst die Dunkelheit aller Illusionen auf. Wir erkennen auf einmal mit ungetrübter Gewissheit, dass Dunkelheit in sich selbst keine reale Existenz besitzt. Sie erschien lediglich als wirklich, weil das Licht abwesend war.

Allein das Licht unseres Eins-Seins mit der gesamten Existenz ist real! Seine An- oder Abwesenheit im Bewusstsein eines Menschen bestimmt dessen Erfahrungen. Es gibt in Wirklichkeit keine Realität außerhalb des Göttlichen, das in jeder Erscheinung und daher auch in jeder menschlichen Erfahrung anwesend ist. Nur dessen vermeintliche Ferne oder Abwesenheit machen Täuschung und Illusion möglich – mitsamt den daraus resultierenden Folgen. Denn die göttliche Liebe kann nicht durch Zeit und Raum begrenzt werden. Ebenso wenig kann sie nur in einigen Teilen der Realität anwesend sein und in anderen fehlen. Dies vollständig zu erkennen ist wie eine Erleuchtung, die für unsere Sicht auf unser Leben den entscheidenden Unterschied ausmacht.

Die Art und Weise, wie wir die Welt betrachten, bestimmt, wie wir sie erfahren. Solange wir an die Dunkelheit, an das Böse und Schlechte glauben, anstatt allein die liebende Göttlichkeit als Realität anzuerkennen, verleihen wir den Schatten eine eigenständige Realität. Alsbald fühlen wir uns von ihnen bedroht und erleben uns ihrer Macht ausgeliefert. Damit beginnt der sprichwörtliche Lebenskampf, also unser Kampf mit dem Leben selbst, den wir natürlich immer nur verlieren können. Wenn man ängstlich angespannt ist und immer zuerst das Schlimmste befürchtet, werden viele Erfahrungen unnötigerweise kompliziert und leidvoll.

Da hilft es auch nicht, die eigene Unklarheit durch ein oberflächlich praktiziertes „positives Denken" zu verschleiern. Solange dies ohne ein tiefes Verständnis der geistigen Gesetze, die der Heilung und der Schöpferkraft zugrunde liegen, eingesetzt wird, bewegt es sich noch innerhalb des dualistischen Denkens. Das Unechte mit Zuckerguss zu überdecken vertieft lediglich die Illusion der Trennung – oft mit verheerenden Folgen. Denn die Probleme und Leiden können nicht mit demselben Bewusstsein behoben werden, durch das sie entstanden sind. Mehrfach wurde ich Zeuge davon, wie „positive Denker" – oft auch ihre berühmten Vertreter – eine fatale Entwicklung erlebten.

Wahre Befreiung braucht das Zurücklassen der Illusion von Trennung und Dualität. Sobald wir zur Wirklichkeit des Eins-Seins erwachen, können wir in allen Erscheinungen nur noch das göttliche Wirken sehen. Betrachten wir die Welt mit den Augen des bedingungsfrei liebenden Herzens, erblicken wir überall den grenzenlosen Ausdruck allumfassender Liebe. Auch die Erfahrungen, die wir oder andere Menschen in relativer Unbewusstheit noch schmerzhaft durchleben, werden schließlich als Teil des göttlichen Plans und als Entwicklungsstufen der Seele erkannt und gewürdigt. Wir leben in der Gewissheit, dass der Geist des Göttlichen in uns und unserem Leben wirkt und uns auf allen Ebenen heilt, beschenkt und segnet. Die göttliche Wirklichkeit strahlt eine unbeschreibliche Güte aus, sobald wir sie klar sehen. Sie ist pures Entzücken und unsere Seele jubelt.

Die Geburt bedingungsfreier Liebe geht mit unserer Einsicht in die allgegenwärtige, göttliche Wirklichkeit einher. Je weiter wir voranschreiten, wird es uns unmöglich, auch nur einen einzigen Aspekt des Lebens oder einen Teil unserer selbst zu verurteilen. Wir können nichts und niemanden mehr aus unserer Achtung und unserem Mitgefühl ausschließen. In der tiefen Erkenntnis, dass Schuld und Trennung aus höherer Sicht gar nicht existieren, geschieht vollkommene Vergebung auf allen Ebenen.

Sobald sich diese herrliche, von Liebe erfüllte Klarheit wie lebendiges Tageslicht in uns einstellt, erleben wir eine wahrhaft großartige Befreiung und Erlösung. Wir beginnen, uns selbst und das Leben mit neuen Augen zu betrachten, mit einem hellen Blick auf die Dinge. Auf einmal wird das wunderbare Wirken der Liebe überall sichtbar, selbst dort, wo Verblendung und Unbewusstheit noch grausam wüten und unermessliches Leiden verursachen. Alles, wirklich alles, ist eingebettet in die Wirkkraft bedingungsfreier Liebe. Unendlich geduldig und gütig erlaubt sie den Menschen, in ihrer eigenen Zeit ihre Entwicklungsschritte zu vollziehen. Früher oder später führt die Gnade jeden Einzelnen zurück in das Licht der Einheit, das ihr Leiden für immer beendet.

Einladung

Um diese Ausführungen auch in dein eigenes Erleben zu tragen, lade ich dich nun ein, einen der folgenden Sätze oder mehrere im Block auszuwählen. Wenn möglich, sprich sie mehrmals laut aus und lasse dich überraschen, welche Wirkung sie in dir auslösen. Wenn sie etwas Wohltuendes und Befreiendes in dir öffnen, könntest du eine Zeitlang immer wieder zu dieser Stelle zurückkehren, um diese kraftvollen Aussagen weiter zu vertiefen.

Sicher werden dich einige der Sätze in unterschiedlichen Situationen deines Lebens auf besondere Weise ansprechen. Wenn es dir Freude macht, können sie dich auch inspirieren, deine eigenen Wahrheiten zu formulieren und sie dann laut bejahend auszusprechen. Das gesprochene Wort ist sehr kraftvoll und kann in dir und deinem Leben erstaunliche Wirkungen hervorbringen.

Bewusst und voller Liebe wende ich mich nach innen.
Ich spüre, wie mein Atem meine Brust und meinen Bauch hebt und senkt.
In mir öffnet sich ein Raum von Mühelosigkeit und Weite.

Ich entspanne und gebe allem Raum, was ich jetzt in mir wahrnehme.
Alles darf sein, so wie es ist.
ICH BIN EINS mit dem, was ist.

Ich spüre meinen ganzen Körper und bin gegenwärtig.
Ich lasse los und öffne mich dem ewigen Jetzt.

Ich bin mir meiner göttlichen Führung vollkommen gewiss.
Bedingungsfreie All-Liebe führt, heilt und schützt mich vollkommen.
Ich übergebe alle Angelegenheiten meines Lebens der göttlichen Liebe.
Ich bin wertvoll, geliebt und gewollt, so wie ich bin.

Es gibt nur eine Wirklichkeit und Macht in meinem Leben:
Gott, das Gute.
Ich bin auf allen Ebenen göttlich geführt, geheilt, erfüllt und gesegnet.

Ich rufe die KRAFT des LICHTS und öffne mich IHR.
Ich rufe die KRAFT des LICHTS und öffne IHR mein ganzes Leben.
ES WERDE LICHT.

ICH BIN EINS mit MIR SELBST und ALLEM.
Ich bin was ICH BIN – jetzt.
Ich bin bei MIR SELBST zu Hause.
Ich bin ein strahlendes, göttliches Wesen voller LICHT und LIEBE.
Ich bin gesegnet und bin ein Geschenk und Segen für diese Welt.

Mein Leben ist erfüllt von Liebe.
Ich bin in Liebe eins mit mir selbst und allem.
ICH BIN LIEBE. Alles ist in mir.

Danke für mein vollkommenes Geführt-Sein.
Danke für die allumfassende, bedingungsfreie Liebe.
Danke für die Klarheit und Kraft.
Danke für das, was ich bin und erlebe.
Alles in meinem Leben entfaltet sich vollkommen göttlich.

Kapitel 6: Heilung der Ur-Wunde

»Liebe und Selbstliebe sind in ihren Höhen und Tiefen die Wurzeln eines befreiten Lebens. Bedingungslos lieben zu lernen eröffnet einen tiefen Zugang zum eigenen Potenzial.«

Aus meinen *Karten für Liebende*

Die tiefste Ur-Wunde, die wir in Bezug auf die menschliche Liebe in uns tragen, wurzelt in der illusionären Erfahrung der Trennung vom göttlichen Ursprung. Diese ist bei jedem denkbaren Leiden mit im Spiel. Der paradiesische Garten, in dem einst Adam und Eva verweilten, war ein glückseliger Zustand in der Einheit mit der göttlichen All-Gegenwart. Eine Traumzeit, erfüllt von ursprünglicher Unschuld in einer geborgenen, nährenden Umgebung. Alle lebenserhaltenden Bedingungen waren reichlich vorhanden, alle Bedürfnisse wurden erfüllt und befriedigt. Ihr Miteinander war wie ein spontaner, unbeschwerter Reigen.

Sofern ideale äußere Bedingungen gegeben sind, erlebt ein in Liebe empfangenes und erwünschtes Kind diesen Zustand in seiner allerersten Lebensspanne. Dazu gehören die Schwangerschaft und in der Regel sein erstes Lebensjahr. Die mütterliche, liebende Nahrung und Fürsorge sowie die väterliche, schützende Präsenz bieten ihm ein haltendes und tragendes Umfeld. Diesem Eins-Sein mit sich selbst und der sicheren Umgebung kann es sich vollkommen anvertrauen. Etwas später bilden sich dann die ersten Formen einer getrennten Ich-Identität mit den folgenschweren Auswirkungen, auf die ich bereits eingegangen bin. Wenn diese erste Lebensphase weitgehend störungsfrei verläuft, wiederholt sich später das Erleben jener paradiesischen Erfahrungsräume: Das Gefühl, zu Hause zu sein, wenn man glücklich verliebt ist und diese Zuneigung erwidert wird. Diese traumhaft schöne Zeit der ersten Liebe löst mit ihrer Intensität die Illusion der Trennung vorübergehend wieder auf.

Die sich magisch anziehenden Gegenpole finden zueinander und streben nach vollständiger Vereinigung. Kann sich dies ungestört entfalten, scheinen die Verliebten in den Garten Eden zurückgekehrt zu sein. Es ist die bezaubernde und entzückende Zeit der jungen Liebe, die uns erneut mit dem Ur-Grund des Lebens verbindet. In diesem offenen Zustand umarmen wir sprichwörtlich die ganze Welt. Diese kurze Zeit wird meist rauschhaft erlebt. Deshalb kann die schöne Traumblase natürlich sehr schnell wieder platzen. Das schmerzliche Gefühl des Getrenntseins kann sich plötzlich und unerwartet aufs Neue einstellen. Leider gibt es allzu viele Menschen, die bereits in der Zeit ihrer ersten Liebe schwere Enttäuschungen und Verletzungen erfahren. Diese bleiben oft ein Leben lang im unterbewussten Gedächtnis gespeichert und warten auf Heilung und Erlösung.

Um Beziehungen zu erhalten, versuchen die Liebenden – mitunter verzweifelt – die anfänglichen Glücksgefühle im weiteren Miteinander zu festigen. Dabei kann eine schöne, lebendige und lustvolle Sexualität eine immer wieder aufs Neue belebende Kraft sein. Doch auch diese Speicher der Glückshormone sind bei herkömmlichem Sex recht bald verbraucht. Nüchterne, praktische und realistisch veranlagte Menschen sind oft mit einer Schutz und Sicherheit bietenden Zweckgemeinschaft zufrieden, was auch ein guter Rahmen für gemeinsame Kinder sein kann. Alle Grundbedürfnisse scheinen dann – zumindest vorübergehend – berücksichtigt zu sein. Doch die hohen Trennungs- und Scheidungsraten deuten darauf hin, dass viele Menschen sich nicht wirklich in den üblichen Formen von Ehe und Beziehung niederlassen und entfalten können. Im Bewusstsein der Trennung kann kein Mensch bleibenden, tiefen Frieden und vollkommene Erfüllung finden. Dabei spielt es keine Rolle, ob wir allein oder in einer Partnerschaft, Ehe oder Familie leben.

Kehren wir nochmals zur Situation des etwa dreijährigen Kindes zurück. Das Heraufdämmern des getrennten Ichs löst die Ur-Wunde aus. Da ist auf einmal das diffuse Gefühl, etwas sehr Wertvolles und Wunderbares, das früher selbstverständlich vorhanden war, unwiderruflich verloren zu haben. Das Kind gibt sich selbst dafür die Schuld und beginnt, an seiner eigenen Richtigkeit zu zweifeln. Darüber hinaus entdeckt es sein Alleinsein und damit einhergehend seine grundsätzliche Abhängigkeit von seinen wichtigsten Bezugspersonen. Es lernt, seine Wünsche anzumelden und deren Erfüllung einzufordern. Doch es macht auch immer wieder die Erfahrung, dass die Umwelt es nicht jederzeit wahrnehmen und auf seine Bedürfnisse oft nur unzureichend eingehen kann. Vor allem sein innerstes Wesen wird häufig nicht wirklich gesehen und zurückgespiegelt.

Darüber hinaus ist die tragende, lebenserhaltende Liebe immer öfter an Bedingungen geknüpft, die nicht dem Wesen seiner Natur entsprechen. Die Folge ist ein Gefühl des Mangels, der Frustration, der Verlorenheit und der Angst vor Liebesentzug, was als eine schmerzhafte Bedrohung seiner Lebensgrundlage und tragenden Geborgenheit erlebt wird. Diese existenzielle Verunsicherung ist der Boden für die Ur-Angst vor Mangel, Verlust und Liebesentzug, was dann in späteren Beziehungen das Erleben von Eifersucht und Verlustangst hervorruft. Hinzukommt ein nagender Selbstzweifel, der zu einem unsicheren Selbstwertgefühl führt. Man kann nicht wirklich glauben, bedingungsfrei angenommen und geliebt zu sein.

Da Sexualität unbewusst die Funktion hat, die Bindung der Partner zu bestätigen und zu festigen, ist sie auch in der Regel der kritische Auslöser für emotionalen Stress. Denn auch in den üblichen Gipfelorgasmen, so kurz und vorübergehend sie auch sein mögen, kann der Funke momentaner Einheit aufleuchten. Die Intensität des Köpergeschehens kann kurzzeitig den kontrollierenden Verstand ausschalten. Für den Bruchteil von Sekunden öffnet sich der Raum der Einheit, auch dann, wenn dies nur unterschwellig wahrgenommen wird.

Bedingungsfreie Liebe braucht die Bereitschaft, unserem inneren Mangel zu begegnen und ihn in Liebe umarmen zu lernen. Dies ist der Weg, wie die Kraft der Liebe ihn schließlich heilen und transformieren wird. Projizieren wir unsere unerfüllten Bedürfnisse jedoch auf einen anderen Menschen, wird unsere „Liebe" immer an Erwartungen und Bedingungen geknüpft bleiben. Nichts und niemand kann sie jemals ganz erfüllen. Wir bleiben gefangen in einem Teufelskreis voll schmerzhaften Mangels und endloser Enttäuschungen.

Sobald wir jedoch auf wertschätzende Weise mit uns selbst umgehen lernen, werden wir auch unsere Geliebten mit genau dieser Haltung zutiefst annehmen und willkommen heißen. Dies ist für alle Beteiligten unendlich erleichternd und befreiend. Auf diese Weise kompromisslos und immer wieder aus Neue miteinander zu sein, ist unsere Meisterprüfung in der Liebe. Wahre Liebe ist gleichzeitig wahre Freiheit.

Zur Heilung der Liebeswunden gehört auch die bereitwillige Wahrnehmung aller in uns auftauchenden, schmerzhaften Emotionen und unerfüllten Bedürfnisse. Diese zu meistern bedeutet keineswegs, sie überhaupt nicht mehr zu spüren oder intensiv zu erleben. Ihre Heilung erwächst vielmehr aus unserer Bereitschaft, sie mitfühlend willkommen zu heißen und liebevoll anzunehmen. Als Teile unser selbst wollen unsere Gefühle wie bedürftige Kinder einfach nur da sein dürfen. Sie warten darauf, wohlwollend gesehen und liebevoll umarmt zu werden. Dadurch laden wir sie immer wieder in unsere Herzensliebe ein und verwandeln sie wie von selbst in pure Lebensenergie. Alsbald hören sie auf, uns zu plagen und zu tyrannisieren und beginnen, uns mit dem ihnen innewohnenden Reichtum zu vervollständigen und zu segnen.

Leben im Bewusstsein der Einheit

D ie Erfahrung von Einheit ist das vielleicht kostbarste und wertvollste Geschenk, das wahre Liebe uns offenbaren kann. Sobald wir uns selbst bereitwillig mit all unseren Gefühlen und Empfindungen wahrnehmen, erleben wir uns zunehmend eins mit uns selbst. Aus dieser inneren Verbundenheit heraus werden wir fähig, auch unsere Geliebten zutiefst anzunehmen. Dies führt uns in die Einheit mit uns selbst, mit unseren Liebsten, mit dem ganzen Leben. Unser grenzenloses Sein mit einem geliebten Menschen bewusst zu erfahren, gehört zum Größten, was Liebe im Menschsein verwirklichen kann.

Alles ist mit allem verbunden und eins. Trennung und Zerstückelung sind illusorische und zeitlich begrenzte Phänomene des überwiegend rationalen Denkens. Die verstandesorientierte Sichtweise auf das Leben war eine notwendige Phase der Entwicklung. Sie hat mit ihrer männlichen Dominanz neben unsagbarem Leid durch Unterdrückung, Angst und Gewalt auch viele sehr wertvolle Erkenntnisse und Fortschritte mit sich gebracht, vor allem auf den Gebieten von Wissenschaft und Technik. Doch gerade hier braucht es ein radikales Umdenken und umfassendes Ganzwerden. Denn ohne das Bewusstsein unserer Allverbundenheit würden die technischen Errungenschaften die Erde zerstören und unsere Spezies auslöschen.

Wie im Kleinen bahnt sich auch im Großen ganz zart, langsam und doch unaufhaltsam und machtvoll eine tiefgreifende Wende an. Die trennende Analyse öffnet sich der einbeziehenden Synthese, das Männlich-Erobernde erkennt die Notwendigkeit des Weiblich-Schützenden und Hingebungsvollen. Das Streben nach persönlichen Vorteilen ist nun aufgefordert, auch das Wohl der Umwelt und der Gemeinschaft zu berücksichtigen. Das eigene Wohl kann nicht länger von dem Wohle des Ganzen getrennt werden.

Die Illusion der Trennung mit ihren lebensfeindlichen Folgen von Schuld, Angst und Gewalt hält sich zwar noch hartnäckig, doch die neuen

Impulse sind wie unübersehbare Lichtblicke. Inmitten von Chaos und Krieg können wir auch überall die selbstlosen und helfenden Qualitäten der liebenden Herzen wahrnehmen. Es gibt immer mehr Menschen, die rohe Gewalt zurückweisen und mutig neue Schritte wagen. Dieser allmählich sichtbar werdende Wandel hat seinen Ursprung im Bewusstsein und Denken der jeweils beteiligten Menschen.

Die Erfahrung des Eins-Seins beginnt bei uns selbst. Diesen befreienden Raum in uns zu betreten wird mit der Zeit ein dringliches Bedürfnis. Er heilt und nährt uns, gerade auch in jenen Zeiten unseres Lebens, in denen wir besonders herausgefordert sind. Dann brauchen wir unsere eigene mitfühlende und wertschätzende Zuwendung am meisten. Statt im emotionalem Aufruhr verzweifelt und gestresst nach Lösungen und Auswegen zu suchen, lernen wir, uns auch mit dem Dunklen und Schweren in uns liebevoll zu umarmen. Dadurch beginnen wir zu entspannen und uns der göttlichen Führung für vollkommene Lösungen und wunderbare Fügungen anzuvertrauen. Aus der tiefen Erkenntnis, dass Probleme sich nicht wirklich auf derselben Ebene lösen lassen, auf der sie entstanden sind, öffnen wir uns für die größere Dimension des Göttlichen. IHR können wir täglich jeden Bereich unseres Menschseins vertrauensvoll übergeben.

DEIN WILLE, DER GÖTTLICHE WILLE GESCHEHE!

Daraus kann eine ständige innere Hingabe erwachsen, die uns schließlich in die Wirklichkeit unserer All-Verbundenheit führt. Wir erleben uns vollkommen eingebettet in eine tiefe innere Geborgenheit und haben die Gewissheit, vollkommen geführt und geschützt zu sein. Früher oder später glätten sich die Wogen emotionalen Aufruhrs und existenzieller Lebenskrisen. Was bleibt, ist das sichere Gefühl, in eine neue Kraft und Klarheit hineingewachsen zu sein. Uns erfüllen ein neues Selbstvertrauen und eine vertiefte Selbstachtung. Das Gefühl für unsere Identität ist nicht länger in den engen Grenzen einer mit dem Leben kämpfenden und an sich selbst zweifelnden Persönlichkeit eingesperrt.

Wenn unser Weg dann wieder in ruhigeren und harmonischeren Bahnen verläuft, in denen sich alles zutiefst stimmig entfaltet, schenkt uns die Erinnerung an unser essenzielles Eins-Sein ganz überraschend neue Dimensionen inneren Erlebens. Dankbarkeit und tiefer Frieden beginnen sich zunehmend in uns auszubreiten. Unsere Wahrnehmung verschmilzt beglückend mit dem Ein und Aus unseres Atems und der Energie unseres Körpers. Wir erleben uns verbunden mit unserer Umgebung, den Geräuschen, den Farben, der Temperatur, mit allen Bewegungen des Lebens. Auch inmitten unserer täglichen Aufgaben und Prüfungen spüren wir die innewohnende Harmonie und Schönheit der ganzen Existenz.

Wir öffnen uns der essenziellen Verbundenheit mit den Menschen und erkennen die Liebe, die sich in allem ausdrückt. Sie ist auch in möglichen Missverständnissen und Konflikten anwesend als klärende Wirkkraft und Einladung zu Wachstum und Entwicklung. Wir bleiben auch inmitten aller notwendigen Auseinandersetzungen offen und in unserem Herzen zentriert, voller Wertschätzung für alles, was zum Menschsein aller Beteiligten gehört. Wenn sich in einer Begegnung oder Partnerschaft eine Situation ergibt, in der es Klarheit und Abgrenzung braucht, so stehen wir klar und mutig dafür ein, ohne jedoch unser Herz zu verschließen. Aus Liebe und Achtung uns selbst gegenüber sagen wir „Nein" zu Verhaltensweisen und Lebensumständen, die uns nicht mehr guttun. So entwickeln wir ein klares Gespür für das, was stimmig ist und unsere Entwicklung fördert.

Was nicht länger mit unserer inneren Wahrheit übereinstimmt, wird mutig und konsequent verabschiedet. Eine neue Klarheit stellt sich mehr und mehr ein. Sie lässt uns deutlich spüren und wissen, was uns entspricht und wohl tut oder was nicht mehr wirklich zu uns gehört. Sie zeigt uns eindeutig, welche neuen Entscheidungen für unser Leben anstehen. Wir lernen klar zu unterscheiden, was echt und wahrhaftig ist oder was oberflächlich-verlockend lediglich unsere Aufmerksamkeit ablenkt und unsere Energie vereinnahmt. Wir werden fähig, Wesentliches von Unwesentlichem, trügerischen Schein von echtem Sein zu trennen. Diese Art von Abgrenzung und Unterscheidung ist wie die Pflege einer Wohnung oder eines Gartens. Wir entfernen Staub, Schmutz und Müll, nicht mit einer Haltung der Abwehr, Verachtung oder Hass, sondern freudig und offenen Herzens aus der Liebe zur Reinheit und Harmonie. Im Garten werden wir junge, zarte Sprösslinge liebevoll vor Fressfeinden oder überwucherndem Unkraut schützen. Wir beschneiden Sträucher und Obstbäume, damit diese noch besser wachsen, blühen und Früchte tragen können. Was oberflächlich betrachtet wie ein gewaltsamer, verletzender Eingriff aussehen mag, erweist sich als Ausdruck von Wertschätzung und Liebe, von Erfahrung und Weisheit, getragen vom Sinn für Schönheit, Harmonie und Fülle.

Das lässt sich wunderbar übertragen auf den Umgang mit uns selbst und den Menschen in unserem Leben. Alles, was sich in uns aufgrund der vielen leidvollen Erfahrungen in der Illusion des Getrenntseins angesammelt hat, wird uns vielleicht noch eine Weile beeinflussen. Da mögen sich negative Gedanken in uns einstellen, begleitet von ängstlichen oder destruktiven Emotionen. Alte Vorstellungen und Überzeugungen, schlechte Gewohnheiten oder Süchte, die uns schädigen, versuchen uns erneut zu binden. Wir können weiterhin von Krankheiten, Beziehungskrisen und Schicksalsschlägen heimgesucht werden.

All das, was wir als sich entladendes Karma bezeichnen könnten, ist ein notwendiger Teil unseres Weges zum Licht. Doch je weiter wir in die Realität des Eins-Seins geführt werden, desto heller beginnt in uns das Licht einer neuen Klarheit und Unterscheidungskraft zu leuchten. In unserer ehrlichen und liebevollen Selbstwahrnehmung wird immer deutlicher, was noch der Welt der Trennung angehört. Es zeigt sich als Schuld, Scham, Angst, Missgunst, Ärger, Konflikte, Unfreiheit, Eifersucht oder Überheblichkeit. Sobald wir dies bewusst wahrnehmen, können wir aus den Geschichten dieser alten, destruktiven Emotionen aussteigen. Wir werden aufhören, sie weiter zu nähren und mit Energie aufzuladen. Denn es ist nicht mehr möglich, uns selbst zu betrügen und sinnlos zu schädigen. Wir werden nicht länger den Vorstellungen glauben, mit denen unser Verstand die Selbstverantwortung abgibt und uns im Opferbewusstsein festhält.

Die wachsende Liebe zu uns selbst verbindet uns immer mehr mit der Liebe zur befreienden, göttlichen Wirklichkeit. Weil wir nicht länger unnötig leiden wollen, entscheiden wir uns für das, was das Leiden wahrhaft beendet. Unsere mutige und ehrliche Selbstbegegnung erhöht auch die Qualität unseres menschlichen Miteinanders. Die Nähe, Verbundenheit und Einheit, die wir mit uns selbst pflegen, stellt sich auch in unseren Kontakten und Partnerschaften ein. Wir werden fähig, uns unseren Liebsten zu zeigen, uns ihnen zu öffnen und zu schenken, zunehmend frei von Erwartungen und Bedingungen. Wir lassen uns endlich sein, so wie wir sind.

Wenn im alltäglichen Miteinander mitunter Schmerzen und Tränen ausgelöst werden, erkennen wir auch dies als Teil der heilenden Liebe. Wir sind natürlich besonders dann herausgefordert, wenn es sehr wehtut und alte Wunden und Muster an die Oberfläche kommen. Doch genau daran können wir wachsen. Unser Vertrauen in die Liebe macht uns immer mutiger, stärker, klarer und freier.

Kaum etwas anderes im menschlichen Leben ist so lohnend und fördert unsere Entwicklung so sehr, wie unsere Entscheidung für die bedingungsfreie Liebe. Sie befähigt uns, die Herausforderungen, mit denen uns das Leben konfrontiert, immer wieder aufs Neue anzunehmen. Am Ende unseres Lebens wird rückblickend vor allem das zählen, was wir in Liebe umarmt und geheilt haben. Der Moment, in dem wir diesen Körper zurücklassen, wird für uns kein Verlust sein und nichts Schreckliches mit sich bringen. Am Ende eines in Liebe gelebten Lebens ist der Tod nichts anderes als die Krönung unserer Vereinigung mit der ganzen Existenz.

Liebe und Tod haben viel gemeinsam. Beide lehren uns Loslassen und Hingabe, beide befreien uns von Illusionen. Sie öffnen unser Bewusstsein für die göttliche Gegenwart, die alles Sein durchdringt und unser Leben lenkt. Sie lehren uns, in jedem Augenblick aufs Neue in die Einheit mit uns selbst und allem zu entspannen.

Kapitel 7: Das Potenzial befreiter Liebe in verbindlichen Partnerschaften

»Liebt einander, doch seht zu, dass die Liebe keine Fessel wird, sondern eine wogende See zwischen den Stränden eurer Seelen. Gebt eure Herzen, aber nicht in die Obhut des anderen. Denn allein in der Hand des Lebens liegen eure Herzen.«

Khalil Gibran

In diesem Kapitel gehe ich auf das Thema verbindlicher und dauerhafter Partnerschaften ein. Hier bin ich selbst Lernender und noch keinesfalls ein Meister. Doch nach allem, was ich in meinem bisherigen Leben in der menschlichen Liebe befreien und erschließen durfte, ist dies seit einiger Zeit ein Bereich, der mich ganz besonders interessiert. Meine innere Führung ließ mich unmissverständlich die Spur aufnehmen, die mich nun in diese Verbindlichkeit führt. Hier verlangt meine Seele nach tiefgehenden Schritten. Gerade vor dem Hintergrund meiner vielfältigen Erfahrungen erhält nun die Entscheidung für einen verbindlichen, gemeinsamen Weg einen ganz besonderen Stellenwert.

Wenn es den Seelenplänen beider entspricht und die gemeinsame Ausrichtung auf das Göttliche an erster Stelle steht, dann verdient eine solch tiefe Seelenliebe auch einen besonderen Schutzraum. Er entsteht beinahe von selbst aus dem tiefen Wunsch, dieses besondere Geschenk zu ehren, es sorgfältig zu bewahren und zu pflegen. In der Bedingungslosigkeit echter Liebe wächst auch jene Kraft und Klarheit, mit der die Liebenden die unerlösten Schatten uralter Verletzungen immer wieder aufs Neue mitfühlend umarmen. Dann können diese der göttlichen Führung für vollkommene Heilung übergeben werden. Dies öffnet beide auch für die aufrichtige Wertschätzung all dessen, was sich als Liebe und Kreativität durch jeden Einzelnen ausdrücken will.

Sehr hilfreich ist es, wenn die Partner eine Bereitschaft einbringen, selbstverantwortlich ihren eigenen Schatten zu begegnen und ihre blinden Flecken aufzudecken. Dies macht Liebende natürlich auch berührbar und verletzlich. Doch sobald die Liebe zur Wahrheit größer ist als das reflexartige Bedürfnis, das eigene Selbstbild zu verteidigen, verwandelt sich diese notwendige Verletzlichkeit in die Schönheit von Offenheit und echtem Berührtsein.

Schließlich werden Liebende früher oder später auch ihrem existenziellen Alleinsein begegnen müssen. Dies ist eine tief erschütternde Erfahrung, denn fast alle Menschen sind genau davor auf der Flucht. Doch wenn sie in der Tiefe angenommen wird, mündet sie in eine erhebende und unendlich befreiende Erfahrung des essenziellen All-Eins-Seins. Dieser innere Raum von Verbundenheit mit sich selbst und dem Leben schenkt uns einen sicheren Boden. Auf ihm kann sich die bedingungsfreie Liebe, nach der jeder sich sehnt, vollständig entfalten.

Wenn Liebende darin fest verwurzelt sind und bleiben, dann wird buchstäblich alles möglich. Träume, an die man schon nicht mehr zu glauben wagte, gehen auf einmal überraschend in Erfüllung. Dies sind die wirklichen Wunder. Sie zu erleben ist für unseren Verstand überwältigend. Deshalb ist es sehr hilfreich, wenn wir uns rechtzeitig darauf vorbereiten. Immer müssen zuerst die inneren Räume erschlossen werden, bevor sich etwas im äußeren Leben verwirklichen kann. Es stellt sich gnadenvoll ein, sobald wir dafür bereit sind.

Als ich mich – noch während des Schreibens an diesem Buch – für eine verbindliche Partnerschaft öffnete, erlebte ich diesen Schritt zunächst wie ein inneres Sterben. Was sterben musste und wollte war die Art und Weise, wie ich bislang Liebe und Partnerschaft betrachtet und gelebt hatte. Zu diesem Sterben gehörte auch eine Form der Auflösung einiger Prägungen aus frühester Kindheit. Ich durfte nochmals den unterschwelligen Ängsten vor der Kontrolle, Bestrafung und Strenge meiner Mutter begegnen. Die Angst, meine Integrität zu verlieren, falls ich erneut von ihr überschwemmt und vereinnahmt würde, hat mich unterschwellig in allen früheren Partnerschaften beeinflusst. Solange ich noch unbewusst gegen meine Mutter als Repräsentantin einer lust- und lebensfeindlichen Moral rebellierte, musste ich mir immer wieder meine Freiheit von ihrer Unterdrückung beweisen. Dies verhinderte den reifen Ausdruck meiner menschlichen Liebe in einer verbindlichen Partnerschaft.

So gab ich mich bewusst aus einem klaren inneren Impuls heraus diesem Sterben hin. Obwohl in meinem Erleben vom ersten Moment an bereits die Kraft und das Licht der „Auferstehung" enthalten war, forderte mich etwas in mir nachdrücklich auf, zuerst dem Sterben einen umfassenden Raum zu geben. Denn ich spürte, dass die LIEBE immer wieder all die Bereiche alter Verletzungen ans Licht bringen würde, die noch nicht vollständig geheilt und befreit waren. Die Entscheidung für bedingungsfreie Liebe braucht uns vollständig, braucht wirklich alles.

Die folgenden Ausführungen sind gestützt auf meine eigenen, immerhin über 30-jährigen Lernprozesse in Alltagsbeziehungen sowie auf die Forschungen anderer, vor allem die von *David Schnarch*, der sein ganzes Leben diesem Thema gewidmet hat. Dabei werde ich das Wort „Beziehung" selten gebrauchen, sondern eher die Begriffe „verbindliche Partnerschaft" oder „Liebesverbindung" in den Vordergrund stellen. „Beziehung" suggeriert, dass die Beteiligten etwas voneinander „beziehen" wollen, was durchaus der herkömmlichen Realität entspricht. In der Welt der Trennung gehen wir tatsächlich Beziehungen ein, weil wir hoffen, vom anderen etwas zu bekommen, woran es uns selbst mangelt.

Diese Haltung muss, wie die meisten von uns wahrscheinlich bereits leidvoll erlebt haben, früher oder später enttäuscht und desillusioniert werden. Sie zerstört Liebe und Vertrauen und mündet in gegenseitige Abhängigkeit. Daraus resultieren die allgemein üblichen, wenig lebendigen, kaum erfüllenden, ganz normalen „Beziehungskisten" und Zweckgemeinschaften. In ihnen ist die Ausrichtung auf gemeinsame Entwicklung oft kaum vorhanden. Die Hauptenergie fließt in die Sicherung des Überlebens und des gesellschaftlichen Status. Und weil dies in sich selbst äußerst begrenzt ist, sind schmerzhafte Enttäuschungen und erbitterte Kriege hier vorprogrammiert.

Wer dieses Buch bis hierhin gelesen hat, wird vermutlich kaum an Beziehungen interessiert sein, die sich überwiegend auf die materielle Bewältigung des Lebens und fundamentale Bedürfnisbefriedigung beschränken. Was also kann verbindlichen Partnerschaften Sinn, Echtheit, Tiefe und Bedeutung verleihen? Was kann uns zutiefst und zeitlos auf dem gemeinsamen Weg mit einem geliebten Menschen erfüllen? Welches sind die großen Geschenke, die Liebende füreinander sein können, wenn sie sich verbindlich einander öffnen und schenken? Diesen Fragen werden wir nun weiter nachgehen.

Der Wunsch, miteinander zu verschmelzen

Es gibt die Schilderung eines deutschen Psychiaters, der die Eiskunstvorführung eines Zwillingspaares beschreibt. Ihn faszinierten gar nicht so sehr die perfekte Synchronizität der Eislauffiguren, als vielmehr die überschäumende Begeisterung des Publikums. *Helmuth Kaiser* stellte fest, dass dieselbe Wirkung auch von Synchronschwimmern oder anderen Tanzformationen ausgeht, bei denen sich die Bewegungsabläufe in perfektem Gleichklang vollziehen. Die Magie, die solchen Vorführungen zugrunde liegt, hat offensichtlich etwas an sich, was die Menschen entzückt und begeistert. Es ist, als ob zwei oder mehr Körper ihre getrennten Identitäten auflösen, so dass sie von einem einzigen Geist gelenkt werden. Sie scheinen als Einheit in einem größeren Ganzen aufzugehen. Dabei fühlen und erleben die zuschauenden Menschen überwältigend das In-Erscheinung-Treten einer spirituellen Dimension, die tief in ihnen eine Erinnerung wachruft. Dieser Wirkkraft kann und will sich kaum jemand entziehen, weil sie auf eine übergeordnete, in jedem schlummernde Wahrheit hinweist.

Diese Berührungen mit dem Göttlichen durfte ich in einigen mich und mein Leben verwandelnden Liebesbegegnungen erfahren. Hier schlummert ein großes Potenzial für unsere Partnerschaften, sofern die Verbindung der Liebenden auch auf diese Dimensionen ausgerichtet ist. Dieser heilige Raum verbindlichen Miteinanders berücksichtigt natürlich auch alle irdischen, für die Erfüllung unseres Menschseins äußerst wichtigen Erfordernisse und Verpflichtungen.

Helmuth Kaiser ordnete dieses Phänomen seiner Denkweise als Psychiater unter und nannte es „Verschmelzungsphantasie". Verliebte Menschen wollen miteinander verschmelzen. Doch nur Bewusstheit und wahres Liebenlernen können den Verschmelzungswunsch in eine echte Erfahrung von Einheit verwandeln.

Immer wieder ist es mir ein Anliegen daran zu erinnern, dass die erste und wichtigste Partnerschaft die mit uns selbst ist, mit unserem menschlichen So-Sein sowie mit unserer göttlichen Natur. Je tiefer und verbindlicher wir uns dieser ersten Liebe öffnen, desto erfüllender kann sich auch der gemeinsame Weg in der menschlichen Liebe entfalten. Die Vereinigung unseres Menschseins mit dem Göttlichen zu erleben, in dieser Einheit zu wachsen, sie zu verkörpern und auszudrücken, ist unser aller höchste Bestimmung und Erfüllung. Dabei spielt es keine Rolle, wie sich dies in unserem Leben entfaltet: ob im Alleinsein, in essenziellen

Liebesbegegnungen oder in einer dauerhaften, verbindlichen Partnerschaft. Jeder Weg, den uns unsere Seele führt, hat seine wunderbaren und schmerzhaften Seiten und ist voller Herausforderungen und Geschenke. Wenn diese angenommen werden, erfüllt sich die Liebe.

In langfristigen Liebesverbindungen ist es äußerst hilfreich, wenn für beide die innere Ausrichtung auf das Höchste an erster Stelle steht oder sich dorthin entwickelt. Dann hat eine Partnerschaft einen soliden Boden, auf dem alle Lernschritte, zu denen immer auch Auseinandersetzungen, Konflikte und zahlreiche Herausforderungen gehören können, gemeistert werden.

Fehlt jedoch diese geistige Verbundenheit, so kann sich das, was anfangs als Anziehung und Liebe erlebt wurde, irgendwann in ein Schlachtfeld verwandeln oder in ein dumpfes unlebendiges Nebeneinander münden. Nur mit einer gemeinsam vorhandenen oder gefundenen Ausrichtung kann sich eine Ehe oder Partnerschaft über lange Zeiträume hinweg lebendig, kreativ und erfüllend entwickeln.

Ist eine solche Gemeinsamkeit vorhanden, stellen sich in allen menschlichen Bereichen erstaunliche Lösungen und Entwicklungen ein. Auch hier gilt das Bibelwort: „Trachtet am ersten nach dem Königreich Gottes, dann wird euch auch dies alles gegeben." Für die meisten von uns führt der Weg dorthin auch durch harte Prüfungen und erschreckende Todeszonen, in denen der innere Halt nicht beim anderen gesucht werden kann. Er muss tief in uns selbst gefunden werden. Verliebte sind daher noch keine Liebende, denn in der Regel müssen nach den Flitterwochen erst andere Lektionen bewältigt und verstanden werden. Die bedingungsfreie Liebe verlangt von den meisten Menschen erst einmal in ein tiefes Einlassen auf die menschliche Liebe mit allen ihren herausfordernden Lernprozessen.

Die Vorstellung, dass sich die Liebenden in einer glücklichen Partnerschaft so verhalten sollten wie jene sich synchron bewegenden Eiskunstläufer, ist natürlich eine Illusion. Ein solcher Gleichklang lässt sich im alltäglichen Miteinander unmöglich umsetzen. Vielmehr gilt es hier, die

Fähigkeit zu entwickeln, dem anderen nahe zu sein, ohne den eigenen Raum zu vernachlässigen. Zu einer echten Nähe gehört auch die Möglichkeit, sich aus dem alltäglichen Miteinander zu lösen, um einen eigenen Raum von Rückzug und Stille aufzusuchen. Wenn wir uns in bestimmten Situationen nicht auch abgrenzen können, werden wir zwar ganz in einer Beziehung aufgehen, haben dann aber oft das Gefühl, uns selbst zu verlieren. Dies kann sich zur Vorstellung steigern, vom anderen vereinnahmt oder gar verschlungen und missbraucht zu werden. Ein solches Erleben taucht vor allem dann auf, wenn wir entsprechende Verletzungen mit unseren Eltern oder anderen, wichtigen Bezugspersonen erfahren haben.

Verschmelzung und Symbiose sind lediglich Zerrbilder wahrer Einheit. Sie münden über kurz oder lang in Abhängigkeit, Selbstaufgabe und Aufopferung. Die meisten Menschen tragen ihre unerfüllten kindlichen Bedürfnisse in ihre Beziehungen und verlangen vom Partner, diese endlich zu erfüllen: *„Ich erwarte von dir, dass du mich voll und ganz annimmst, so wie ich bin. Gib mir bitte ein Gefühl von Sicherheit und Identität! Ich erwarte, dass du für mich da bist, wenn es mir nicht gut geht! Erfülle mir möglichst alle meine Bedürfnisse! Erst dann kann ich mich dir anvertrauen und öffnen."* Dies zeigt den unreifen Versuch, in einer Paarbeziehung einen Schutzraum zu suchen, um sich vor den Herausforderungen des eigenen Weges abzusichern. Damit ist aber der Sinn verfehlt, gemeinsam mit einem geliebten Menschen zu wachsen und zu reifen.

Lieben lernen beginnt daher nach der Verliebtheit, nämlich dann, wenn zwei Menschen sich bewusst entscheiden, den gemeinsamen Weg verbindlich zu gehen. Früher oder später sind beide ernsthaft herausgefordert oder kommen mitunter sogar an einen toten Punkt. Wenn das Paar nicht mehr auf Wolke sieben schwebt, besteht für beide die Aufforderung und Chance zur vertieften Selbstbegegnung. Nur dadurch wird sich die Fähigkeit, wahrhaft zu lieben und miteinander zu wachsen, mehr und mehr entfalten.

Wahres Eins-Sein

Wahre Nähe fühlt sich nicht immer nur kuschelig und wohlig an. Stattdessen fordert sie uns in jeder Hinsicht heraus und kann uns zutiefst verunsichern. Daher wird verständlich, warum so viele davor zurückschrecken und Angst haben, ihre Eigenständigkeit und Freiheit zu verlieren. Im Bewusstsein unserer essenziellen Einheit mit uns selbst und dem Leben werden wir fähig, uns tief auf eine Liebesverbindung einzulassen, ohne uns selbst aufzugeben. Dann können wir mit der Partnerin übereinstimmen, ohne uns selbst dabei zu verlieren. In anderen Situationen können wir unterschiedliche Sichtweisen einnehmen und andere Meinungen äußern, ohne uns dabei isoliert oder gekränkt zu fühlen. Wir entscheiden uns aus innerer Freiheit, uns dem Gegenüber zuzuwenden und in Verbindung zu bleiben. Ein solcher Schritt erwächst nicht aus einem inneren Zwang nach Nähe, um dem eigenen Alleinsein zu entgehen oder die Erwartungen des anderen zu erfüllen. Vielmehr entsteht er aus echter, tiefer Zuneigung und dem Wunsch, uns selbst und den anderen immer vollständiger kennen und lieben zu lernen. Dies setzt die unerschütterliche Bereitschaft voraus, als Erstes sich selbst bedingungsfrei anzunehmen und die eigenen Erfahrungen und Empfindungen zutiefst wertzuschätzen. Wie bereits erwähnt, spiegelt die Qualität unseres Miteinanders die Art und Weise, wie wir mit uns selbst umgehen.

In Paarkonflikten steht der Einzelne oft vor der Wahl, entweder den Partner unter Druck zu setzen, sodass dieser auf Kosten der eigenen Integrität nachgibt, oder die Auseinandersetzung mit sich selbst zu wagen. Allein die letztere Option beinhaltet die Chance, in einer Liebesverbindung wirklich zu wachsen. Nach jeder Prüfung und jedem Sturm wird sich dann die Liebe und Verbundenheit weiter gefestigt haben. Doch viele Menschen ziehen leider die Auseinandersetzung mit ihrem Partner einer Begegnung mit sich selbst vor. Solange dies der Fall ist, wiederholen sich die Konflikte und Beziehungskämpfe destruktiv und fruchtlos, so, wie du es vielleicht auch selbst erlebst. Wir verschwenden nur wertvolle Lebenszeit und -energie.

Sobald wir jedoch den Schritt in die eigene Selbstbegegnung wagen und die Erfüllung unserer Defizite nicht länger vom anderen abhängig machen, kann die liebende Verbindung zu einem segensreichen Weg werden. Zu einem wahren Verbunden-Sein gehört nicht nur die Verbindung zu einem Partner, sondern vor allem die Verbindung zu sich selbst. Wir dürfen in einer Partnerschaft nicht aufhören, den tiefen Kontakt mit unserer Innenwelt zu pflegen, auch wenn wir oftmals versucht sein mögen, dies an den anderen abzugeben.

Je geringer unser Grad an echter Selbstfindung ist, desto mehr neigen wir dazu, Abhängigkeitsbeziehungen einzugehen. Wir sind dann mitunter hin- und hergerissen, ob wir mit dem Geliebten verschmelzen oder die Flucht ergreifen sollen. Sobald der Kontakt zu uns selbst gefestigt ist, können wir in unserer eigenen Mitte bleiben, während wir uns nahekommen. Wir sind dann bereit, uns zu öffnen, auch wenn es keine Garantie gibt, vom anderen wirklich gesehen, akzeptiert und verstanden zu werden. Sind wir nicht länger auf äußere Bestätigung angewiesen, hat wahre Intimität und Nähe einen sicheren Boden, auf dem sie gedeihen kann.

Emotionale Verstrickungen

Erwarten wir jedoch von unseren Partnern, dass sie uns bestätigen und die Dinge so sehen wie wir selbst, führt dies zu endlosen Auseinandersetzungen. Es entsteht immer wieder Streit darüber, was die „Tatsachen" sind oder wie etwas „wirklich" ist. Solche permanenten Diskussionen zeigen die verzweifelte Erwartung, der andere möge uns doch verstehen und annehmen. Zu fordern: *„Ich muss wissen, dass du das, was ich sage, nicht ablehnst"*, klingt nicht nach Vertrauen, sondern nach Abhängigkeit und Erpressung. Echtes Verbunden-Sein in einer Partnerschaft erwächst aus der Bestätigung, die sich jeder selbst zu geben vermag. Wir können nicht dem anderen die Aufgabe übertragen, uns ein Gefühl der Sicherheit zu vermitteln. Erst in dem Maße, wie wir es in uns selbst gefunden und gefestigt haben, sind wir zu reifer Liebe fähig.

Wer Angst hat, sich in einer Liebesverbindung zu verlieren und aufzulösen oder vom Partner vereinnahmt zu werden, ist aufgefordert, an der Festigung seiner eigenen Identität zu arbeiten. Er braucht die Entwicklung eines sicheren Gefühls für sich selbst und die eigenen Grenzen. Er wird rufen *Lass mir meine Freiheit!"* oder *Ich brauche meinen Freiraum!"* und sich, um seine Identität besorgt, in sein Schneckenhaus zurückziehen. Ein solcher Mensch darf lernen, sich für Nähe und Intensität zu öffnen, ohne sich selbst darin zu verlieren.

Auf der anderen Seite zeigt sich die Fähigkeit zu echtem Verbunden-Sein auch darin, dass das eigene Selbst(wert)gefühl nicht zusammenbricht, wenn der Partner abwesend ist, andere Interessen verfolgt oder sich anderen Aufgaben oder Menschen zuwendet. Ansonsten kann es vorkommen, dass derart unsichere Menschen den Partner vor die unmögliche Wahl stellen, sich entweder für die eigene Integrität oder das ständige Zusammensein zu entscheiden. Mit anderen Worten, ob er an sich selbst oder an der Partnerschaft festhalten will.

Je abhängiger und emotional verstrickt beide sind, desto häufiger neigen sie dazu, vom anderen eine radikale Entweder-oder-Entscheidung zu fordern: *Wenn du nicht meinen Erwartungen entsprichst und meine Bedürfnisse erfüllst, dann müssen wir uns trennen!"* Derartige Bedingungen verwandeln so manche Beziehung in ein Tal der Tränen. Gleichzeitig scheint es unmöglich, voneinander loszukommen oder sich in Ruhe lassen zu können.

Innere Freiheit

Ein in sich selbst ruhender Mensch bleibt innerlich zentriert und gleichzeitig mit dem Partner verbunden. Dies ist vor allem in den Zeiten notwendig, in denen eine Liebesverbindung durch ernsthafte Herausforderungen und Verunsicherungen geht. Menschen, die eine solche Fähigkeit entwickelt haben, erleben durchaus starke und intensive Gefühlsregungen und Anfechtungen. Doch sie werden nicht völlig davon beherrscht. Dadurch wird es möglich, offen und präsent zu bleiben, ohne zu befürchten, vom anderen emotional überrollt zu werden. Diese Fähigkeiten zu entwickeln, ist ein zentraler Aspekt meiner Arbeit mit Menschen. Ich werde im Teil IV *Der Weg* noch darauf zurückkommen.

Verbunden-Sein beinhaltet einen hohen Grad an Selbstbestimmung und innerer Freiheit. Dies ist keineswegs mit Egoismus im Sinne von Selbstsucht gleichzusetzen. In einer Partnerschaft von Liebenden kann es nicht ständig darum gehen, den eigenen Interessen immer höchste Priorität zu geben. In manchen Situationen erweist es sich als richtig, die Wünsche des Partners zu berücksichtigen, selbst wenn dies auf Kosten eigener Ziele und Vorlieben geht. Wenn wir uns, geleitet von innerer Stimmigkeit, bewusst dafür entscheiden, stellt sich kein Gefühl ein, wir würden uns sklavisch den Bedürfnissen des anderen unterordnen.

Jeder Mensch ist ein eigenständiges Wesen. Dies gilt für uns ebenso wie für diejenigen, mit denen wir in Liebe verbunden sind. Was unsere Lebensgefährten sich wünschen, hat für uns den gleichen Wert wie das, was wir wollen. Ihre Interessen stehen auf der gleichen Stufe wie unsere eigenen. Wir können in unserer Entwicklung voranschreiten und *zugleich* das Glück und Wohlergehen der Menschen, die uns nahestehen, im Blick behalten. Wenn wir aus innerer Anteilnahme heraus zeitweilig unsere persönlichen Bedürfnisse zurückstellen, kann dies unsere innere Wahrheit stärken und unsere Liebesfähigkeit wachsen lassen.

Mut zum Risiko

Mit einem geliebten Menschen innig verbunden zu sein, löst keineswegs wie von selbst alle Schwierigkeiten in der Liebe, der Sexualität und dem täglichen Miteinander. Es kann und wird uns kostbare innere Räume erschließen, aber glücklich machen kann ein anderer uns nicht. *Glück ist die innerste Essenz unserer Wesensnatur.* Liebe und Verbundenheit können zu einem gemeinsamen Weg werden, doch gehen muss ihn jeder selbst.

Liebevolle Nähe bedeutet nicht nur Harmonie und Freude. Sie bringt auch Auseinandersetzungen und schmerzliche Erfahrungen mit sich. Doch die Ausrichtung von bedingungsfrei Liebenden auf den gemeinsamen Weg in die All-Einheit befähigt sie, die Intensität von Liebe und Begegnung mit ihren Höhen und Tiefen anzunehmen. Sie werden immer wieder einen tiefen Sinn hinter den Schmerz auslösenden Situationen entdecken.

In herausfordernden Momenten entscheiden sie sich, ganz bei sich zu bleiben, sich selbst zu spüren und wenn nötig auch abzugrenzen, ohne sich zu verschließen. Auch können sie dann spüren, was es braucht, um heilende Nähe herzustellen oder was der stimmige Abstand ist, den es vorübergehend braucht. Dadurch entsteht Raum für ein echtes Miteinander und eine Atmosphäre von Vertrauen und Offenheit. Wir erkennen, dass eine stimmige und klare Abgrenzung uns nicht wirklich vom anderen entfernt. Tatsächlich kommen wir uns durch diesen Ausdruck von Ehrlichkeit immer näher und entwickeln Klarheit in der Wahrnehmung unserer selbst.

Sich ehrlich zu zeigen, ist immer riskant. Doch für eine echte Liebesverbindung ist es förderlich, wenn wir uns unseren Partnern mit dem mitteilen, was uns bewegt. Natürlich will niemand missverstanden oder zurückgewiesen werden. Doch genau dies müssen wir mitunter riskieren, wenn wir uns vollständig angenommen, geborgen und frei fühlen wollen. Es ist an der Zeit, uns dem anderen so zu zeigen, wie wir sind und empfinden, wenn wir echte Nähe und Intimität erleben wollen.

Unsere Körperformen sind vergänglich. Eines Tages werden wir nicht mehr auf diese Weise zusammen sein. Dann zählt, ob wir uns wirklich erkannt haben und begegnet sind.

Die zunehmende Verletzlichkeit, die entsteht, wenn unsere Partner für uns wirklich wichtig werden, kann Nähe und Intimität sehr beängstigend machen. Wahrhaft zu lieben erfordert großen Mut. Offenheit und Hingabe kann stärkend und erfüllend, aber auch beunruhigend und verunsichernd sein. Intensive Nähe löst oft alles andere als Gefühle von Wärme, Sicherheit und Geborgenheit aus.

Doch der Mut zu diesem Risiko bildet die Grundlage für eine echte und dauerhafte Liebesverbindung. Vielleicht sollte jedes Paar, das sich für einen gemeinsamen, verbindlichen Weg oder sogar zu einer Heirat entschließt, dem gegenseitigen Versprechen zwei Sätze hinzufügen: *„Ich werde immer Halt in mir selbst suchen und finden. Und obwohl ich damit rechne, dass alte Verletzungen in mir ausgelöst werden, will ich um der Liebe willen mit dir gemeinsam den Weg in das Licht der göttlichen Einheit weitergehen.“*

Einladung

Stelle dir im Umgang mit deinem Partner ab und zu die folgenden Fragen:

· *Was kommt aus der Angst?*
· *Was kommt aus der Liebe?*

Bedingungen und Erwartungen kommen immer aus der Angst. Wahre Liebe ist frei von Bedingungen. Nur eine solche Liebesqualität kann dich wahrhaft erfüllen!

Spüre einmal, ob du deinem Liebsten folgende Aussagen aus ganzem Herzen schenken kannst und willst:

· *Du bist in meiner Liebe.*
· *Ich erfreue mich an dir.*
· *Ich will dich, so wie du bist.*

· *Ich öffne und schenke mich dir grenzenlos, ohne Erwartungen und Bedingungen.*
· *Ich erlebe mich geborgen in unserer Liebe und fühle mich wohl mit dir.*
· *Du bist ein Geschenk für mich.*
· *Ich vertraue mich unserer göttlichen Führung an.*

· *Ich möchte dir ganz nah sein und mit dir Einheit erfahren.*
· *Ich genieße es, mit dir tiefe Nähe und innige Verbundenheit zu erleben.*
· *Wenn wir uns loslassen, um uns den täglichen Aufgaben zu widmen, wird das Band unserer Liebe uns ständig verbunden halten.*

Dann spüre in dich hinein und lasse gerne noch weitere Sätze auftauchen, die du deiner Liebsten schenken möchtest.

Kapitel 8: Einheit befreit

»Das Wichtigste, das es bezüglich Beziehungen zu erkennen gibt, ist, dass es immer nur um dich geht und nie um den anderen.«

Daniel Ackermann

Unsere Liebesverbindungen zu den uns nahestehenden Menschen sind dazu da, um Trennung zu überwinden und aufzulösen. Gleichzeitig sind sie für uns wahre Prüfsteine und bringen oft große Herausforderungen und Wachstumsprozesse mit sich. Dies beginnt mit unseren familiären Beziehungen zu unseren Eltern, Kindern und Geschwistern, erstreckt sich weiter über wichtige Personen in Beruf und Freundeskreis und findet seinen wohl intensivsten Ausdruck in unseren verbindlichen Partnerschaften.

In welchem Ausmaß sind wir fähig, im Zusammensein mit unseren Liebsten die zu sein, die wir wirklich sind? Sind wir in der Lage, im Kontakt mit ihnen ganz bei uns zu bleiben? Oder geben wir ihnen die Macht, uns durch Worte oder ihr Verhalten aus unserer Mitte zu werfen? Wir alle wissen aus eigener Erfahrung, dass dies sehr schnell geschehen kann. Und das umso mehr, je näher und intimer wir miteinander verbunden sind.

Auf dem Weg des Liebenlernens geht es letztlich darum, die Illusion der Getrenntheit in die Wirklichkeit des Eins-Seins zu verwandeln. Liebes-erotische Verbindungen haben dabei ein großes Potenzial, weil sie uns in der Regel auch am meisten herausfordern. Je intimer wir uns näher kommen, desto umfassender sind wir füreinander ein Spiegel. Dabei kommen auch die verdrängten Schatten und ungeheilten Wunden mitunter schmerzhaft ans Licht. Liebende können sich leicht gegenseitig aus der Mitte werfen, sich Energie abziehen und sich emotional verstricken.

Liebe schont nicht

Solange wir auf der Suche nach dem sind, was uns fehlt und woran es uns mangelt, ziehen wir auch entsprechende Menschen in unser Leben. Sie werden uns immer wieder unsere Unvollständigkeit spiegeln und uns unsere Defizite schmerzhaft bewusst machen. Dies sind wertvolle Geschenke für unser Wachstum. Durch die uns nahestehenden Menschen kann unser inneres Ungleichgewicht aufgedeckt und erfahren werden. Sie machen uns bewusst, was in uns auf Heilung und Befreiung wartet. Daher ist jede Verbindung, die wir aufgrund von Mangel und Bedürftigkeit eingehen, zunächst ihrem Wesen nach eine unfreie, gebundene Beziehung. Doch sie trägt in sich das Potenzial, uns ein weiteres Stück in die Befreiung zu führen.

Es ist der Glaube an unsere innere Unvollständigkeit, die uns an andere bindet, egal ob wir uns von ihnen angezogen oder abgestoßen fühlen. Nicht unsere Geliebten *erzeugen* diese Emotionen. Sie schlummern bereits in uns. Andere Menschen sind lediglich die Auslöser. Alles, was wir in anderen sehen oder was diese in uns berühren, tragen wir bereits in uns – und zwar ohne Ausnahme. Gäbe es keine Widerstände gegen unsere inneren Wunden und Defizite, könnte niemand uns jemals emotional verletzen oder erpressen. Dann würden wir alle Empfindungen und Emotionen bereitwillig fühlen und erleben. Wir würden die Energie frei durch uns hindurch fließen lassen. All das würde sich höchst lebendig zeigen und nach gewisser Zeit wieder verebben, ganz gleich, ob es angenehm, schmerzhaft oder lustvoll ist.

Gefühle, die wir abwehren, schließen wir energetisch in unserem Körper ein. Wenn dies über längere Zeit stattfindet, beeinträchtigt es unsere Liebesfähigkeit und Gesundheit. Doch jede Liebesverbindung ist eine Einladung, die Befreiungsarbeit, die unsere Seelen sich vorgenommen haben, auf eine höchst lohnende Weise anzunehmen und zu vertiefen. In der Liebe sind wir zutiefst verletzlich. Oftmals versuchen wir, dies vor uns selbst und unseren Geliebten zu verbergen. Doch das schafft nur Distanz und kann auf Dauer die Herzlichkeit erkalten lassen. Denn sobald wir versuchen, uns zu schützen, verlieren wir den Kontakt und die Nähe zu uns selbst und den Menschen. Es ist, als seien wir durch eine unsichtbare Wand von der Offenheit, Schönheit und Wärme einer Herzensverbindung getrennt. Solange wir daran glauben, unsere Schwäche, Unsicherheit und Verletzlichkeit verbergen zu müssen, zweifeln wir noch an der Kraft und Tiefe unserer eigenen Liebesfähigkeit.

Es ist sehr wichtig zu begreifen, dass unsere Geliebten uns nicht verletzen können, sobald wir bereit sind zu fühlen, was durch sie in uns berührt wird. Diese Einsicht befreit uns auch von der Angst, sie durch *unser* Verhalten zu verletzen. Weil diese Angst in der Regel noch größer ist als die Furcht, selbst verletzt zu werden, halten wir uns im Umgang miteinander oft zurück. Wir werden vorsichtig, beginnen zu taktieren und verleugnen unser inneres Erleben. Doch wenn wir den Mut haben, ehrlich zu sein und uns dem Partner mit dem, was wir sind und empfinden, zuzumuten, können wir in der Tat bei ihm schmerzhafte Emotionen auslösen.

Warum versuchen wir dies in der Regel zu vermeiden, anstatt allem in uns und dem uns nahestehenden Menschen bereitwillig zu begegnen? Es ist nicht wirklich Liebe, die den anderen schonen will, sondern, wenn wir ehrlich sind und genau hinschauen, vielmehr Abhängigkeit. Wir glauben, die Nähe, Zuneigung oder Anerkennung unserer Geliebten zu brauchen. Daher befürchten wir, ihre inneren Wunden zu aktivieren. Uns beherrscht die Angst, sie könnten uns ihre Liebe entziehen und sich von uns abwenden.

Hinter unserer gut gemeinten Rücksicht auf die Gefühle anderer Menschen verbirgt sich oft die Angst vor ihren emotionalen Reaktionen.

Solange wir unseren eigenen dunklen Gefühlen noch nicht in der Tiefe begegnet sind, wird es uns auch schwerfallen, mit denen der anderen offen und präsent zu bleiben. Vor allem auch dann, wenn diese durch uns ausgelöst werden. Wir fühlen uns schuldig, sind verunsichert und versuchen, uns zu rechtfertigen. Dadurch geraten wir in einen Teufelskreis. Anstelle von Nähe und Intimität wächst Bindung und Unfreiheit. Jede Form von Bindung beinhaltet auch Unfreiheit. Das Symbol für Bindung ist ein geschlossener Kreis, aus dem man nicht entkommen kann. Ein Schwarzmagier zieht um sich und seinen Jünger einen Bannkreis, mit dem die totale Gebundenheit und Abhängigkeit besiegelt wird.

Eine ganz andere Qualität haben die Begriffe Verbindung oder Verbunden-Sein. Ihr Symbol ist eine liegende Acht, auch als Unendlichkeitszeichen oder Lemniskate bekannt. Ein Weißer Magier bindet niemanden an sich, sondern zieht energetisch die eine Schlaufe der Lemniskate um sich selbst und die andere um seinen Schüler. So bleiben der eigene Raum und die Integrität aller Beteiligten jederzeit unangetastet. Gleichzeitig besteht eine ständige Verbindung aus Liebe und Freiheit. Genau dies braucht es auch in unserem Verhältnis zu allen uns nahestehenden Menschen.

In einer Partnerschaft haben wir grundsätzlich die Wahl zwischen einer gebundenen Abhängigkeitsbeziehung oder einer grenzenlosen Verbundenheit in Liebe und Freiheit. Im Bewusstsein der Trennung sind Erstere die Regel und werden als die gewollte, gesellschaftlich anerkannte Norm betrachtet. Manche Psychologen bezeichnen Bindungsangst sogar als psychische Beeinträchtigung und versuchen, Menschen „bindungsfähig" zu machen. In Wirklichkeit ist „Bindungsangst" ein höchst gesunder Impuls, der intuitiv die Täuschung erfasst, die Bindung mit Liebe verwechselt.

Stattdessen wäre es sinnvoll, die vorhandenen Ängste vor Nähe und einem tiefen Einlassen zu untersuchen und zu befreien. Denn jede Angst vor Nähe und einem vertrauensvollen Einlassen auf innige Herzensliebe zeigt einen mangelnden Selbstkontakt. Wer sich selbst nicht vertraut und sich nicht seinen eigenen Empfindungen und Gefühlen öffnen kann, wird mit Panik reagieren, wenn sich intensive Nähe in einer Liebesbegegnung einstellt. Verbindlichkeit braucht keine unfreie Bindung. Sie erwächst aus einer natürlichen Verbundenheit, die jeden Tag aufs Neue freiwillig und freudig vertieft wird. Dies beinhaltet die immer wieder neue, freie Entscheidung der Liebenden, sich auf den gemeinsamen Weg auszurichten und einzulassen.

Abhängigkeitsbeziehungen erwachsen aus innerem Mangel und Selbsttäuschung. Deshalb funktionieren sie (zum Glück) auch nicht wirklich. Das erschütternde Erkennen des Unechten lässt die Menschen aufbrechen und nach dem suchen, was sich zutiefst wahr, echt und stimmig anfühlt. Darin liegt ein gigantisches, äußerst wertvolles Entwicklungspotenzial, auch wenn dieses sich oftmals unter größten Schmerzen und leidvollen Erfahrungen entfaltet. Die eigene Vollständigkeit zu erschließen, ist in der Tat kein Kinderspiel. Es braucht großen Mut, unerschütterliche Bereitschaft und eine klare Ausrichtung auf die Wirklichkeit der essenziellen Einheit. Die Verlockung, das so schmerzlich Vermisste doch wieder beim Anderen zu suchen, ist riesig. Die kollektive Trance gesellschaftlicher Normen und Überzeugungen bietet uns hier keine wahre Unterstützung.

Die Suche nach Vollständigkeit und Erfüllung im Außen bei unseren Geliebten muss ihrem Wesen nach immer wieder enttäuscht werden. Denn in all diesen vergeblichen Bemühungen vergeuden Menschen ihre wertvolle Lebenskraft und verstricken sich in unermessliches Leid. Es scheint so, als ob menschliche Entwicklung in der Regel ein gewisses Maß an Leiden erfahren muss, bevor sie reif wird für den Quantensprung in die befreiende Wirklichkeit des Eins-Seins, die Schuld und Angst als Illusionen entlarvt. Das Licht dieser Wahrheit befreit uns und macht uns stark.

Die größten Herausforderungen und Geschenke

Es ist Angst, die jede Form von Bindung, Abhängigkeit und Unfreiheit verursacht und aufrechterhält. Und es ist die Liebe, ihr Gegenpol, die uns befreit und vereint. In Partnerschaften, die auf das Bewusstsein der Einheit ausgerichtet sind, versuchen die Liebenden nicht, sich gegenseitig zu binden. Vielmehr wird der gemeinsame Weg, für den sich beide entscheiden, all das befreien, was in jedem Einzelnen noch gebunden und unerlöst ist.

Das größte Geschenk, das sich wahrhaft Liebende machen können, besteht darin, sich verbindlich einzulassen und sich bedingungsfrei anzunehmen. Gleichzeitig unterstützen sich die Partner gegenseitig, ganz sie selbst zu sein. Sie nehmen das Geschenk ihrer beglückenden Verbindung an und weihen es der Liebe selbst. Sich in diesem Sinne von Bindung zu befreien, bedeutet natürlich nicht, den Geliebten zu verlieren oder loswerden zu wollen. Es bedeutet vielmehr, alles, was wir an unseren Partnern bewundern oder ablehnen, auch in uns selbst aufzusuchen und zu umarmen. Wir erkennen es als Aspekte unserer selbst und nehmen sie zu uns zurück. All das, was wir glauben, nicht selbst zu haben und es deshalb auf den anderen projizieren, können wir dann in uns selbst entdecken und entwickeln.

Die emotionalen, körperlichen und materiellen Unfreiheiten, Verhaftungen und Blockaden können zu Beginn eines gemeinsamen Weges durchaus mächtig und vielschichtig sein. Alles, was noch nicht wirklich erlöst und in der Liebe ist, wird unaufhaltsam an die Oberfläche drängen. Es braucht vollkommene Selbstverantwortung sowie große Klarheit und Entschlossenheit, um die auf Trennung basierende Abhängigkeitsbeziehung in eine Partnerschaft essenzieller Verbundenheit zu verwandeln.

Es erleichtert den gemeinsamen Weg, wenn beide Partner immer wieder die volle Verantwortung übernehmen, sowohl für ihre eigene Erfüllung als auch für alles, was aus den inneren Schatten aufbrechen mag. Dann können sich Liebende wahrhaft erkennen und annehmen. Sie werden sich eingebettet in einem größeren Ganzen und in bedingungsfreier Liebe grenzenlos vereint erleben. Wenn Menschen einer intensiven Anziehung folgen und sich nahekommen, ist es ganz natürlich, dass zu Beginn starke – sowohl angenehme als auch verunsichernde – Gefühle ausgelöst werden. Sich der Liebe zu öffnen, sie zu fühlen und auszudrücken, ist für uns einfach das Wichtigste, Höchste und Kostbarste in dieser Welt. Und gleichzeitig warten hier auch unsere ungeheilten Wunden darauf, endlich gefühlt und in Liebe umarmt zu werden.

Wie ich in meinen beiden ersten „Einweihungen" geschildert habe, sind die Menschen, in die wir uns verlieben, immer auch diejenigen, die uns am meisten aus unserer Mitte werfen können. Sie decken unsere innere Unvollständigkeit am schmerzhaftesten auf. Wenn wir uns vollständig, wach und offen auf die Begegnung mit ihnen einlassen, besteht die Chance für einen Entwicklungssprung.

Liebe ist unsere wahre Natur. Sie ist ein Seins-Zustand, ein offener, weiter, ja grenzenloser Raum der Einheit mit uns selbst und allem. Auf diese Qualität bedingungsfreier Liebe ausgerichtet zu sein bedeutet, uns selbst und den anderen genauso anzunehmen, wie wir sind. Dann erleben wir Liebe als die göttliche Wirklichkeit, die uns immer schützt, nährt und trägt. Sie ist frei von Erwartungen und Bedingungen, weit mehr als nur ein Gefühl. Liebe ist ein kraftvoller und unverletzbarer Ausdruck von dem, was wir wahrhaft SIND.

Die Quelle jeden Glücks und jeder Freude, von wahrer Liebe und Erfüllung, befindet sich in uns. Diese grundlegende Wahrheit als eine ständige Wirklichkeit zu leben, ist eines der größten Geschenke, das jeder Mensch früher oder später auf seinem besonderen Weg empfangen und weitergeben kann. Für unser Menschsein bedeutet dies eine sich endlos weiter ausdehnende Entwicklung.

Bewusst gewähltes Zusammensein

Eines der wundervollsten Geschenke in einer Liebesverbindung besteht in der Ganzwerdung und Befreiung beider Partner. Dazu braucht es die Bereitschaft zu tiefer Selbstbegegnung. Sobald jeder Partner volle Selbstverantwortung übernimmt, sind das eigene Glück sowie die Qualität des Miteinanders auch nicht länger vom Anderen abhängig. Alle Versuche, ihn anzugreifen oder verändern zu wollen, erscheinen absurd und lächerlich. Dies zu erkennen ist unglaublich erleichternd! Wenn der Partner und die Beziehung sein dürfen, so wie sie sind, ist die wahre „Beziehungsarbeit" (mit sich selbst) vollbracht. Es macht keinen Sinn, jemanden zu verurteilen oder verändern zu wollen, den wir aufgrund unserer eigenen Unvollständigkeit in unser Leben gezogen haben. Stattdessen geht es darum, jene Bereiche in uns selbst zu vervollständigen und in Ordnung zu bringen, die wir in ihm als unserem Spiegel erkennen. Solange wir miteinander verwickelt sind, werden wir immer glauben, etwas beim anderen zu sehen, was dieser verändern sollte. Doch aus echter Selbstverantwortung erwächst die Bereitschaft, sich seiner eigenen Ganzwerdung zu widmen. Wenn jeder darauf ausgerichtet ist, sich selbst bedingungsfrei anzunehmen und zu vervollständigen, können der innere Mangel und andere vermeintliche Defizite wahrgenommen, gefühlt, umarmt und letztlich zutiefst losgelassen und übergeben werden. Dann entsteht Raum für all die wunderbaren Geschenke, die sich im bewusst gewählten Zusammensein einstellen werden.

In diesem Raum erwacht die Weisheit unserer Herzen, die uns auf dem Weg der Liebe führt und schützt. Das höchste Potenzial einer Liebesverbindung zeigt sich unmittelbar, wenn nichts im Außen verändert, verbessert oder bearbeitet werden muss. Das Miteinander, das uns das Leben gewährt, darf dann einfach so sein, wie es ist. Uns erfüllt immer wieder neu tiefe Dankbarkeit für dieses kostbare Geschenk des Lebens. Eine befreite Liebesverbindung entsteht in der Regel nicht durch harte

„Beziehungsarbeit" und anstrengende Verbesserungsversuche. Sie entfaltet sich vielmehr dadurch, dass man sich selbst und die Partnerin bedingungsfrei annimmt und sich auf diese Weise einander zurückschenkt. Alsbald wird der lichtvolle Wesenskern in den wahrhaft Liebenden erblühen und sichtbar werden.

Die Befreiung einer gebundenen Beziehung führt entweder zu einem friedvollen Auseinandergehen oder zu dem höchsten Potenzial der Liebe im Menschsein: zur Erfahrung essenziellen Eins-Seins in verbindlicher, freudvoller Gemeinsamkeit. Nicht die Zeitdauer, sondern vor allem die Qualität befreiter Liebe macht eine bewusst gewählte Partnerschaft zu einem der schönsten und kostbarsten Geschenke in unserem Menschsein. Die Nähe und Intensität, die entsteht, wenn Liebende sich erkennen und vorbehaltlos begegnen, ist immer wieder neu ein Stück Himmel auf Erden. Die Bereitschaft, sich kompromisslos auf die eigene Vollständigkeit und Ganzheit auszurichten, befreit nicht nur den Einzelnen sondern auch das Miteinander.

Dieses Verbunden-Sein mit sich selbst und dem Geliebten, können wir als Liebe im Bewusstsein der Einheit bezeichnen. Es stellt sich in der Regel nicht von heute auf morgen ein und ist auch kein bequemes Unterfangen. Es krönt einen gemeinsamen Weg von bereitwilliger Hingabe, vertrauensvollem Einlassen und frei gewählter Verbindlichkeit in der stets neuen Begegnung mit sich selbst und dem Geliebten. Während wir dieses unermessliche Geschenk immer wieder neu dem Göttlichen weihen, wird uns in der Tiefe bewusst, was es bedeutet, Liebe zu *sein*. Bei allen Herausforderungen, die immer auch Teil unseres Menschseins sein werden, bleiben wir auf unser wirkliches Selbst, auf unseren göttlichen Wesenskern ausgerichtet. Wir entscheiden uns dafür, weder am anderen noch an der Beziehung zu arbeiten, sondern stattdessen uns selbst wahrhaftig in der Tiefe zu begegnen. Der gemeinsame Weg entfaltet sich dann buchstäblich wundervoll.

In der Liebe dem Göttlichen begegnen

Sobald Liebende sich auf essenzielle Weise begegnen, entsteht eine kraftvolle Präsenz voller Intensität, Klarheit und Begeisterung. Gleichzeitig bemerken wir, dass wir in dieser Offenheit auch immer berührbarer und verletzlicher werden. Ganz unerwartet kann sich in neuer Tiefe die Angst zeigen, den so wichtig gewordenen Lebenspartner doch wieder zu verlieren. Aus dieser Angst heraus könnten wir glauben, der Partner sei für unser Leben so wichtig, dass wir ohne ihn nie mehr glücklich sein können. Solche Gedanken und Gefühle sind zutiefst menschlich und ihre Bewusstwerdung ist für unsere Befreiung sehr wichtig. Wir können sie einfach willkommen heißen. Uns mit ihnen zu zeigen, ist ein Zeichen großen Vertrauens. Wir werden dann zunehmend bereit, uns von ihnen in unsere eigene Tiefe führen lassen.

In dieser vertieften Selbstbegegnung stoßen wir wahrscheinlich früher oder später auf die größte und letzte Angst, die Angst vor wahrer, vollkommener Liebe und Einheit. Unser begrenztes, von Schuld und Angst beeinflusstes Ich-Gefühl fühlt sich angesichts dieser Ehrfurcht gebietenden Größe, Kraft und Freiheit bedroht. Dies kann als so grenzenlos und überwältigend erlebt werden, dass unsere Persönlichkeit sich äußerst bedroht fühlt, weil der Verstand es weder einordnen noch kontrollieren kann. Hier wird durch die Öffnung für Liebe eine entgrenzende Kraft freigesetzt, die unsere persönlichen Begrenzungen aufbricht und verwandelt. Dies befreit uns auch von dem unterschwelligen Glauben an ihre eigene Unwürdigkeit und Kleinheit.

Wir sind eingeladen, uns dem Wirken dieser allgegenwärtigen Kraft anzuvertrauen. Dabei unterstützt uns die innere Gewissheit, dass der gemeinsame Weg sowie alle Bereiche unseres Lebens in IHR enthalten und von IHR geführt und geschützt sind. Wirklich alles, was mit dieser wundervollen Wirklichkeit noch nicht übereinstimmt, muss schließlich dieser Liebesmacht dargebracht werden. Alles, was wir zu verbergen versuchen, wird sie ans Licht bringen. Diese größte und letzte Angst vor dem vollständigen Eins-Sein ist gleichzeitig die Angst vor dem Licht unseres wahren Wesens, vor unserer wahren Größe und Göttlichkeit. Wenn Liebende dies nicht durchschauen, kann es sie in letzter Konsequenz daran hindern, sich weiter miteinander zu entwickeln und Einheit zu erleben.

Viele steigen daher – in der Regel unbewusst – an einem gewissen Punkt von Nähe und Intensität aus. Die Angst vor der Unermesslichkeit und alles verwandelnden Kraft der Liebe hindert sie daran, sich noch umfassender und verbindlicher aufeinander einzulassen. Das Miteinander wird dann auf einem möglichst angenehmen, berechen- und kontrollierbaren Level gehalten.

Auf dem Weg in die Einheit lässt sich nicht vermeiden, dass Liebende sich gegenseitig ihre tiefsten Ängste, Unvollständigkeiten und Defizite sichtbar machen. Dies ist nichts Bedauerliches. Vielmehr gehört es zu den größten Geschenken der Liebe. Sie können als Prüfsteine und Gelegenheiten zu wunderbaren Wachstumsschritten genutzt werden, sofern beide gelernt haben, selbstverantwortlich zu bleiben und weder sich selbst noch den Geliebten anzugreifen oder zurückzustoßen.

Indem wir uns den auftauchenden, dunklen Gefühlen und Ängsten stellen und ihnen bewusst begegnen, führen sie uns jedes Mal ein Stück weiter zu uns selbst. Es wird uns immer öfter möglich, voll und ganz in unserer eigenen Mitte zu bleiben. Die Wellen von Angst, Verunsicherung, Verwirrung, Trauer, Wut und Hilflosigkeit können dann zunehmend frei von Widerstand durch uns hindurchfließen und der göttlichen Liebe und Vergebung anvertraut werden. Dies alles ist Teil der Transformation und Befreiung uralter, im Zellgedächtnis gespeicherter Erinnerungen. Indem wir alles, was auftaucht, in Liebe umarmen und dem Göttlichen übergeben, finden wir tiefer zu uns selbst. Jede Prägung und jede Wunde, jeder

Schmerz und jede Angst wird früher oder später mit der Kraft bedingungsfreier Liebe vollständig geheilt und befreit. Das Licht unseres wahren Wesens beginnt immer kraftvoller in uns zu wirken und immer heller durch uns auszustrahlen.

Sobald wir die Täuschung der Trennung mit ihrem Glauben an Schuld, Angst und Gewalt durchschauen, werden wir von allem befreit, was uns klein gehalten und gebunden hat. In diesem zunehmenden Freiwerden von uns selbst können wir unseren Liebsten immer vollständiger begegnen. Die Verbundenheit erreicht dann eine Intimität und Offenheit, die zutiefst beglückend und erfüllend ist. Auf diesem gemeinsam gewählten Weg in die Liebe und Einheit entsteht ein beglückendes Miteinander voll innerer Freiheit. Alles darf so sein, wie es ist! Alles wird immer wieder aufs Neue voller Mitgefühl und Wertschätzung umarmt. Eins-Sein mit uns selbst und allem ist dann nicht länger nur eine schöne Idee, sondern eine erfahrene und gelebte Realität.

Einladung

Es gibt eine einfache, wundervolle Übung für alle, die sich nach bedingungsfreier Liebe sehnen und auf diesen Seins-Zustand ausgerichtet sind. Bedingungsfreie Liebe ist keine Tugend, die wir mit guter Absicht kultivieren können. Sie ist vielmehr ein Zustand oder eine Ebene unseres Bewusstseins. Wir können sie betreten, einfach indem wir darauf ausgerichtet sind und bleiben. Sie ist ein natürlicher Ausdruck unseres Eins-Seins mit uns selbst und dem ganzen Leben.

Nimm dir Zeit, dich nach innen zu wenden. Verbinde dich bewusst mit dem Fluss deines Atems und der Wahrnehmung deines Körpers. Wenn du dich gut in Kontakt mit dir selbst fühlst, denke – oder besser noch – sprich folgende Botschaft laut aus:

Ich liebe – frei von Bedingungen!

Was kommt dir dazu in den Sinn? Was taucht auf?

Lasse dich darauf ein, indem du dein Bewusstsein ausdehnst. Atme tief und weit und wiederhole ganz präsent diese Aussage. Vertiefe und erweitere die Erfahrung immer mehr, indem du das, was sich dir zeigt, in deine Bereitschaft aufnimmst, bedingungsfrei zu lieben ...

Bedingungsfreie Liebe kann alles umfassen, was wir in unserem Menschsein sind und erleben, ebenso wie das, was wir essenziell SIND. Neben den Menschen deines Lebens, den äußeren Gegebenheiten, Erfahrungen und Herausforderungen hat sich hoffentlich auch der Impuls eingestellt, dir selbst und allen deinen vermeintlichen Schwächen, Ängsten und Fehlern diesen Satz zu schenken. Dies befreit dich immer mehr und schließlich dauerhaft von Selbstzweifeln und Selbstverurteilung. Sobald du lernst, dich selbst aus göttlicher Perspektive zu betrachten, kannst du in dir nur noch ein Wunder voller Schönheit, Kraft und Weisheit sehen.

Fühle dich immer wieder eingeladen, dich selbst mit allen deinen persönlichen Eigenschaften, mit deinen Stärken und Schwächen, mit all deinen Licht- und Schattenseiten bedingungsfrei in Liebe zu umarmen. Daraus ergibt sich dann fast wie von selbst die bedingungslose Annahme aller Menschen, Umstände und Ereignisse in deinem Leben. In diesem Prozess wird sich dir jetzt oder später dein essenzielles SEIN erschließen. Dies ist so großartig und berührend, dass du auch IHM deine grenzenlose Liebe schenken wirst. Und gleichzeitig erwacht auch die Liebe zum Göttlichen, zu der EINEN Kraft allen Lebens, als eine befreiende und erhebende Realität. Denn du bist in deiner Essenz immer auch eins mit dem Höchsten.

Teil IV
Der Weg

Kapitel 1: Nichts verändern wollen

„Das Einzige, was wirklich einen Unterschied macht, ist eine radikale, bedingungslose Anerkennung, Wertschätzung und Liebe – zu allererst und vor allem uns selbst gegenüber!"

Aus dem BODHI-Prinzip

Ich hatte das besondere Glück, in meinem Leben beruflich mit Menschen arbeiten zu dürfen. Es war mir schon immer eine besondere Freude, Menschen auf dem Weg ihrer Selbstfindung zu begleiten. Ich bezeichne dies als Glück in dreierlei Hinsicht. Zum einen macht diese Möglichkeit, meine Bestimmung zu erfüllen, mein Leben aus. Es ist das, was mich inspiriert und begeistert und was mir unverändert über all die vielen Jahre Freude macht. Zum anderen war es für mich ein Glück, weil es immer wieder Menschen gab, die sich genau für das interessierten, was ich mit ihnen zu teilen bereit war. Dabei handelte es sich stets um die Themen und Inhalte, die mich selbst intensiv beschäftigten und aufgrund von eigenem Betroffensein interessierten: Prozesse, durch die ich auf dem Weg meiner Selbstfindung ging und Lektionen, die ich selbst zu lernen hatte – mehr oder weniger freiwillig. Indem ich mit den Teilnehmern meine Erfahrungen und Einsichten teilte, lernte ich gleichzeitig auch Wesentliches von ihren Schritten zu sich selbst.

Und schließlich war es für mich ein großes Geschenk, so viele unterschiedliche Lebenswege und Schicksale kennenzulernen. In einer Atmosphäre des Vertrauens öffnen sich Menschen auf tief berührende Weise. Dies gab und gibt mir tiefe Einblicke in unzählige Lebensthemen und Schicksale. Es offenbart mir das große Spektrum menschlicher Entwicklung. Ich erlebe jeden einzelnen als essenziellen Teil meiner selbst. Es ist, als sei jede einzelne Lebensgeschichte ein Teil von mir, so als hätte ich alles irgendwann in der einen oder anderen Weise selbst durchlebt. Dieser Einblick in den Spiegel menschlicher Möglichkeiten hat in mir ein tiefes Verständnis und grenzenloses Mitgefühl wachsen lassen.

So ist es mir unmöglich geworden, auch nur eine einzige dieser Facetten zu verurteilen oder zurückzuweisen. Alle Menschen, mit denen ich arbeiten durfte, haben auch mich jedes Mal etwas Wertvolles gelehrt. Indem sie sich öffneten und mitteilten, haben sie mich auf den Weg in die Bedingungslosigkeit geführt. Dies hat sich bis heute fortgesetzt.

Während ich früher mit vielen unterschiedlichen Themen und Techniken gearbeitet habe, wird es heute zunehmend einfacher und erstaunlicherweise noch effektiver. Einige bewährte Methoden und Werkzeuge sind geblieben. Doch im Wesentlichen geht es immer wieder um die essenziellen Begegnungen mit sich selbst und mit dem Spiegel der Weggefährten. Die gemeinsame Ausrichtung auf die Frequenz bedingungsfreier Liebe erschafft ein wunderbares Energiefeld, in dem sich spontan echte Selbsterkenntnis, Heilung und Befreiung einstellen können. Indem wir uns gegenseitig darin unterstützen, aus den Geschichten auszusteigen, in denen wir uns gefangen fühlen, können wir miteinander den kraftvollen Raum des ewigen Jetzt betreten. Die Potenziale unseres wundervollen Seins treten an die Stelle der Ur-Wunden, die unsere menschlichen Erfahrungen so lange begrenzt und mit Leiden erfüllt haben. Lösen wir uns aus der Identifikation mit dem Illusionären, wird ein tiefes Ankommen bei UNS SELBST möglich.

Während es früher in meiner Arbeit oft darum ging, uns zu verändern und etwas zu erreichen – ein Ziel, einen Idealzustand oder gar

Erleuchtung –, ermutige ich heute die Menschen, bewusst auf jeden Versuch zu verzichten, sich selbst durch inneres Kämpfen verändern zu wollen. In vielen Büchern lesen wir: „Verändere dich selbst, dann verändert sich dein Leben." Obwohl dies auf eine Weise stimmt, ist es dennoch eine Tatsache, dass dies praktisch nur sehr selten gelingt. Jahrzehntelang habe ich versucht, mich zu verändern, mich anders haben zu wollen, als ich bin. Erst als ich diesen vergeblichen Versuch aufgab und lernte, mich zu umarmen und wertzuschätzen, so wie ich jetzt bin, veränderte sich vieles wundervoll zum Guten, wovon ich kaum mehr zu träumen gewagt hatte.

Jede Arbeit an sich selbst mit der Absicht, anders oder besser sein zu wollen, als man jetzt gerade ist, kommt aus einem offenen oder verdeckten Widerstand gegen das, was im gegenwärtigen Moment da ist und erlebt wird. Die Erfahrung hat uns immer wieder gezeigt, dass Transformation und Heilung auf diese Weise nicht geschehen können. Denn das, wogegen wir kämpfen, das, was nicht sein darf und beseitigt werden soll, bleibt uns hartnäckig erhalten. Je mehr wir dagegen mit Willenskraft ankämpfen, desto machtvoller wird es, unsere Schritte in die Freiheit zu sabotieren.

Ein geistiges Gesetz besagt: *Die Energie folgt der Aufmerksamkeit.* Mit anderen Worten: Worauf ich meinen Fokus richte, das kommt in mein Leben. Womit ich mich überwiegend beschäftige, das nimmt zu und bestimmt meine Realität. Dabei ist es egal, ob ich etwas ablehne und verändern will, oder ob ich etwas Wünschenswertes bewusst in mein Leben einlade. Wir können uns nicht selbst erkennen und finden, solange wir uns noch verändern oder anders haben wollen, als wir sind. Es ist dieser manchmal auch nur subtile Druck, unter den wir uns setzen, dieser unterschwellige Widerstand, den wir ständig nähren, der optimales Wachsen verhindert. Er sabotiert unsere Fähigkeit, uns selbst wirklich wahrzunehmen und wahrhaftig zu begegnen. Dies verzögert unnötig unsere Entwicklung und hält uns davon ab, ganz wir selbst zu sein. Solange wir uns und unsere Erfahrungen nicht bedingungsfrei annehmen lernen, können wir auch unsere höchsten Potenziale nicht wirklich entfalten.

Der Ablehnung dessen, was ist, liegt wiederum die Energie von Schuld, Angst und Gewalt als Folge der Illusion der Trennung zugrunde. Solange wir mit uns selbst uneins und im Widerstreit sind, werden wir es auch mit unseren Mitmenschen und dem ganzen Leben sein. Wir können keinen inneren Frieden finden. Aus diesem andauernden Kämpfen erwächst alles Leiden in unserem Leben und der Welt. Das Wunderbare ist, dass sich ohne Widerstand und Kampf ganz von selbst und von innen heraus eine erstaunliche Veränderung einstellt. Sie verwandelt buchstäblich alle Lebensbereiche. Diese befreiende Erfahrung machen die Teilnehmenden in meinen Seminaren immer wieder auf erstaunliche Weise. Im Prozess einer tiefen, radikalen Vergebung und Selbstannahme wird anstelle von Ur-Schuld und Ur-Angst eine Ur-Liebe freigesetzt.

Wenn sich dies bei vielen Menschen gleichzeitig geschieht, entsteht ein kraftvolles Energiefeld von bedingungsfreier Liebe. Jenseits unserer persönlichen Kontrolle vollziehen sich die Wunder der Transformation und Befreiung. Einsichten und Erkenntnisse stellen sich mit erstaunlicher Klarheit ein. Die Liebe und Weisheit unserer göttlichen Führung bekommt Raum und kann uns von innen her heilen, befreien und erfüllen. Themen, mit denen wir früher intensiv gearbeitet haben – die Heilung des Inneren Kindes, die Befreiung und Versöhnung mit den Eltern, die Aufarbeitung von Geburts- und Kindheitstraumen, die Integration unserer Schatten, Konflikte in Partnerschaften, Befreiung von Eifersucht und anderen Süchten, Öffnung für erfüllende Sexualität, Auseinandersetzung mit Loslassen und Sterben ... – werden nun ganz von selbst von der inneren Weisheit ins Bewusstsein befördert und zur Bearbeitung freigegeben. Dies vollzieht sich genau dann, wenn im Inneren etwas dafür reif ist. Die innere Weisheit und Führung bestimmt auf harmonische Weise, wann ein bestimmtes Thema oder ein Lebensbereich bereit ist, tiefgehend transformiert und erlöst zu werden.

Für diese Arbeit habe ich so genannte „Schlüssel" entwickelt. Jeder dieser Schlüssel beinhaltet einfache Schritte, mit denen der Zugang zu unserer Essenz, zu unserer inneren Quelle möglich wird. Ein Schlüssel besteht aus aufeinanderfolgenden, leicht nachvollziehbaren Schritten, mit denen sich die Teilnehmer gegenseitig begleiten. Er kann uns in direkte Erfahrungen essenziellen Seins führen. Der Raum unseres Seins ist immer in uns präsent, unberührt von unseren menschlichen Dramen und Geschichten. Unser Sein ist unser innerer göttlicher Kern. Dieser kann nicht verletzt, besiegt oder irgendwie eingeschränkt werden. In ihm sind wir wahrhaft zu Hause. Allein schon das Eintauchen in die Qualitäten unseres Seins ist wunderbar heilsam und erfrischend. Eine innere Verwandlung setzt ein, aus der wir geklärt und gestärkt zurückkehren.

Zusätzlich können wir in diesem ausgedehnten Raum tiefer Entspannung unsere menschlichen Themen und Ziele von höherer Warte aus betrachten. Dadurch wird unser irdisches Leben mit seinen vielfältigen Herausforderungen gewürdigt und geklärt. Unsere ganze Menschlichkeit mit all ihren Bedürfnissen und Nöten kann auf diese Weise bewusst in den Raum unseres Seins aufgenommen werden. Dabei stellen sich aus der Quelle unserer inneren Weisheit oft wichtige Informationen und Einsichten ein, die wir für die Meisterung unseres Lebens brauchen.

Einladung

Aus den 10 von mir entwickelten Schlüsseln wähle ich an dieser Stelle den „Sonnenschlüssel" aus, der die drei „Sonnenräume" in Bauch, Kopf und Herzbereich erschließen kann. In den Seminaren trägt und schützt uns bei dieser Arbeit das gemeinsame Energiefeld und die Präsenz der Leitung. Doch vielleicht bekommst du schon beim bloßen Lesen einen kleinen Eindruck.

Wenn es in deinem Leben einen aufgeschlossenen Menschen gibt, mit dem du dich entspannen und tief nach innen tauchen kannst, könnte dieser dich mit den Schritten des Schlüsselprozesses begleiten, indem er sie dir vorliest. Mache es dir dann im Sitzen oder Liegen bequem und nimm dir für jeden dieser einfachen und doch äußerst wirkungsvollen Impulse reichlich Zeit.

Sonnenschlüssel

Einstimmung
· *Öffne einen Raum von Mühelosigkeit und Weite.*
· *Nimm dir Zeit, dich mit dem Fluss deines Atems zu verbinden.*
· *Folge mühelos dem Ein- und Ausströmen der Luft.*
· *Erlaube dir, einfach nur zu sein ... es atmet dich.*

Der untere Sonnenraum – die Sonne in der Mitte der Erde
· *Lasse nun deinen Atem ruhig und tief in deinen Bauch fließen.*
· *Erlaube deinem Bauch, ganz gelöst und entspannt zu sein.*
· *Erlebe, wie diese Entspannung sich in deinen gesamten Beckenraum hinein ausbreitet.*
· *Spüre, wie sich dieses Empfinden weiter in deine Beine und Füße hinein ausdehnt.*
· *Nun verbinde dich mit der Erde unter dir und erlebe, wie sie dich sicher trägt.*
· *Schenke das Gewicht deines Körpers ganz der Erde.*

· *Erlebe dich verbunden mit der Glut und der Kraft der Erde.*
· *Verbinde dich mit dem Herzen der Erde und der Sonne in ihrer Mitte.*
· *Öffne dich weich atmend dem Erleben dieser Einheit.*
· *Wie erlebst du dies?*
· *Bist du bereit für den nächsten Schritt?*

Der obere Sonnenraum – die kosmische Zentralsonne

· *Und während du dies weiter genießt, gehe nun mit deiner Wahrnehmung in deinen Mund- und Rachenraum ...*
· *Entspanne ihn mit einem inneren Lächeln und lasse auch deinen Unterkiefer los.*
· *Erlebe, wie sich diese Entspannung nach hinten in Nacken und Schultern ausbreitet.*
· *Die Entspannung dehnt sich nun nach oben aus und erreicht deine Ohren und Kopfhaut.*
· *Erlebe weiter, wie sich dein ganzes Gesicht wunderbar entspannt.*
· *Nun beginnt auch das Innere deines Kopfes tief zu entspannen.*
· *Wenn du bereit bist, richte nun deine Wahrnehmung in den grenzenlosen Raum über dir.*
· *Erlebe dich verbunden mit dem Licht und der Weite des Himmels.*
· *Lasse dich nun sanft von dem Herzen des Universums, der göttlichen Zentralsonne anziehen.*
· *Öffne dich weich atmend dem Erleben dieser Einheit.*
· *Wie erlebst du dies?*
· *Bist du bereit für den nächsten Schritt?*

Der mittlere Sonnenraum – die Herzenssonne

· *Nun verbinde dich mit deinem spirituellen Herzzentrum*
in der Mitte deiner Brust.
· *Erlebe, wie die Sonne deines Herzens grenzenlos in alle Richtung strahlt.*
· *Dein ganzer Brustraum ist weit und die Liebe deines Herzens*
fließt in deine Arme und Hände.
· *Fühle und erlebe: ICH BIN HEILIGER RAUM voller LICHT und LIEBE*
· *Wie erlebst du dies?*
· *Bist du bereit für den nächsten Schritt?*

Segen – Vertrauen – Dankbarkeit

Angekommen im mühelosen SEIN segne ich mein Leben ...
(hier können auch einzelne Lebensbereiche genannt werden)
· Ich vertraue mich und mein Leben der göttlichen Führung an.
· Ich bin sicher geführt und geschützt.
· Alles entfaltet sich vollkommen.
· DANKE für alles, was ich bin und erlebe.
· Ich bin jetzt freudig bereit für alle Schritte und Stufen meines Lebens.

Unser göttlicher Wesenskern

Wenn ich sage, es gibt nichts zu verändern, nichts zu bekämpfen oder abzulehnen, sage ich damit *nicht*, dass es nichts zu tun gibt oder wir nichts tun sollten! Das Einzige, worauf wir verzichten lernen, ist der Ur-Widerstand, mit dem wir uns dem Leben entgegenstellen. Solange wir unsere Erfahrungen und die durch sie ausgelösten Empfindungen zurückweisen, anstatt sie bereitwillig zu fühlen, halten wir endlos den Zustand der Trennung und des Leidens aufrecht.

Wenn das, was wir in diesem Augenblick sind und erleben, vollkommen so sein darf, wie es ist, stellt sich ein wunderbarer Zustand des Eins-Seins ein, in dem wir selbst willkommen sind und alles, was ist, ebenso in Liebe umarmt wird. Etwas in uns beginnt zu entspannen, und wir erleben ein tiefes „Ja" zu uns selbst. In einem solchen Moment vereinigen wir uns mit dem Fluss des Lebens. Wir tauchen ein in den mühelosen, natürlichen Zustand unseres Seins und sind hier und jetzt bei UNS SELBST zu Hause.

In diesen Raum hinein stelle ich häufig diese drei Fragen:

1. Ist in diesem Moment in dir alles vollständig und erfüllt?
2. Erlebst du dich in diesem Moment frei von Begrenzungen?
3. Ist das, was du jetzt erlebst, zutiefst wirklich?

Ein klares „Ja" auf diese drei Fragen bedeutet, dass du gerade den Raum deines Seins betreten hast. Diesen Bewusstseinszustand erkennst du daran, dass dir nichts fehlt und du dich absolut vollständig und erfüllt erlebst. Du fühlst dich offen und frei von Begrenzungen und bist auf eine höchst reale Weise wach und präsent. Wenn du nun von hier aus die Themen deines Menschseins betrachtest, lösen sich ein Großteil deiner Fragen und Ängste auf. Und das, was vielleicht noch übrig bleibt, kann ganz neu gefühlt und angeschaut werden.

Sobald wir die Räume von Grenzenlosigkeit und All-Einheit zunächst erahnen, dann berühren und schließlich in gnadenvollen Momenten geschenkt bekommen, löst sich die Identifikation mit der alten Welt der Getrenntheit unaufhaltsam auf. Eine tiefe Erlösung und Befreiung von unvorstellbarem Ausmaß kann sich einstellen. Wir wissen und erleben mit jeder Faser unseres Seins, dass unser Glücklich-Sein nicht von irgendetwas im Außen und ebenso wenig von einem bestimmten Menschen abhängt.

Dieser bewusste Kontakt mit unserem göttlichen Wesenskern ist die entscheidende Grundlage für alle weiteren Schritte. Er stellt sich bei vielen Menschen ganz spontan und leicht ein. Doch ebenso leicht und schnell fallen die meisten auch wieder heraus. Hier beginnt unsere eigentliche Bewusstseinsarbeit. Doch nicht in dem Sinne, dass wir uns für das Herausfallen erneut verurteilen, und uns schließlich wieder verändern oder verbessern wollen. Vielmehr geht es darum, genau zu erkennen und zu erinnern, was diesen Zugang erst möglich machte. Und was genau führt dazu, dass wir wieder aus ihm herausfallen? Dies gründlich zu erforschen, lohnt sich sehr für eine vertiefte Selbstwahrnehmung.

Die alten Muster der Ur-Trennung haben sich über Jahrhunderte in unser System eingebrannt und eingeschliffen. Darüber hinaus leben wir in einem kollektiven Bewusstsein, das die Wirklichkeit unserer Einheit mit dem Göttlichen vollkommen vergessen hat. Unsere Umwelt wird uns kaum darin unterstützen, aus dem Schlaf der Unbewusstheit zu erwachen.

JETZT ist der Moment, ganz zu sein, heil zu sein, eins zu sein! Wenn wir uns hier und jetzt nicht erfüllt und mit uns selbst und allem verbunden erleben können, wird uns etwas Wesentliches schmerzhaft fehlen. Dieses in uns Fehlende können wir nicht im Außen finden. Es wartet *in* uns darauf, endlich entdeckt und verwirklicht zu werden. Die klare Einsicht in das, was wir wirklich sind und was für uns wahr und stimmig ist, befreit uns von dem, woran wir leiden. Sie schenkt uns Freiheit, Frieden und Freude. Im ausgedehnten Raum unseres Seins finden wir alles, wonach wir uns schon so lange sehnen, um zutiefst glücklich und vollkommen erfüllt zu sein.

Diesen inneren Raum erfahrbar zu machen ist für mich nur ein erster, wenn auch wichtiger Schritt. Ihm müssen jedoch weitere folgen, damit diese Wirklichkeit tiefer zugänglich und schließlich nachhaltig in das alltägliche Leben integriert werden kann. Daher bin ich froh über all die Erfahrungen mit den vielen Themen, mit denen ich früher gearbeitet habe. Sie sind mir zutiefst vertraut und ständig präsent.

So kann ich den Menschen nahe sein, wenn diese durch ihre Geburts- und Sterbeprozesse gehen und ihnen auch in ihren dunklen Zeiten die Hand reichen. Dabei geht es nicht darum, sie aus der Dunkelheit herauszuholen, sondern sie zu verstehen und mit ihnen zu sein, wenn es dunkel und schmerzhaft ist. Genau dort, wo uns die Schatten bedrohen, ist auch das Licht unseres wahren Wesens zu finden. Hinter unseren schwersten Wunden warten unsere größten Potenziale, Gaben und Fähigkeiten. Wer die Dunkelheit kennt, hat die Angst vor ihr verloren.

In dem nun folgenden Kapitel werde ich auf einige wichtige Aspekte des Weges eingehen, der in die Erfahrung des Eins-Seins mit sich selbst und dem Leben führen kann. Die Ausführungen zur Angst-Transformation dienen der Vertiefung deines Selbstkontaktes und deiner Selbstliebe. Sie unterstützen die Integration aller Informationen, die du beim bisherigen Lesen aufgenommen hast. Ich empfehle daher, langsam und entspannt weiterzulesen und immer wieder Pausen einzulegen, damit das, was du lesend aufnimmst, sich in dir setzen und integrieren kann.

Ich werde später wieder auf die Themen Liebe und Sexualität zurückkommen. Das Folgende gehört jedoch zu den Voraussetzungen, die im Umgang mit uns selbst sehr hilfreich sein können. Es hilft uns, die Schatten und Ängste, die in intensiven Liebesbegegnungen auftauchen können, wirklich anzunehmen und mit ihnen auch konstruktiv umgehen zu können. Solltest du mit der Transformation von Ängsten schon gründlich vertraut sein, kannst du natürlich auch Einiges überspringen.

Wann immer du daran denkst, verbinde dich wieder bewusst mit dem Fluss deines Atems und spüre in deinen Körper hinein. Behalte einen Teil deiner Aufmerksamkeit in dir selbst und nimm die Resonanz wahr, die sich mit den angesprochenen Themen und Inhalten einstellt.

Bei allem Wünschenswerten, das wir für unser Leben einladen, geht es in erster Linie um ein Erinnern, Aufdecken, Erspüren und Erleben unserer inneren Räume. Es ist mir eine große Freude, dich dabei zu begleiten. Alle unsere Erfahrungen, alles, was wir sind und erleben, ist unendlich wertvoll. Denn alles gibt uns Gelegenheit, uns einzulassen – auf uns selbst, auf das Leben, auf die Liebe. Immer, wenn wir etwas von dieser Liebe als eine Grundqualität unseres Seins realisieren und verwirklichen, erleben wir etwas Höheres, sozusagen ein Stück Himmel auf Erden.

Kapitel 2: Angst-Transformation

»Es gibt im Grunde nur zwei Gefühle oder Zustände unseres Bewusst-
seins: Angst und Liebe. Alle anderen stehen entweder mit Angst oder mit
Liebe in Verbindung. Angst kann jederzeit in Liebe verwandelt werden.«

Aus dem BODHI-Training

Angst besitzt in sich keine Wirklichkeit. Sie ist die Konsequenz einer allgemein verbreiteten Illusion. In unserer dualen Erfahrungswelt erleben wir Angst als Gegenpol von Liebe. Wenn Angst uns beherrscht, können wir keine Liebe empfinden. Sind wir in der Liebe, dann gibt es keinen Raum für Angst. So wie Angst eine Folge der Illusion der Trennung vom Göttlichen ist, so führt Liebe uns in die Wirklichkeit der Einheit mit der unendlichen Kraft, welche die ganze Existenz durchdringt.

Auf dem Weg in die Liebe sind Ängste unsere ständigen Begleiter, solange wir nicht vollständig erwacht sind. Niemand kann diese Auseinandersetzung überspringen. Sich für bedingungsfreie Liebe zu entscheiden, braucht unseren ganzen Mut und unsere Entschlossenheit, auch unseren tiefsten Ängsten und Schatten zu begegnen. Aus diesem Grund gebe ich der Angst-Transformation einen wichtigen Raum in diesem Buch über Liebe. Denn in allen Bereichen menschlicher Liebe werden wir auf die eine oder andere Weise von Angst herausgefordert.

Es ist vollkommen aussichtslos zu versuchen, gegen unsere Ängste zu kämpfen, sie zu verleugnen, zu unterdrücken, sie loswerden zu wollen oder vor ihnen zu fliehen. Wenn wir sie als Feinde betrachten und gegen sie ankämpfen, haben wir schon verloren. Sie ziehen uns in ihren Bann und blockieren unsere Lebendigkeit und Lebensfreude. Dann reagieren wir nur noch auf sie und werden zu ihren Gefangenen. Ebenso sollten wir uns nicht mit ihnen identifizieren, wie das sprichwörtliche Kaninchen mit dem aufgerissenen Maul der Schlange. Wenn wir uns angewöhnen, uns ständig mit unseren Ängsten zu beschäftigen, fangen diese an, uns zu tyrannisieren. Wir verleihen der Illusion eine Macht, die uns versklavt und gefangen hält.

Die lähmende Macht einer Angst ist erst dann gebrochen, wenn wir ihr bereitwillig und gründlich begegnen und sie dadurch als Täuschung entlarven. Dazu soll dieses Kapitel anleiten. Die Energie von jeder Angst und jedem Schatten kann in uns zu einer Kraft der Liebe und des Lichts verwandelt werden. Jedes Mal, wenn sich eine solche Verwandlung in uns vollzieht, wächst unsere geistige Kraft und Liebesfähigkeit. Wir nehmen uns selbst und das Geschenk unseres Lebens mit neuer Wertschätzung, tiefem Mitgefühl und beglückender Dankbarkeit an.

Was für die Transformation von Angst grundlegend ist, können wir auch auf alle wichtigen Liebesthemen übertragen. Dazu gehört unsere Fähigkeit, in der Intensität von Schmerz und Lust offen und wach gegenwärtig zu sein. Wir lernen, in unserer Mitte zu bleiben und unsere Präsenz zu halten, wenn die Energie in einer Liebesbegegnung besonders stark und intensiv wird.

Bei den nun folgenden Aufzeichnungen geht es nicht nur um das Bewältigen von Ängsten und schon gar nicht um ein bloßes Abstellen. Diese Schritte zur Angst-Transformation beinhalten auch den grundlegenden Prozess, den wir vollziehen müssen, um von der Trennung in die Einheit zu kommen. Von daher haben sie eine universelle Bedeutung für alle unsere Bewusstseinsschritte. Sie stärken unsere Fähigkeit, in Liebe zu sein und zu leben.

Die Ausführungen zu den vier möglichen Schritten der Angst-Transformation nehmen dich behutsam an die Hand und unterstützen dich in der Begegnung mit deinen größten Ängsten. Wenn eine Angst besonders hoch aufgeladen und die Identifikation mit dem „Drama" entsprechend groß ist, braucht es manchmal zuvor eine körperliche Lockerung und Entladung von starken Spannungen. Der Körper darf sich dabei schütteln oder bewegen und die Stimme frei gelassen werden. Wenn dies alleine zu bedrohlich ist, kann es auch ratsam sein, einen Menschen, dem du vertraust, in deiner Nähe zu haben und dich ihm mitzuteilen.

Hier zunächst die vier Schritte im Überblick:

Schritt 1: Innehalten und Raum geben
Innehalten – bewusst atmen – den Körper wahrnehmen. Genau spüren, wo und wie sich die Angst zeigt.

Schritt 2: Der Angst, unsere Liebe schenken
Alle Ängste, Sorgen, Zweifel wertschätzend bejahen und zutiefst willkommen heißen – annehmen und sein lassen. Sich selbst mitfühlend umarmen.

Schritt 3: Hingabe an die göttliche Führung
Nachdem die Angst ganz angenommen ist, kann sie losgelassen werden, indem sie der göttlichen Führung vollständig übergeben wird.

Schritt 4 (zusätzlich möglich): Der Intensität folgen
Den der Angst zugrunde liegenden Gedanken (Vorstellung, Überzeugung, Phantasie ...) erkennen und der höchsten Intensität davon folgen, bis wir die Einheit mit uns und der Existenz erleben.

Schritt 1: Innehalten und Raum geben

Jede Variante von Angst existiert als Folge einer unbewussten, grundlegenden Illusion. Aus dem Klammergriff einer Angst frei zu werden bedeutet, die Täuschung zu durchschauen. Dafür müssen wir bereit sein und fähig, innezuhalten. Innehalten bedeutet, aus dem eigenen und kollektiven Gedankenfeld für einen Moment auszusteigen. Wir unterbrechen damit die Trägheit mechanischer Gewohnheiten und sind bereit, die vorhandene Verwirrung, den Schmerz und die Panik zu spüren. Beim Innehalten schaltet sich der innere Beobachter ein. Wir werden uns bewusst, dass Angst uns überfallen oder sich eingeschlichen hat und dass diese Angst uns beeinflusst und beeinträchtigt.

Unter dem Einfluss von Angst können wir uns nicht mehr gut spüren oder wohlfühlen. Wir verlieren unsere wirkliche Kraft und werden unfähig, uns angemessen und natürlich zu verhalten. Wir fühlen uns unter Druck und glauben, von uns selbst und dem Leben getrennt, überflutet, überfordert und verloren zu sein. Unter Zwang oder überwältigender Konfrontation reagieren wir entweder wütend und aggressiv oder fühlen uns hilflos, ohnmächtig und ausgeliefert.

Im besten Fall handelt es sich um eine vorübergehende Kontraktion. Vielfach jedoch hinterlassen sehr bedrohliche Situationen auch eine Schockstarre. Dann können Ängste zu einer eingefrorenen Haltung oder feindseligen Einstellung führen und sich chronisch in unser Dasein einnisten. Durch das Innehalten können wir uns bewusst machen, was gerade vor sich geht. Wir sind jetzt bereit, hinzuschauen und unsere innere und äußere Situation zu realisieren. Wir nehmen das Erlebte nicht länger einfach nur hin, sondern erkennen klar, dass etwas Befreiendes geschehen muss. Wir sind entschlossen, die uns zur Verfügung stehenden Möglichkeiten zu nutzen.

Innehalten bedeutet auch, im Inneren anzuhalten. Eine Routine wird durchbrochen, sobald wir unsere Aufmerksamkeit nach Innen richten.

Damit ist der erste notwendige Schritt getan und wir sind bereit für eine Lösung. Wenn wir lange genug die Vergeblichkeit von Lösungsversuchen im Außen erfahren haben, wenden wir uns früher oder später nach innen. Diese Einkehr kann zu einem Wendepunkt unseres Lebens werden.

Sobald wir uns bewusst nach innen wenden, werden wir zum Wesentlichen geführt. Innehalten geduldig zu praktizieren und zu üben, verwandelt nach und nach unser ganzes Leben zum Guten. Jedes Mal, wenn uns das gelingt, gewinnen wir an Kraft und Klarheit.

Bewusst atmen

Sobald wir innehalten, können wir auch wieder bewusst atmen. Und jeder bewusste Atemzug hilft uns, innezuhalten. Innehalten und bewusstes Atmen werden sehr bald in unserem Alltag und Erleben miteinander gekoppelt sein. In der Regel atmen wir unbewusst. Wir müssen uns für unser Überleben nicht bewusst darum kümmern. Der nächste Atemzug folgt ganz von allein. Es atmet uns. Die *eine* Kraft erhält uns am Leben.

Doch hin und wieder werden wir uns unseres Atems bewusst. Wir atmen erleichtert auf, wenn ein Druck von uns abfällt. Bei körperlicher Anstrengung atmen wir schwer und heftig. Uns stockt der Atem, wenn uns etwas erschreckt oder bedroht. Unser Atem weitet sich, wenn wir etwas Schönes oder Lustvolles erleben. Unter Schmerz atmen wir gepresst. Bei Anspannung wird unser Atem kurz und stockend, doch sobald wir uns entspannen, fließt er wieder tief und ruhig. Bei innerer Öffnung und Anteilnahme unterstützt uns das Einatmen, beim bereitwilligen Loslassen und Entspannen das Ausatmen. Wenn unser Atem also spontan auf bestimmte Situationen, Erfahrungen und Emotionen reagiert, so können wir ihn auch bewusst einsetzen, um innere Zustände zu regulieren, bzw. herbeizuführen. Wenn wir z. B. merken, dass wir unruhig sind und entsprechend hektisch atmen, kann uns ein bewusster, langsamer und weicher Atem beruhigen. Entsprechendes ist möglich, wenn wir angespannt, sorgenvoll oder aufgeregt sind.

Wir können den Atem einsetzen, um uns zu entspannen. Ebenso unterstützt er uns, wenn wir uns auf etwas konzentrieren oder uns auf eine Erfahrung ganz einlassen wollen. Mit etwas Übung können wir auch destruktive Emotionen wie Wut, Zorn, Hass, Neid, Eifersucht etc. entladen und in uns einen Raum für liebevolle, mitfühlende und lebensbejahende Gefühle öffnen. Und schließlich ist bewusstes Atmen unerlässlich, wenn wir die Energie von Angst und Panik in Kraft und Liebe verwandeln wollen. Bereits die ersten bewussten Atemzüge bringen uns näher in Kontakt mit uns selbst.

Da wir sowohl bewusst als auch unbewusst atmen können, verbindet bewusstes Atmen die Regungen und Strömungen unseres Unterbewussten mit unserem Bewusstsein. Sobald und solange wir bewusst atmen, sind wir im Hier und Jetzt gegenwärtig. Dies ist von großer Wichtigkeit für die Transformation unserer Ängste, die uns mit Erinnerungen aus längst vergangenen Zeiten und entsprechenden Projektionen in die Zukunft unterschwellig beeinflussen. Sie tauchen auf aus den Tiefen unserer Instinkte und den Ablagerungen vieler unbewältigter Erfahrungen. Das macht es uns in der Regel so schwer, sie klar zu fassen und bewusst ins rechte Licht zu rücken.

In den Körper hineinspüren

Wir haben einen physischen Körper, um menschliche Erfahrungen machen zu können. Jedes Erleben unseres Menschseins hat einen direkten Bezug zu unserem Körper. Er ist ausgestattet mit der Fähigkeit, zu empfinden und Energie wahrzunehmen. Sowohl die Eindrücke und Einflüsse der Außenwelt, denen wir ständig ausgesetzt sind, als auch die Gedanken- und Gefühlsimpulse unserer Innenwelt wirken sich in unserem Körper aus. So wie der Atem ein Indikator für unser Erleben ist, so ist es auch unser Körper. Wir können lernen, bewusst in ihn hineinzuspüren.

Die bewusste und einfühlsame Innenwahrnehmung unseres Körpers gehört zu den ersten und grundlegenden Fähigkeiten, die uns auf den

Weg wahrer Selbstfindung sowie der Erfüllung in Liebe, Sexualität und Partnerschaft dienen. Die Wichtigkeit dieses ursprünglichen Selbstkontaktes kann gar nicht genug betont werden. Diese Stufe zu überspringen oder zu vernachlässigen, wie vielfach versucht wird, kann sich rächen. Bleiben die grundlegenden Körpersignale weitgehend unbeachtet, kann dies zu überraschenden, oft sogar bösartigen Krankheiten oder tragischen Missgeschicken beitragen.

Ebenso kommt es oft zu unerklärlichen Rückschlägen nach emotionalen oder energetischen Höhenflügen, die sich in Form von Lebensangst, Depression und Todeswünschen zeigen können. Erst, wenn unser Bewusstsein im physischen Körper zu Hause und fest verwurzelt ist, kann das Göttliche sich vollkommen im Irdischen offenbaren.

Ich erinnere mich lebhaft an einen Moment in der Zeit meines Studiums, als ich in den bewaldeten Hügeln, von denen die Stadt malerisch umgeben war, spazieren ging. Es war Frühling, und ich suchte in der erwachenden Natur nach innerer Orientierung. Plötzlich fragte mich eine innere Stimme: „Kannst du eigentlich deinen Körper spüren?" Im selben Moment wurde mir bewusst, dass dies nicht der Fall war. Stattdessen war ich die ganze Zeit gedankenverloren in meinen Betrachtungen und Überlegungen versunken gewesen.

Daraufhin ging ich zu einer Waldlichtung und legte mich auf die von den ersten Sonnenstrahlen erwärmte Erde. Ich schloss die Augen und durchwanderte meinen Körper mit dem Scheinwerfer meines inneren Spürsinns. Dies verankerte mich ganz neu mit mir selbst. Als ich wieder die Augen öffnete, erschien die mich umgebende Natur näher gerückt zu sein. Eine vorher gar nicht wahrgenommene Distanz zwischen mir und meinen Körper, mir und der Welt, war verschwunden. Ich fühlte mich ganz neu verbunden und eins mit mir selbst und dem Leben. Die Farben waren leuchtender und die Stimmen der Vögel schienen in mir zu singen.

In diesem Moment erkannte ich, dass ich mich auch körperlich selbst aufsuchen, erforschen und finden muss, wenn ich den tieferen Sinn in allem und meine damals noch im Unbekannten liegende Bestimmung entdecken wollte. Ich hatte meine Reise zu mir selbst begonnen.

Verbunden-Sein – mit sich selbst, mit anderen Menschen und der ganzen Existenz – dies ist für uns eine Quelle für wahre Erfüllung. Einen echten, tiefen Kontakt auch körperlich mit sich selbst zu erleben, löst überraschende Glücksgefühle in uns aus. Sobald diese beglückende innere Verbindung wirklich entdeckt ist, entscheiden wir uns spontan, sie zum Leuchtturm für unsere Lebensorientierung zu machen. Die Qualität des Kontaktes zu uns selbst spiegelt sich in unserem Verbunden-Sein mit dem ganzen Leben.

Um diese wertvolle innere Verbindung zu halten und zu pflegen, braucht es auch immer wieder unsere Bereitschaft, unseren tiefsten Schatten und ungeliebten Anteilen zu begegnen. Die bewusste Wahrnehmung unseres Körpers ist dabei äußerst hilfreich. Sie wird mit etwas Übung zu einem wohltuend geborgenen Daseins-Gefühl. Auch unser Sehnen nach Nähe und Liebe kommt auf diese Weise ihrer Erfüllung immer näher. Um ganz gegenwärtig und von Ängsten frei zu sein, brauchen wir den bewussten Kontakt mit unserem Atemfluss und eine einfühlsame Körperwahrnehmung. Denn jede Form von Angst macht sich auch in unserem Atem und Körper bemerkbar als Anspannung, Druck, Beklemmung, Fessel oder Enge.

Spezifische Ängste schlagen sich in verschiedenen Körperregionen nieder: angespannter Bauch, Druck im Solarplexus, Beklemmung in der Brust, Kloß im Hals, zugeschnürte Kehle, schmerzender Rücken, weiche Knie, verkrampfte, hochgezogene Schultern, flatternde Augen, zitternde Hände, steife, leblose Glieder. Auf diese Weise wird uns bewusst, wo und wie sich die Angst in unserem Körper zeigt. Sobald wir die Auswirkung der Angst körperlich wahrnehmen können und einfach bewusst atmend damit in Kontakt bleiben, verändert sich etwas spürbar. Jeder Atemzug, den wir weich und achtsam in diese Angstzone lenken, schenkt ihr Aufmerksamkeit und Zuwendung.

Damit wird sie mit Bewusstsein erfüllt. Dies ist gleichbedeutend mit liebevoller Achtsamkeit. Die bewusst gelenkte Energie heilt und befreit uns auf allen Ebenen. Sie ist das Licht, das die Dunkelheit auflöst. Die Fähigkeit, unseren Atem zu lenken, ist äußerst hilfreich in allen Bereichen unseres Lebens, auch für unsere Präsenz in körperlichen Liebesbegegnungen, auf die ich später noch weiter eingehen werde. Oftmals verändert sich allein dadurch die Qualität unseres Erlebens. Entspannung und eine wohltuende Weite stellen sich ein. Dies öffnet den Zugang zu uns selbst und schenkt uns einen neuen Freiraum. Wir fühlen uns erleichtert und unsere aufgewühlte Innenwelt kann zur Ruhe kommen. Sobald wir wieder in die Kraft und Klarheit der Gegenwart eintreten, kann die Lebensenergie uns erneut wohltuend aufladen.

Wenn dies eintritt, reicht schon dieser erste Schritt, um klar und kraftvoll unseren Weg fortzusetzen und die anstehenden Aufgaben zu erfüllen. Diese kurze Begegnung mit der Angst hat uns gestärkt. Wir sind der Wirklichkeit unsers Seins einen entscheidenden Schritt nähergekommen. Nicht immer jedoch stellt sich Befreiung schnell ein. Mitunter braucht es auch ein wenig Geduld, bis wir eine spürbare Veränderung erleben. Wir sollten uns dafür reichlich Zeit lassen und auch im Umgang mit uns selbst geduldig sein, um uns nicht zusätzlich unter Druck zu setzen. Vielleicht braucht es auch noch einen der folgenden Schritte, bis sich eine deutliche Wandlung einstellt.

Viele, viele Male in meinem eigenen Leben wachte ich nachts oder morgens voller Angst auf, manchmal mit vager Beklemmung, mitunter erstarrt und gelähmt, hin und wieder sogar in Schweiß gebadet. Aus den unergründlichen Tiefen meines Unbewussten tauchten immer wieder existenzielle Ur-Ängste auf. Dies geschah vor allem in Zeiten größerer Veränderungen, in denen ich vor dem Beginn eines neuen Lebensabschnitts stand. Oder auch, wenn besondere Herausforderungen oder ungewisse Veränderungen auf mich warteten, was in meinem Leben recht häufig der Fall war.

Ich entdeckte den hier beschriebenen Schritt als Rettungsanker, den ich immer wieder in höchster Not ergreifen konnte. Sobald mir mein hilfloser, elender Zustand bewusst wurde, erinnerte ich mich an die Möglichkeit bewussten Atems und bereitwilliger Körperwahrnehmung. So lernte ich von Mal zu Mal schneller, mich aus dem Klammergriff meiner Existenzängste zu lösen. Und immer wieder aufs Neue erlebte ich staunend, wie durch diese innere Arbeit der dann folgende Tag, den ich mit Bangen erwartet hatte, ganz besonders schön, erfreulich und erfolgreich verlief. Herausfordernde Situationen wurden mit Leichtigkeit gemeistert und die Menschen kamen mir freundlich entgegen. Viele Ereignisse überraschten mich so sehr, dass mein bewusster Verstand kaum glauben konnte, dass ich noch vor kurzem so angsterfüllt hatte sein können. Doch die Ängste meldeten sich in der Regel nach einiger Zeit wieder zurück und gaben mir weitere Gelegenheiten, noch tiefer in den Kontakt mit mir selbst vorzudringen.

Die nun folgenden Schritte sind die Früchte dieses immer Weiter- und Tiefertauchens.

Schritt 2: Der Angst unsere Liebe schenken

Angst ist ein reflexartiger Versuch, etwas Schmerzhaftes oder Bedrohliches abzuwehren, das wir vielleicht schon einmal in naher und ferner Vergangenheit erlebt haben. Unter dem Einfluss von Angst projizieren wir mögliche Gefahren und Verletzungen in die Zukunft.

Die bloße Vorstellung unangenehmer Erfahrungen und bedrohlicher Ereignisse löst in uns Reaktionen aus, die sich sehr unangenehm anfühlen. Wenn diese Zustände über längere Zeit anhalten, führen sie zu weiterer Unsicherheit und Abwehrverhalten in der Erwartung möglicher Gefahr. Da uns dies plagt, wollen wir unsere Ängste loswerden. Wir entwickeln Angst vor der Angst und versuchen, mögliche Schmerzen schon im Vorfeld zu vermeiden. Die Folge ist eine angespannte Grundhaltung, verbunden mit einem pessimistischen Lebensgefühl. Wir neigen dann dazu, immer das Schlimmste zu befürchten. Dadurch geraten wir in einen Teufelskreis und beginnen einen ausweglosen Kampf mit uns selbst und dem Leben. So lagern sich nach und nach viele Schichten von Abwehr und Widerstand in uns auf. Der eigentliche Sinn einer natürlichen, spontanen Schutzreaktion im Dienste unseres Wohl-Seins geht dabei vollkommen verloren.

Im Gegensatz zu einer gesunden Furcht, die uns vor einer akuten Gefahr warnt, sind Ängste nichts anderes als die in die Zukunft projizierten Phantasien unseres Bewusstseins. In unseren Erinnerungen sind viele uralte, traumatische Erfahrungen unverarbeitet gespeichert. Solange diese noch keinen Weg in die Liebe gefunden haben, warten sie darauf, angenommen und integriert zu werden. Sie melden sich in Form verschiedener Ängste oder entladen sich unvermittelt in neuen, schmerzhaften Erfahrungen. Die Schritte zur Befreiung von Angst sind daher auch ein Weg, Unabgeschlossenes zu integrieren und Unerlöstes zu befreien. Um unsere Ängste zu befreien, müssen wir lernen, aus dem Teufelskreis der Angstabwehr auszusteigen. Wir kommen nicht umhin, der Angst und ihrem Einfluss auf uns zu begegnen. Wir müssen bereit werden, auch und gerade das in uns zu umarmen, was sich unangenehm und bedrohlich anfühlt.

Dies ist ungewohnt und herausfordernd, denn es widerspricht all unseren Reflexen und Instinkten. Doch ein solcher Schritt aus Liebe zu uns selbst und zu der übergeordneten Wahrheit macht uns frei und stark. Er bedeutet eine Revolution im Umgang mit uns und dem Leben. Wir vollziehen damit einen radikalen Schritt aus dem Teufelskreis von Abhängigkeit und Unfreiheit.

Bereit zu sein, uns dem, was wir bislang vermieden haben, ganz zuzuwenden und es fühlend wahrzunehmen bedeutet, dessen Existenz in unserem Erleben vollständig anzuerkennen. Es darf endlich da sein! Und anstatt unsere Emotionen zurückzuweisen, nehmen wir sie endlich bereitwillig und buchstäblich grenzenlos an. Wir entwickeln die Fähigkeit, ganz präsent zu sein in dem, was ist. Unsere Ängste sind innere Anteile, die auf Verständnis, Mitgefühl und liebevolle Zuwendung warten. Als solche wollen sie gesehen, verstanden, geachtet und gewürdigt werden. Erst wenn wir bereit sind, sie willkommen zu heißen, können sie ihr unheilvolles Wirken in ihrem Exil beenden. Durch unsere Offenheit können sie nach Hause kommen, sich entspannen und beruhigen. Sie können uns ihre Botschaft überbringen und dann in Frieden gehen.

Wenn wir uns also bewusst atmend mit der Angstzone in unserem Körper verbunden haben, können wir nun zusätzlich unser Herz öffnen und die gesamte Angstladung mit jedem Einatmen tief in uns aufnehmen. Dabei mag es uns vorkommen, als zerreiße die Angst unser Herz. Vielleicht fühlen wir uns von ihrer schmerzvollen Intensität überflutet. Auch das darf sein! Die Intensität darf uns an unsere persönlichen Grenzen und weit über sie hinaus tragen.

Angst und Schmerz dürfen und müssen schließlich unser sich furchtsam schützendes Herz ganz aufbrechen. Dies gehört zur Entfaltung unserer vollen Liebesfähigkeit. Je mehr Liebeskraft uns zur Verfügung steht, desto tiefere Ängste können in uns befreit werden. Dies ist der Einstieg in eine Aufwärtsspirale. Denn wahrhaft zu leben heißt, mit ganzem Herzen zu lieben. Und nur ein gebrochenes, ein aufgebrochenes Herz kann wirklich lieben!

Schritt 3: Hingabe an die göttliche Führung

Sobald wir den angsterfüllten Gedanken und Gefühlen mitsamt ihren lähmenden Körperempfindungen und begrenzenden Verhaltensweisen bewusst begegnet sind, können wir sie auch wieder loslassen. Wir müssen uns nicht länger mit ihnen befassen, denn Illusionen sind nicht wirklich, so echt und gewaltig sie uns auch vorgekommen sein mögen. Leben wir in der Präsenz unserer grenzenlosen göttlichen Gegenwärtigkeit, können wir IHR alles Weitere überlassen.

Mit einigen bewussten Atemzügen können wir uns an unsere vertikale Anbindung erinnern. Sie verbindet uns nach unten mit dem Herzen der Erde und nach oben mit dem Herzen des Universums. (Falls dir dies noch nicht vertraut ist, findest du am Ende dieses Kapitels dazu eine schrittweise Anleitung.) Nun besteht die Einladung, alles Beengende und Belastende dem Göttlichen zu übergeben. All dies waren Kreationen unseres durch Ängste verdunkelten Bewusstseins. Nun können sich diese Energien wieder in ihre ursprüngliche Potenzialität hinein auflösen. Dadurch werden destruktive Gedankenformen und trennende Gefühlsmuster vollständig transformiert und in die Ur-Substanz allen Lebens zurückgegeben.

Dieser Vorgang ist sehr einfach, wenn wir bereit sind, uns selbst tief und essenziell zu begegnen. Wir spüren eine deutliche Befreiung, die sich als ein erleichtertes Aufatmen zeigen kann. Wo eben noch Angst und Beklemmung waren, breitet sich eine innere Weite und Leichtigkeit aus. Uns erfüllt eine tiefe Gewissheit, dass alles sinnvoll ist und sich zum Besten für uns und alle Beteiligten entwickelt. Befreit und zuversichtlich können wir uns wieder voll und ganz unseren Aufgaben zuwenden. Die Unterströmung von Frieden und Vertrauen wird uns weiter begleiten.

Schritt 4 (zusätzlich möglich): Der Intensität folgen

Der vierte Schritt kann zusätzlich vollzogen werden, wenn ein weiteres Bedürfnis vorhanden ist, eine hoch aufgeladene Angst näher zu erforschen, indem sie bis zu ihren Wurzeln erfahren und aufgelöst wird. Unsere Sorgen und Ängste gehen immer mit entsprechenden Gedanken oder Vorstellungen einher. Dies ist uns oftmals gar nicht bewusst. Doch die meisten unserer Reaktionen auf die Lebensumstände basieren unterschwellig auf Überzeugungen, die sich schon sehr früh eingestellt haben.

Viele unserer Grundeinstellungen haben sich bereits in der frühen Kindheit, bei der Geburt, ja sogar schon während der Schwangerschaft gebildet.

Mitunter kann man sie bis in frühere Leben zurückverfolgen, in denen traumatische Erfahrungen gemacht wurden. Sie sind immer noch als Seelenerinnerungen gespeichert und beeinflussen aktiv unser Leben. Für unsere Befreiungsarbeit sind solche Erinnerungen zweitrangig. Sie sind willkommen, wenn sie von der inneren Weisheit spontan freigegeben werden. Doch sie sind nicht notwendig für den Erfolg. Es reicht vollkommen aus, eine spezifische Angst im Hier und Jetzt zu fühlen und zu erleben.

Ist dies der Fall können wir uns laut fragen: *„Wovor habe ich Angst? Was befürchte ich?"* Es kann hilfreich sein, die Antwort laut auszusprechen und zusätzlich aufzuschreiben. Durch die Formulierung des Befürchteten wird dieses klar definiert und dadurch greifbar.

Nun folgen wir in unserem Erleben der höchsten Intensität. Dabei öffnen wir uns für genau die möglichen Erfahrungen, die wir befürchten und eigentlich fern halten wollen. Wir sind bereit, die mit unseren Ängsten einhergehenden Phantasien bewusst und vollständig zu erleben. Hierbei vollziehen wir erneut die Anweisungen aus den Schritten eins und zwei, also das bewusste Atmen, die Körperwahrnehmung und das wertschätzende Umarmen des Erlebten. Ziel dabei ist die bereitwillige Erfahrung und Annahme des zuvor Abgewehrten.

Sobald sich eine gewisse Entspannung und Erleichterung einstellt, fragen wir uns immer wieder: *„Wohin führt es mich, wenn ich dies ganz und gar erlebe?" „Was kommt als Nächstes?"* An dieser Stelle sind wir eingeladen, unseren schlimmsten Horrorvorstellungen eine Chance zu geben und gleichzeitig weiter der höchsten Intensität so lange zu folgen, bis wir an die äußerste Schwelle unserer Angstvorstellungen geführt werden. Diese bringen uns in der Regel in Kontakt mit unserer Angst vor dem Sterben.

Wir können uns an diesem Punkt sogar dem Erleben des Todes öffnen, also der vollständigen Auflösung unseres Körpers und der Vernichtung unserer gesamten materiellen Existenz. Sich dieser Erfahrung bereitwillig und bewusst hinzugeben kann zu einem Wendepunkt in unserem Leben führen. Denn alle Lebensangst ist letztlich auch Todesangst. Jede Form von Todesangst, vor dem Ende, dem Unbekannten, der Auflösung der persönlichen Identität, trägt immer auch eine Lebensangst in sich.

Leben und Tod sind in unserer Existenz wie die zwei Seiten einer Münze. Bereitwillig dem Tod zu begegnen befreit uns auf tiefer Ebene von Angst. Dabei können wir von innen her erfahren, dass der Tod kein Feind des Lebens ist. Vielmehr verleiht er unserem endlichen Dasein als körperliche Form eine besondere Tiefe und Schönheit.

Jedes Mal, wenn ich selber diesen Prozess vollziehe und bereit bin, die Auflösung meines physischen Körpers zu erlauben, erlebe ich am Ende eine wundervolle Befreiung und einen tiefen Frieden. Es ist immer wieder ein besonderes Geschenk, bewusst atmend in dieses Feld einzutauchen. Köstliche, uralt vertraute Erinnerungen gehen einher mit einem erhebenden und befreienden Erleben der grenzenlosen Wirklichkeit meines Seins. Ich fühle mich unendlich liebevoll empfangen und eingeladen, im Licht und der Weite dieser Grenzenlosigkeit zu baden.

All dies geht einher mit einer tiefen Gewissheit über das, was ich in Wirklichkeit bin: ICH BIN unzerstörbar jenseits aller materiellen Formen, Fesseln und Begrenzungen! Mein Sein ist und bleibt unberührt von allen Ängsten und frei von allen körperlichen Notwendigkeiten. Wenn auch das Schlimmste und Schrecklichste in meinen Leben geschehen mag: Am Ende falle ich doch immer nur in die Liebe und Freiheit meiner wahren Natur. Hier erwartet mich die Einheit mit dem Göttlichen, die ich schon immer als meine wahre Heimat gesucht und ersehnt habe.

In diese höchste Wahrheit über mich und meine Existenz ganz einzutauchen, dafür lohnt sich jede Herausforderung. In der Gewissheit über die Wirklichkeit und Unsterblichkeit meines Seins zu leben, gibt meinem Leben einen tiefen Sinn und schenkt mir innere Freiheit. Ich werde daran erinnert, wer ich in Wirklichkeit bin und wo ich Frieden, Geborgenheit, Freiheit, Liebe, Schutz und Orientierung suchen und finden kann.

Sobald wir mutig durch alle Schichten unserer Ängste und Befürchtungen gegangen sind, führt uns dies an den äußersten Punkt unserer schrecklichsten inneren Szenarien. Hier können wir uns nur noch hingeben und uns mitten in der Auflösung unserer materiellen Form als unverletzliche und unsterbliche Freiheit erfahren. Hier erkennen wir: Unsere Ängste und alle herausfordernden Lebenserfahrungen haben letztlich nur den Sinn, aufzuwachen und wahrhaft lieben zu lernen. Die Erkenntnis unserer Wesensnatur öffnet unser Menschsein für die göttliche Liebe. Auf diese Weise verbinden wir den Himmel mit der Erde.

Ist dieser Schritt vollzogen, erfahren wir unser essenzielles Eins-Sein mit der ganzen Existenz. Das lässt unsere Bereitschaft wachsen, jeder weiteren und tieferen Schicht, die in unserem Zellgedächtnis abgespeichert ist, erneut offen und bereitwillig zu begegnen. Es ist die ständige Hingabe an das, was wir in jedem Moment sind und erleben, die uns schließlich die befreiende Erkenntnis schenkt, dass Liebe unsere wahre Natur ist.

Wenn wir die Grundprinzipien dieser vier Schritte zur Angst-Transformation innerlich nachvollziehen und immer wieder praktizieren, führt uns dies über kurz oder lang in eine klare und kraftvolle Präsenz. Diese ist nicht nur hilfreich, um von bestehenden Ängsten frei zu werden. Sie ist darüber hinaus auch für uns der beste Schutz in gefährlichen oder lebensbedrohlichen Situationen. Eine solche beschreibt der bereits in diesem Buch vorgestellte *David Hawkins* in einem seiner Vorträge und demonstriert mit dieser Erfahrung, dass nicht Angst, sondern vielmehr seine volle Gegenwärtigkeit jenseits des kontrollierenden Verstandes ihm das Leben rettete:

An der Spitze eines hohen Berges wollte er gerade eine Hütte betreten, als sich plötzlich eine riesige Klapperschlange direkt vor der Tür aufrollte. Er hatte bereits seinen Fuß angehoben um über die Schwelle zu treten. Der Kopf der züngelnden Schlange schnappte zurück, bereit tödlich zuzuschlagen. Für einen kurzen Augenblick fühlte er sich getroffen von dem einschlagenden Blitz angstvoller Gedanken, die sich um die Möglichkeiten seiner

Rettung drehten: „Ich könnte einen Schlagstock nehmen und sie damit er-
schlagen oder wegrennen und um Hilfe rufen. Vielleicht hat jemand eine
Waffe, um sie zu erschießen ..." Die ganzen selbst-beschützenden Gedanken,
mit denen das normale Alltagsbewusstsein ihn programmiert hatte, waren
für einen kurzen Moment gegenwärtig.

Zu seinem Glück – sonst hätte er nicht über diese Erfahrung berichten können – war er in dieser Situation bereit, die Grundprinzipien von Angst-Transformation anzuwenden. Augenblicklich erkannte er, dass sein Leben jetzt
davon abhing. Sofort ließ er den Drang los, die Angst zu bewältigen oder die
äußere Situation zu verändern. Stattdessen hielt er inne und versenkte sich
in die grenzenlose Präsenz. Er gab dem inneren Erleben Raum, ließ vollkommen jeden Widerstand los und auch jeden Versuch, sich selbst zu befreien.
Er erkannte, dass sein Überleben wirklich davon abhing, tief loszulassen und
die Situation vollkommen dem göttlichen Willen zu übergeben.

Sofort verschwanden die angstvollen Gedanken und er fühlte, wie ein ausgedehnter Zustand des Friedens sich über ihn und die Schlange ausbreitete.
Es war so, als sei er zum rein wahrnehmenden Zeugen dieser Situation geworden. Dieser grenzenlose Raum des Seins hob jede Trennung auf und war
von solch einer Macht, dass er das Bewusstsein von Mensch und Reptil lenkte.
Aus weniger als dreißig Zentimeter Entfernung betrachtete Hawkins nun die
Schlange mit großem Interesse und empfand sie wie eine Schwester. Es war,
als seien beide im gleichen großen Sein vereint in einem Zustand äußerster
Innigkeit. Aus dieser Innigkeit entfaltete sich eine innere Freude und er empfand für die Schlange Liebe. Eine Liebe, die sich aus dem Feld heraus ausbreitete, aus dem die Angst gewichen war. Die Schlange war wie verzaubert.
Sie blickten sich minutenlang an. Hawkins zögerte, diesen Zauber zu brechen.
Als er schließlich ging, glitt auch die Schlange langsam davon. Sie hatte in
der ganzen Zeit nicht ein einziges Mal mit ihrem Schwanz gerasselt.

Diese Geschichte ist deshalb so wertvoll, weil sie die Idee, dass Angst
die Quelle unserer Sicherheit ist, gründlich in Frage stellt. Tatsächlich zeigt

dieses Beispiel auf, dass in Wirklichkeit das genaue Gegenteil der Fall ist. Was unser Überleben sichert, ist die Abwesenheit von Angst und an ihrer Stelle die Anwesenheit einer allumfassenden, bedingungsfreien Liebespräsenz. Wir haben es geschafft, *trotz* unserer Ängste zu überleben, nicht *wegen* ihnen, woran viele Menschen immer noch glauben. Doch in dem Maße, wie wir beginnen, mit den Augen des Herzens zu sehen und Entscheidungen aus Liebe und nicht länger aus Angst zu treffen, beginnen wir, die große Wahrheit zu verstehen, dass es die Liebe ist, die als höchste Macht in diesem Universum wirklich alles erschafft und lenkt.

Solange wir in einem menschlichen Körper leben, werden die Pole von Angst und Liebe uns begleiten. Beängstigende Situationen zu erleben ist also nichts Schlechtes! Sie können im Gegenteil zu goldenen Gelegenheiten werden. Wenn wir ihre Energie und Intensität nutzen, kann daraus eine neue Klarheit, Kraft und innere Freiheit entstehen. Damit werden sie zum Antrieb für unser Wachstum und für die Erfüllung unserer Bestimmung.

Auf der Seelenebene haben wir spezifische Ängste und Lebensumstände gewählt, die uns genau in die Erfahrungen führen, die zur Vollendung unseres Seelenplans gehören. Wenn wir sie annehmen, helfen sie uns, unsere Ziele zu erreichen und die Qualitäten und Fähigkeiten zu entwickeln, die wir uns für dieses Leben vorgenommen haben. So können wir mit unseren Ängsten Freundschaft schließen, sie anerkennen und wertschätzen als wohlwollende und auch wohltuende Wegbegleiter. Sie zeigen uns den Weg aus der Dunkelheit zum Licht und führen uns in die vollen Potenziale unserer Kraft und Klarheit. Sobald sie durch unsere Bereitschaft diese Funktion erfüllt haben, können sie gehen und den Raum freigeben für die Wirklichkeit der Liebe.

Einladung

Hier folgt nun die angekündigte vertikale Anbindung an das Herz der Erde und des Universums. Sie schenkt uns das wunderbare Gefühl, essenziell mit dem Leben verbunden und geschützt zu sein. Du kannst auch einen dir vertrauten Menschen bitten, dich mit den nun folgenden Schritten zu begleiten, indem er sie dir vorliest. Lasse dir für jeden Schritt reichlich Zeit und gib dann deinem Begleiter ein Zeichen für den nächsten Impuls.

A. Verbindung mit Atem und Körper

· *Atme bewusst tief und ruhig ein und aus.*
· *Nimm dir Zeit, deinen Körper von innen zu spüren.*
· *Lasse deinen Bauch so entspannt wie möglich sein.*
· *Lasse deine Schultern von innen her los.*
· *Entspanne mit einem inneren Lächeln deinen Mund- und Rachenraum.*
· *Erlebe dich verbunden und eins mit dir selbst.*
· *Bist du bereit für den nächsten Schritt?*

B. Verbindung mit der Erde

· *Fühle die Erde unter dir und erlebe bewusst, wie sie dich trägt.*
· *Verbinde dich mit dem Herzen der Erde, mit der Sonne in ihrer Mitte.*
· *Erlebe dich verbunden und eins mit dir selbst und der Erde.*
· *Atme weich, nimm die Energie aus der Erde auf und lasse sie sich im Herzraum ausdehnen.*
· *Fühle, wie dieser Energiefluss deinen Körper erfüllt und sich über deine Körpergrenzen hinaus ausdehnt.*
Bist du bereit für den nächsten Schritt?

C. Verbindung mit dem Kosmos

· *Richte nun deine Aufmerksamkeit auf deinen Scheitel und stelle dir dort eine senkrechte Lichtsäule vor.*

· *Verbinde dich mit dem Kosmischen Licht.*
· *Erlebe dich verbunden und eins mit dir selbst und dem LICHT.*
· *Atme weich, nimm die Energie von oben auf*
  und lasse sie sich im Herzraum ausdehnen.
· *Fühle, wie dieser Energiefluss sich mit der Erdenergie verbindet*
  und sich in deinem Körper und darüber hinaus ausdehnt.

D. Vereinigung

· *Erlebe und genieße nun bewusst atmend*
  die Vereinigung von Kosmos und Erde in dir.
· *Atme weich: ICH BIN*
· *Was tut dir jetzt gut?*

Nachdem wir nun ein grundlegendes Verständnis für die Transformation von Ängsten gewonnen haben, wendet sich das folgende Kapitel wieder den Themen zu, die für eine erweiterte und erfüllende Sexualität bedeutsam sind. Diese wunderbare Qualität in unser Liebesleben zu tragen kann uns auf einen Weg führen, der unser Verständnis erweitert und uns schließlich unser Eins-Sein mit dem Göttlichen immer umfassender erfahren lässt.

Kapitel 3: Orgasmen und ihre Nebenwirkungen

»Wenn ein Mann keine Kontrolle über seine Ejakulation hat, erregt er das wachsende Misstrauen seiner Partnerin. Auf subtile Weise hat sie das Gefühl, ihm nicht mehr vertrauen zu können. Dieses subtile Misstrauen wird die gesamte Beziehung durchziehen.«

David Deida

Bereits als junger Mann hörte ich davon, dass Frauen mehr Zeit brauchen als Männer, um in der sexuellen Liebesvereinigung echte Befriedigung und tiefe Erfüllung zu erleben. Zu der Zeit mit Petra, meiner ersten großen Liebe, war das Schönste für uns beide mit dem Erreichen eines Orgasmus verknüpft. Also übte ich mich darin, meine eigene Lust so lange zu beherrschen, bis Petra eindeutig ihrem Höhepunkt zusteuerte. Ich ließ erst dann vollkommen los, wenn sie wonnevoll und ekstatisch den Gipfel ihrer Lust erreicht hatte. Ganz besonders schön schien es jedes Mal für uns beide zu sein, wenn sich mein genussvoller Samenerguss zeitgleich mit ihrem Gipfel einstellte und wir beide danach in seliger Entspannung dahinschmolzen. Ein synchrones Lusterleben, das wegen seiner Seltenheit etwas ganz Besonderes und Feierliches mit sich brachte. Doch ob sich dieses außergewöhnliche Geschenk einstellte oder nicht, hing von vielen unberechenbaren Faktoren ab.

So kam es auch immer wieder vor, dass sich ihr Weg zum Gipfel quälend lange hinzog oder ich dessen Dauer unterschätzte. Ich „kam" vor ihr und verlor danach meine Erektion und damit auch einen Großteil meiner männlichen Präsenz. Danach fühlten wir uns beide ziemlich frustriert und ich auch oftmals unterschwellig beschämt. So entschied ich mich, beim nächsten Mal „auf Nummer sicher zu gehen" und auf jeden Fall ihren Höhepunkt abzuwarten. Wenn ich mir dann etwas verzögert auch die Entspannung meiner Aufladung gönnte, schien für uns beide alles Wichtige eingelöst zu sein. Ein durchaus gutes und „normales" Liebesleben stellte sich ein. Doch aus Gründen, die ich mir damals gar nicht erklären konnte, beobachtete ich immer wieder, auch nach dem „guten Sex", eine unterschwellige Traurigkeit und Enttäuschung. War das wirklich alles? Mich überkam dann oft das Bedürfnis nach Abstand und Alleinsein. Dies überging ich jedoch in der Regel mit meinem Anspruch, ein liebevoller Partner zu sein.

So viel wie möglich zusammen zu sein und gemeinsam zu unternehmen, war unser Bild von einem großartigen, idealen Liebespaar. Doch aus heutiger Sicht kann ich auch sehen, dass ich nicht nur ihr Bedürfnis nach Nähe erfüllen wollte, sondern auch unbewusst versuchte, mich von meiner eigenen inneren Leere abzulenken. Ihre lebendige Anwesenheit überdeckte ein vages Gefühl von Verlust und Sinnlosigkeit. Als Folge überraschte mich immer wieder mein eigenes Verhalten, wenn ich plötzlich und scheinbar ohne jeden Grund gereizt, ungeduldig und abweisend reagierte. Daraufhin fühlte sie sich in der Regel zurückgewiesen und gekränkt. Aus dem Nichts heraus entstanden Streit und Lieblosigkeiten, vor allem dann, wenn ich mich schuldig fühlte und in die Rechtfertigung ging. Das war für uns beide äußerst irritierend. Nach einer gewissen Zeit schmollenden Rückzugs versuchten wir, uns unserer Liebe durch erneute körperliche Vereinigung oder durch andere Formen zärtlicher Zuwendung zu versichern.

Doch mitunter arteten unsere Auseinandersetzungen in stundenlange, zähe Streitgespräche aus. Sie wurden von der verzweifelten Hoffnung angetrieben, der andere möge zur Einsicht kommen und endlich verstehen.

Um dem Ganzen noch irgendeinen Sinn zu geben, nannten wir es dann die notwendige und harte „Beziehungsarbeit". Diese wurde in zahlreichen Büchern als Voraussetzung für das Gelingen einer Partnerschaft mit gut gemeinten Regeln der Kommunikation proklamiert. Ich las sie alle eifrig, doch nichts funktionierte in der Praxis wirklich.

Die tiefen, machtvollen Kräfte der in uns aufwallenden Emotionen waren stärker als unsere wohlgemeinten Absichten. Doch dies wurde von all diesen Ratgebern nicht wirklich erkannt und angesprochen. Auch war ich selber damals nicht in der Lage, mich diesen emotionalen Untiefen zu stellen, wahrscheinlich auch dann nicht, wenn mich jemand darauf hingewiesen hätte. So musste ich – wie letztlich wohl jeder Mensch – meinen eigenen Weg durch Versuch und Irrtum finden, erhebende Siege und erschütternde Niederlagen erleben, in Fallen tappen und in Abgründe versinken. Mein intensives Sehnen nach wahrer Einheit trieb mich vorwärts, doch konnte ich damals das ganze Ausmaß dieser spirituellen Dimension noch nicht erkennen. Die Liebe selbst musste mich lehren und einweihen, bevor ich Ruhe und Frieden finden konnte.

Kapitel 4: Karezza und Tantra

»Ein Mann wird die Ejakulation nicht freiwillig umgehen, bevor er nicht das weitaus größere Vergnügen erlebt hat, das jenseits von ihr liegt.«

David Deida

Ein sehr wichtiger Schritt für eine vollständigere Liebeserfüllung waren für mich die Lehren von Karezza und Tantra. Sie inspirierten mich, Sexualität immer weniger als notwendige Entladung von körperlich-energetischem Druck zu betrachten. Statt Erleichterung und Entspannung durch einen „Gipfelorgasmus" zu erreichen, zeigte sich eine ganz neue Möglichkeit, mit der intensiven Kraft sexueller Energien umzugehen.

Als Erstes hörte ich von *Osho*, dass es auch einen „Talorgasmus" geben kann, der noch bei weitem erfüllender sei als die vorübergehenden Lustsekunden eines Samenergusses. Durch solche Entladungen werden jedes Mal große Mengen von Lebensenergie zur potenziellen Zeugung eines Kindes verbraucht. Ich hörte von der Möglichkeit einer langen, ausgedehnten Vereinigung der Liebenden. In ihr bekommen die Energien der weiblichen und männlichen Gegenpole Zeit, vollständig miteinander zu verschmelzen. Sie ermöglicht beiden, sich gegenseitig auf wonnevolle Weise aufzuladen, anstatt darauf fixiert zu bleiben, aufgestaute Spannungen abzuladen.

Dies wirklich zu praktizieren und völlig zu genießen brauchte Zeit und viele geduldige Anläufe. War ich doch, wie die meisten Männer, ganz anders konditioniert. Doch die oben beschriebenen Empfindungen von nachfolgender Traurigkeit und Leere motivierten mich, die Ejakulation länger hinauszuzögern und auch zunehmend ganz auf sie zu verzichten. Sofern meine Partnerin mich bewusst in dieser Absicht unterstützte, gelang dies mit der Zeit immer leichter. Die Belohnung war eine wachsende und anhaltende Liebespräsenz, die in alle Tätigkeiten und Lebensbereiche einfloss. Der entscheidende Schlüssel für mich als Mann lag darin, mehr und mehr auf überreizende Lustimpulse zu verzichten. Diese bauen im Körper eine Ladung auf, die sich zu innerem Druck steigern kann und dann nach Entladung verlangt. Hat sich erst einmal ein solcher Energiestau gebildet, ist es äußerst unangenehm, ihn in sich zu tragen.

Anstatt mich in aufreizenden Stimulierungen zu verlieren, brauchte es ein großes Maß an Achtsamkeit und Herzenspräsenz. Ohne die Lust durch heftige, ungestüme Bewegungen zu steigern, verlangte diese neue Erfahrung eher ein entspanntes Hineingleiten in die Weite eines wonnevollen Erlebens. Die Kontrolle des eigenen Wollens wurde dabei immer mehr von der Führung durch die Liebesenergien selbst und durch die bewusste Wahrnehmung meines Atems und Körperempfindens übernommen. Dadurch erhielt die Sexualität eine meditative Dimension, die uns auf neue Ebenen von Harmonie und Kraft anhob. Sie schenkte uns einen tieferen, innigeren Einklang.

Heute weiß ich, dass darin eine zutiefst befriedigende Vereinigung sowohl der Körper als auch der Seelen wahrhaft Liebender zu finden ist. Durch den Magnetismus sich anziehender Gegenpole beginnen die Energien, sich frei durch den ganzen Körper zu bewegen. Die Hingabe an diese ausgedehnte, intensive Wonne wird mit der Zeit zu einer bewussten Öffnung für die göttliche Ur-Kraft allen Lebens. Um in diese Art tiefer Liebesbegegnung weiter einzutauchen, gibt es mittlerweile einige Literatur im Kontext von *Tantra*, von denen ich vor allem den Klassiker von *Barry Long* sowie die exzellenten Bücher von *Diana Richardson* und *David Deida* hervorheben möchte. Sie enthalten hilfreiche Anleitungen zum Praktizieren der im Folgenden dargestellten *Karezza-Inspirationen*.

In Amerika gab es bereits im 19. Jahrhundert eine Lebensgemeinschaft namens *Oneida*. Weit ihrer Zeit voraus widmete sie sich gesunden, natürlichen und liebevollen Lebensformen. Unter dem italienischen Begriff *Karezza*, was „Zärtlichkeit" oder „inniges Liebkosen" bedeutet, praktizierten deren Mitglieder schon damals eine neue Liebeskultur. Dies wurde in einem Buch des amerikanischen Schriftstellers *William Lloyd* in poetischer Sprache ausgeführt, das bereits 1939 von dem Schweizer *Werner Zimmermann* ins Deutsche übersetzt wurde. Soweit mir bekannt, ist es nicht mehr im Buchhandel erhältlich, kann aber noch bei der spirituellen *Mazdanan-Gemeinschaft* in Deutschland bezogen werden.

Da es die wesentlichen Grundprinzipien verständlich darlegt und mir die wunderbare blumige Sprache gefällt, werde ich sie nun in leicht abgewandelter Form beschreiben. Was hier unter dem Begriff *Karezza* ausgeführt wird, gilt entsprechend auch für jene tantrischen Wege, die diese Art der sexuellen Liebe betonen.

Karezza-Inspirationen

Karezza geht davon aus, dass die energetische und zärtlich liebkosende Seite der körperlichen Vereinigung wichtiger ist und viel tiefere Lust und Erfüllung bereitet als ein orgasmusfixiertes Begehren, dass sich rasch erschöpft. Davon können wahrscheinlich viele Frauen berichten. Ein bewusstes Lenken der sexuellen Kraft ist dabei der Schlüssel, der die energetischen Räume öffnet und das Licht der Liebe zum Leuchten bringt. Triebhafte Leidenschaft ordnet sich hier dem zärtlichen Ausdruck der Liebe unter und dient ihr als Werkzeug. Ein nicht bewusst gewählter Orgasmus mit Samenverlust ist bei einem solchen Liebesfest eher die Ausnahme, der in der Regel für einige Zeit dem wonnevollen Lusterleben ein Ende setzt.

Sexuelle Liebe wird vor allem als ein bewusstes Genießen der magnetischen Energien angesehen. Dieses sanfte Feuer wird bereits entfacht, wenn sich die Augen zweier Menschen begegnen und ineinander eintauchen. Je näher sich die Liebenden kommen, desto stärker und intensiver kann ein solcher Austausch erlebt werden. Vereinigen sich schließlich ihre Körper, so findet eine umfassende, wonnevolle Verschmelzung kraftvoller Lebensenergien statt.

In der *Karezza-Praxis* erreicht dies seine Vollendung, da sich hier die liebende Vereinigung mit einer ausgiebig verlängerten Zeit des Beisammenseins verbindet. Die dafür wunderbar geschaffenen Zeugungsorgane bleiben dabei im innigen Kontakt. Wonnevoll beginnt nach einiger Zeit die Energie immer intensiver zu strömen und schenkt den Liebenden eine zutiefst nährende und erfüllende Aufladung.

Bei einer solchen Liebesvereinigung wird Lebensenergie freigesetzt, strömt zur Geliebten, wird von ihr aufgenommen und fließt mit ihrer Essenz aufgeladen wieder zurück. Liebende Frauen und Männer beschenken sich auf diese Weise gegenseitig, und laden sich mit der besonderen männlichen und weiblichen Essenz des geliebten Partners auf. Durch diesen Vorgang werden die Genitalien ebenso beruhigt, befriedigt und entmagnetisiert wie bei einem Orgasmus. Der übrige Körper jedoch glüht voller Kraft oder ruht im tiefen, süßen Zufriedensein wie nach einem beglückenden Spiel. Das ganze Wesen strahlt und schwingt und jede Zelle vibriert und jubiliert. Ein intensives Nachgefühl von Gesundheit, Inspiration und Erfüllung durchströmt den gesamten Körper. Erfüllt von Glück und Dankbarkeit erleben sich die Liebenden zutiefst verbunden und eins.

Was hinterlässt dagegen ein gewöhnlicher, sich entladener Orgasmus? Bald nach dem ersten angenehmen Gefühl der Befreiung und Entspannung folgt oft – vor allem beim Mann – ein Empfinden, als hätte man einen Verlust erlitten und sei geschwächt. Ein herrlicher, erhebender Zustand verblasst unaufhaltsam und weicht einer entleerten Nüchternheit. Der

Augenblick der Lust war viel zu kurz und brauste vorbei, ohne einen bleibenden Eindruck oder eine wirklich wertvolle Erinnerung zu hinterlassen. Es ist, als seien die Lichter ausgegangen oder als wäre die erhebende Musik plötzlich abgerissen. Mattigkeit, Gleichgültigkeit und Schlafbedürfnis stellen sich zumeist ein. Die Lebenskraft wurde mit solcher Plötzlichkeit und in solcher Menge ausgepufft, dass das meiste davon verloren ging, anstatt von den Energiekörpern der Liebenden aufgenommen zu werden.

Je häufiger eine sexuelle Vereinigung mit einer solchen Art von Orgasmus endet, desto sicherer stirbt mit der Zeit die Liebe und Anziehung. Warmherzige Zuneigung verfliegt und bloße Spannungsentladung, abgestumpfter „Geschlechts-Verkehr" oder sogar Ekel bleiben zurück, wo einst in Tagen der ersten Annäherung der Zauber der Liebe blühte. Der Ejakulation des Mannes folgt in der Regel eine rasche Entmagnetisierung und mit ihr stellen sich Gleichgültigkeit und Reizbarkeit ein. Die Praxis von *Karezza* hingegen durchstrahlt das ganze Wesen über einen langen Zeitraum mit zärtlicher Liebe.

Nach ausgedehnter Vereinigung trennen sich hier die Liebenden ganz behutsam, oft mit süßem Widerstreben, verweilen immer wieder und liebkosen sich, glühend vor Zuneigung und Bewunderung. Sie sind angefüllt von Glücksschauern wundervoller Erinnerungen, die sich anfühlen, als würden sie nie verlöschen.

Das Mysterium sexueller Liebe

In einer so gelebten Sexualität vereinigen sich Körper, Geist und Seele. Die magnetischen weiblichen und männlichen Gegenpole gehören zu den größten Wirkkräften der Liebe. Die Stimme der Sexualität ist der gebieterische Ruf des Lebens. Er kann das Innerste eines Menschen aufwühlen. Denn in seiner wirkenden Kraft ist er die Stimme des Göttlichen. Daher waren die ersten Religionen Natur- und Sexualreligionen. Das Mysterium der sexuellen Liebe kann uns mit unserem wahren Urgrund verbinden. Hier können wir das Göttliche in seinem schöpferischen und allumfassenden Wesen erfahren. Wir werden auf ganz neue Weise bereit, die Seele im Körpergeschehen zu verehren.

Liebe ist das vereinigende Prinzip der Existenz. Sexualität ist eine der ganz großen Wirkkräfte der Liebe und umfasst sowohl körperliche als auch geistige Dimensionen. Sie vermag die sich anziehenden Gegenpole in eine tiefe Verbindung und in einen erhebenden Einklang zu bringen.

Indem wir lernen, unsere Sexualkraft zu heiligen, schenkt sie unseren Erfahrungen ihre ursprüngliche Unschuld und erfüllt uns mit der Süße überströmender Dankbarkeit. Sie erblüht in bedingungsloser Freiheit und verbindlichem Einlassen, durch welche die gegenseitige Anziehung immer wieder neu entsteht. Voller Vorfreude öffnen sich die Liebenden dem erneuten gegenseitigen Wiederfinden.

Doch lässt sich auch beobachten, dass dort, wo Menschen Sexualität unbewusst ausleben, der Freudentrunk der Liebe sehr bald verschüttet wird. Mitunter genügt schon ein einziger Samenerguss, um einen Mann eine Zeit lang seiner magnetischen Kräfte zu berauben. Beide Partner mögen unbeirrt behaupten sich weiterhin zu lieben, doch die unwiderstehliche Anziehung, die tief beglückende Strahlung ist – zumindest vorübergehend – verschwunden. Stattdessen breitet sich unterschwellig Gleichgültigkeit, bei manchen Paaren sogar Abneigung aus. Zauber und Entzücken erwachen erst wieder, wenn sich die energetische Polarität aufs Neue aufbaut, sich sammelt und ansteigt. Durch stetiges Ausschütten werden der Magnetismus und die Anziehung auf einem kümmerlichen Stand gehalten. Dies lässt alle Romantik und alles Entzücken nach und nach ersterben. Und schließlich verhungert die Liebe selbst und weicht einer dumpfen Leere.

Ganz anders verhält es sich beim Praktizieren der Karezza-Liebeskunst. Sie verlangt ein gewisses Maß an Selbstkontakt und Hingabe. Doch richtig verstanden und ausgeführt bringt sie vollkommene und umfassende

Befriedigung mit sich. Jede Empfindung von Einschränkung oder gar Unterdrückung löst sich auf im Erleben einer ausgedehnten, süßen und beglückenden Liebeserfüllung. Sobald sich die Seelen und Körper als Einheit erleben, verschwinden alle Widerstände und Schwierigkeiten von selbst. Eine beinahe überirdische Leichtigkeit breitet sich aus. Der ganze Raum ist erfüllt von einer lebendigen Präsenz, die das ganze Wesen durchstrahlt. Sie bringt die Augen zum Leuchten und verwandelt die Gesichter der Liebenden. Dieser Zustand kann stundenlang anhalten, um dann in einem zufriedenen, seligen Schlaf auszuklingen. Doch bis zum letzten bewussten Augenblick bleibt eine zarte Herzlichkeit, ein Gefühl von Eins-Seins, sowie eine tiefe Dankbarkeit für das Geschenk solcher Liebe. Gleichgültigkeit und Stimmungswechsel durch Erschöpfung und Ernüchterung, die meist den gewöhnlichen Orgasmen folgen, bleiben völlig aus. Auch wenn die Körper sich trennen, halten die Beglückung und das tiefe Gefühl von Aufladung und Erfüllung noch lange an. Wenn sich dann doch hin und wieder ein sich lustvoll entladender Orgasmus einstellt, muss dies weder Störung noch Verlust mit sich bringen. Er ist dann nichts weiter als ein bewusst gewähltes Vergnügen, das zur Abwechslung eingesetzt genussvoll erlebt wird. Ein besonderes Gewürz, das sich anregend und belebend auf das Liebesleben auswirken kann.

Die Sexualkräfte, die wir in uns tragen, sind die wahren, natürlichen, lebensbejahenden Freudenspender unseres menschlichen Daseins. Alle anderen Anregungsmittel sind künstlich und wirken als Gifte – dieses eine ist natürlich und wahrhaft nährend. Alle anderen haben belastende Nebenwirkungen und sind letztlich Betäubungs- oder Aufputschmittel. Dies eine ist frei von schadenbringenden Folgen, sofern die Kräfte nicht verschleudert werden und dadurch verloren gehen. Mut, Inspiration, Kreativität und Begeisterung, alles, was uns über die graue Eintönigkeit einer Alltagsroutine hinaushebt, verdanken wir den im Körper zirkulierenden Sexualkräften. Aus ihrer Schöpfungsenergie entspringen Gedichte,

Gesänge und inspirierende Literatur, aus ihr entstehen Gemälde, Skulpturen und große Architektur. Ihr erwachsen Erfindungen und Entdeckungen sowie alle Fortschritte, die das Leben wahrhaft bereichern und verschönern. Liebende blühen auf und ihre Aura erstrahlt in leuchtenden Farben. Das Leben erhält eine neue, bedeutsame Tiefendimension.

Karezza steigert die wahre Herzens- und Seelenliebe und die Gesichter derer, die es praktizieren, beginnen voller Schönheit zu leuchten. Sie sind vom Geist der Liebe durchdrungen. Ein klares, reines Licht glänzt in den Augen und die gesamte Ausstrahlung ist von Anmut durchdrungen. Nichts entfaltet so sehr die Schönheit eines Menschen wie die Freuden der Liebe, die zu den höchsten und wertvollsten Erfahrungen im Menschsein werden können. In dem Mysterium irdischen Liebeserlebens wartet die Geburt des Ewigen in uns. Leben ist Wandlung durch Liebe.

Kapitel 5: Liebesbegegnungen und Selbstliebe

*»Solange uns nicht bewusst ist, wie es um die Beziehung zu uns selbst
steht, werden Beziehungen zu anderen nach kurzer Zeit scheitern und zu
Frustration und Ablehnung führen.«*

Robert Betz

Die Erfüllung in Liebe, Sexualität und Partnerschaft hat ihren Ursprung in uns selbst. Wenn wir mit einem geliebten Menschen wohltuende Nähe erfahren wollen, sind wir eingeladen, diese auch und vor allem mit uns selbst zu pflegen. Wollen wir eine zärtliche, liebevolle und lustvolle Vereinigung mit unserem Liebsten genießen, dann sollten wir uns dafür öffnen, indem wir uns selbst wundervoll und attraktiv finden. Sehnen wir uns nach Wärme und Zärtlichkeiten oder nach lustvoller Berührung, dann dürfen wir uns selbst genau das schenken. Wir dürfen es in uns als ein Potenzial beglückender Lebendigkeit fühlen und feiern. Der Kontakt und der Umgang mit uns selbst bestimmt immer auch die Qualität des Zusammenseins mit unseren Geliebten.

Auf diese Weise entwickeln wir echte, gesunde Selbstliebe. Wir meinen es aufrichtig gut mit uns und lernen, bei uns zu bleiben und zu uns zu stehen. Dazu gehört auch, unseren Körper wie einen Freund zu behandeln und unsere eigenen Bedürfnisse, Wünsche und Träume wahr- und ernst zu nehmen. Selbstliebe ist ein starkes, inneres Fundament, das uns die

Fähigkeit schenkt, mit uns selbst wertschätzend, mitfühlend, liebe- und genussvoll zu sein. Wenn wir dann einem anziehenden Menschen nahekommen, ist es auch wichtig, eine sichere Verbindung mit uns selbst zu spüren und zu halten. Allzu oft gehen wir mit unserer Aufmerksamkeit komplett nach außen zum anderen. So vernachlässigen wir mehr oder weniger die Wahrnehmung für uns selbst. Wir verlassen und übergehen oft unsere Empfindungen und Impulse und verlieren uns ganz beim anderen. Verlassen wir uns auf diese Weise selbst, bedeutet dies auch, uns untreu zu werden. Dies projizieren wir dann nach außen und es schleicht sich – meist unterschwellig – ein vergiftendes Misstrauen ein, das befürchtet, vom anderen nicht wirklich gesehen, angenommen, zurückgewiesen oder betrogen zu werden.

Sind wir gut und sicher mit unserer Selbstliebe in Kontakt, kann eine Liebesbegegnung auch abenteuerlich erlebt werden, sehr anregend, voller prickelnder, lebendiger Intensität. Dies öffnet uns und macht uns berührbar. Es erweitert das Spektrum unseres üblichen Erlebens und Verhaltens und bricht wohlgehütete Begrenzungen auf. Wir kommen erneut in Kontakt mit unserer inneren Wahrheit, Natürlichkeit und Unschuld. Frei und natürlich genießen wir die inneren Regungen und die herrlich heilende Aufladung als Ausdruck unserer überströmenden Freude und Lebendigkeit.

Wann immer wir dazu bereit sind, erleben wir selbst und auch unsere Partner dies als ein äußerst wohltuendes und beglückendes Geschenk. Es fördert die Echtheit und Tiefe unseres Beisammenseins. Dann kann sich die Liebesenergie in uns frei und kraftvoll ausdehnen und uns das Erleben unserer Allverbundenheit schenken. Der wundervolle Magnetismus, den wir ausstrahlen, wird sich dadurch noch erhöhen.

Sich der verwandelnden Kraft der Liebe zu öffnen, befreit uns vom Klammergriff uralter Ängste und Hemmungen und führt uns in die Befreiung unserer gesellschaftlichen Konditionierungen. Natürlichkeit, Reinheit und Lebendigkeit erstrahlen aus der Unschuld und Schönheit unserer ursprünglichen Natur. Wenn unser Herz jubelt und in der Lage ist, sich weit zu öffnen und ganz zu schenken, werden Sexualität und andere Formen menschlicher Liebe und Kreativität für uns zu tief befriedigenden und bereichernden Facetten unseres Menschseins. Dies führt uns immer weiter in die Wirklichkeit unseres wahren, grenzenlosen Seins.

Kapitel 6: Sexuelles Verlangen als Tor zum Eins-Sein

»Ich habe gut und böse gekannt, Sünde und Tugend, ... Freude und Leid, Himmel und Hölle; und am Ende erkannte ich, dass ich in allem bin und alles in mir ist.«

Hazrat Inayat Khan

Wir lagen leicht bekleidet im „Löffelchen". Die Energie verdichtete sich und begann zunehmend intensiv zu strömen, als sie auf einmal stöhnte: „Ich halte es nicht mehr aus ... Ich begehre dich so sehr!" Wie gut ich dies aus eigener Erfahrung kannte! Wie oft schon hatte ich mich gequält, wenn mein Verlangen keine Vereinigung und keine ausgleichende Erfüllung fand. Doch in diesem Moment war ich besonders tief entspannt und klar. Wir hatten eine Entscheidung getroffen, uns nicht körperlich zu vereinigen, solange dies anderen verheimlicht werden musste.

Klar und deutlich konnte ich spüren und beobachten, was in Situationen intensiven Begehrens geschieht: Der grenzenlose Energiefluss verengt sich und verlangt nach einem ganz bestimmten lust- und wonnevollen Körperausdruck. Wenn dieser sich nicht natürlich entfalten kann oder gar zurückgewiesen wird, beginnt die Energie, sich auf unangenehme Weise zu stauen. Der so aufgebaute Druck kann mitunter als qualvoll erlebt werden. Wir beginnen zu leiden, wenn es uns nicht gelingt, diese machtvolle Energie im ganzen Körper und über seine Grenzen hinaus ungehindert fließen zu lassen. Nur dadurch wird es möglich, eine intensive und zugleich wohltuende, uns genussvoll aufladende Ausdehnung zu erleben, anstelle eines quälenden Drucks.

In diesem Moment wusste ich unmittelbar, dass nicht Verneinung und Unterdrückung die Lösung sein konnte, sondern die Öffnung für eine erweiterte Präsenz. Es war mir möglich, alle körperlichen Regungen und energetischen Empfindungen wahrzunehmen, ohne jegliche Notwendigkeit, irgendetwas damit zu tun. In wacher und klarer Aufmerksamkeit gelang es mir, vollkommen offen und präsent zu bleiben. Gleichzeitig öffnete sich mein Gewahrsein noch weiter, sodass es sich mit jener grenzenlosen Weite vereinen konnte, die uns immer umgibt.

Ganz behutsam versuchte ich, sie mit wenigen, einfachen, zärtlichen Worten und Berührungen in diese Ausdehnung hinein einzuladen. Und weil ihre Liebe und ihr Vertrauen so groß und bedingungslos waren, folgte sie dieser Einladung mit zunehmender Entspannung. Ihre tiefe Hingabe an die Liebe selbst gab ihr die Bereitschaft, einer neuen Möglichkeit ins Unbekannte zu folgen. Spontan vertiefte sich ihr Atem. Sie begann, noch weiter loszulassen und sich noch tiefer zu entspannen. Ich spürte sofort, wie dieses behutsame innere Los- und Seinlassen auch in ihr den Raum von Ausdehnung und Weite öffnete. Eine fühlbare Erleichterung und Befreiung stellte sich ein und wir badeten gemeinsam in süßer, alles durchdringender Intensität.

Alte, schmerzhafte Erinnerungen

Doch nach einiger Zeit, inmitten dieser uns durchflutenden Seligkeit, stieg in ihr ein anderes inneres Erleben auf und sie begann auf einmal leise zu schluchzen: „Ich liebe dich so sehr und es tut gerade einfach nur weh…" „Deine Liebe zu mir tut dir weh?" Als ich mich tiefer in sie einfühlte, spürte ich, dass dieser Schmerz einer uralten Wunde entsprang aus einer lange zurückliegenden Erfahrung von Trennung und Gewalt. Auch *mein Körper erinnerte sich. In unserer Offenheit meldete sich das Echo dieser noch ungeheilten Verletzung.*

Natürlich ging es jetzt nicht darum, sie zu trösten oder unseren Schmerz lindern zu wollen. Was sich so unerwartet und eindrücklich zeigte, war wesentlich und unendlich willkommen. Wir durften es in seiner Tiefe und Intensität nochmals vollständig fühlen und umarmen. Hier wollte sich ein Raum für Heilung einstellen, geführt von unserer inneren Weisheit und eingebettet in die Frequenz bedingungsfreier Liebe.

Gemeinsam nahmen wir diesen uralten Schmerz in die Bereitschaft unserer offenen Herzen. Und schon bald erlebten wir uns wieder eingehüllt in das wärmende Licht der Unendlichkeit, das uns einlud, uns ihm ganz anzuvertrauen. Ich spürte, wie ihr Körper und Atem sich erneut entspannte. Etwas begann von innen her zu leuchten: „Jetzt kommt Frieden", flüsterte sie. „Es wird ganz still ... Wir sind frei ..."

Sexualität als Gottesdienst

Sexuelles Verlangen kann eine Öffnung und ein Tor zu einem viel größeren Erleben von umfassender Einheit werden. Starkes Begehren kann sich in einen Raum von lichtvoller Intensität, glückseliger Verbundenheit und umfassender Heilung verwandeln. Ein solcher Vorgang hat nichts zu tun mit Verzicht, Entsagung oder gar Unterdrückung. Dies wird leider allzu oft aus einem Missverständnis heraus verwechselt. Anstelle von Anstrengung und Verengung braucht wahre Transformation vielmehr eine einladende, Raum gewährende Ausdehnung unseres Bewusstseins.

Um die göttliche Dimension von Sexualität wahrhaft zu erschließen, sind vor allem entspannte körperliche und geistige Offenheit und Durchlässigkeit wichtig. Es braucht die Bereitschaft und Fähigkeit, die starken, intensiven Energieströme im ganzen Körper fließen zu lassen und sie über dessen Grenzen hinaus auszudehnen. Dies öffnet den Raum für eine Liebespräsenz, die in körperlichem Empfinden und bewusstem Atem verankert ist. *Gleichzeitig* dehnt sie sich ins Unendliche und Ewige hinein aus und gibt sich dieser umfassenden Wirklichkeit hin.

Auf diese Weise erschließt sich uns der Heilige Raum des ewigen Jetzt. Diese zutiefst beglückende und erfüllende All-Verbundenheit befreit uns wahrhaft von alten Fixierungen und Anhaftungen und heilt unsere menschliche Liebe auf allen Ebenen. Am leichtesten können wir unsere sexuellen Liebespotenziale freisetzen in der Verbindung mit einem Liebespartner, in dessen Umarmung die Energie auf natürliche Weise frei und intensiv fließt. Dies gehört zu den wertvollsten Geschenken auf unserem Weg des Liebenlernens. Das intime Zusammensein wird zu einer kostbaren Einladung, sich gemeinsam in das sich einstellende Energiefeld hinein zu entspannen.

Hier können wir miteinander in die Gegenwart der liebe- und lichtvollen Weite und Schönheit allen Seins eintauchen. Der sich einstellende Magnetismus, die Kontaktzonen unserer Körper, das Spüren der Wärme, die Wahrnehmung energetischen Strömens, all dies sind die Ankerpunkte, die uns helfen, im gegenwärtigen Moment präsent und geerdet zu bleiben. Dann ist es spannend zu beobachten, auf welche Weise uns die Energie bewegen will. Wir können uns überraschen lassen, wie die männlichen und weiblichen Gegenpole miteinander spielen, tanzen und sich vereinigen wollen. Dies ist ein ganz natürliches, vollkommen absichtsloses Geschehen. Es entfaltet sich einfach, ohne Tun und Wollen. So wird Sexualität wahrhaft ein Gottesdienst. Wir werden nach Hause geführt in die Wirklichkeit des Eins-Seins mit allem Leben.

Diese Art der körperlichen Liebe ist eine erhebende Weise, unsere sexuellen Bedürfnisse ohne jede Unterdrückung sowohl zu befreien als auch vollkommen zu sättigen und zu erfüllen. Die göttliche Dimension körperlicher Liebesvereinigung stellt sich früher oder später ein, wenn wir unser Bewusstsein auf die grundlegende Einheit allen Seins ausrichten und uns in dieser Wirklichkeit verankern. Dann suchen wir immer seltener unser

Glück und unsere Erfüllung bei etwas oder jemanden im Außen, von dem wir glauben, wir seien noch davon getrennt. Wie von selbst beginnt die innere Vollständigkeit als Frieden, Freude und bedingungsfreie Liebe durch unsere Augen und Körper zu allen Menschen und Wesen auszustrahlen als Ausdruck unserer wahren Natur.

Wir können Liebe nicht kontrollieren und sie zu einem persönlichen Eigentum machen. Dies werden alle wahrhaft Liebenden irgendwann für sich entdecken. Tiefe Seelenliebe, die sich zwischen Menschen einstellen kann, ist etwas Universelles. Der Raum eines überpersönlichen Erlebens kann sich überall dort einstellen, wo eine entsprechende Resonanz vorhanden ist. Dann erblüht diese heilende Art zu lieben nicht nur bei den unmittelbar Beteiligten, sondern wird weiter getragen und kann grenzenlos wachsen und ausstrahlen. So öffnen sich unsere Liebesverbindungen immer weiter für die Einheit mit dem Ganzen. Sie werden zu einem wertvollen Beitrag für das Erblühen der Liebe in den Herzen aller Menschen.

Einladung

Wenn du dich deinem Geliebten zuwendest und ihr euch körperlich nahekommt, lade ich dich für die kommende Zeit ein, ganz mühelos und auf deine eigene Weise mit den folgenden Impulsen zu experimentieren.

Falls es in deinem gegenwärtigen Leben keinen dich beglückenden Liebespartner gibt, bist du an dieser Stelle eingeladen, dich genau dem in deiner Vorstellung genussvoll zu öffnen. Deine bejahende Vorstellungskraft hat die Wirkung, entsprechende Erfahrungen in deiner physischen Welt zu manifestieren.

Verbinde dich bewusst und freudig nach innen. *Spüre, wie dein Atem deine Brust und deinen Bauch bewegt. Fühle deinen ganzen Körper von innen her und sei in ihm gegenwärtig. Kehre während eures Zusammenseins immer wieder zur bewussten Wahrnehmung von Atem und Körper zurück.*

Lade bewusst atmend die LIEBE selbst ein, *euer Zusammensein zu erfüllen, euch in jedem Moment zu führen und genau das zu schenken, was euch guttut, nährt, befriedigt und erfüllt.*

Lasst euch reichlich Zeit! *Es geht jetzt nicht um irgendein „Tun", sondern vielmehr um ein „Raum geben" und das Geschehenlassen. Die Liebesenergie selbst bewegt eure Körper.*

Bleibe in einem guten, sicheren Selbstkontakt! *Verbinde dich immer wieder bewusst mit dem Fluss deines Atems und nimm wahr, wie sich die Energie in deinem Körper bewegt.*

Lade deine(n) Partner(in) ein, mit dir synchron zu atmen *(falls sich dies nicht bereits von selbst einstellt).*

Nimm die Empfindungen wahr, die euer Hautkontakt dir schenkt. *Spüre die Weichheit, die Wärme, die Energie und Präsenz des Anderen in deinem eigenen Erleben.*

Wenn sich in deinen Händen berührende Bewegungsimpulse einstellen, vertraue dich diesen an. *Bleibe dir bewusst: Die LIEBE selbst lenkt jede eurer Bewegungen.*

Wenn eure Genitalien zueinander streben und sich vereinigen wollen, lass es ganz langsam und behutsam geschehen. *Lasst euch hierbei viel Zeit, sodass ihr jedes Stadium ganz bewusst erleben und genießen könnt. Sobald eure Körper sich vollständig und tief vereinigt haben, spürt wieder bewusst in euren Atem hinein. Er ist der Fokus, mit dem euer Erleben zu jeder Zeit verbunden bleiben kann.*

Bewegt euch vorläufig nur ganz achtsam und entspannt, *so wie es für euch angenehm ist und ihr voll präsent bleiben könnt. Achtet auf alle Empfindungen in Penis und Vagina, sowie im ganzen Körper. Gebt ihnen bereitwillig Raum in eurem Erleben, ganz gleich, ob sie sich schon lust- und wonnevoll oder zunächst nur schwach oder gar unangenehm zeigen.*

Teilt euch euer Erleben mit, indem ihr das Wichtigste aussprecht. *Lasst alles einfach so sein, wie es sich zeigt. Was immer es ist, übergebt es der LIEBE und lasst euch weiter von IHR führen, heilen und beschenken!*

Während ihr zunehmend miteinander verschmelzt, dehne deine Wahrnehmung sanft in eure Umgebung aus. *Spüre, wie sich euer Liebesraum in alle Richtungen ausdehnt. Der Atem und die Körperempfindungen bleiben die Verankerung. Dein Bewusstsein kann gleichzeitig weit werden und sich ins Grenzenlose hinein öffnen.*

Genieße nun einfach eure Liebesvereinigung. Überlasse dich mehr und mehr der Führung durch die strömende und euch bewegende Körperenergie. Bleibe in der inneren Gewissheit, dass die LIEBE selbst euch alles schenkt, was ihr zur vollen Erfüllung jetzt bereit seid zu empfangen und zu erleben.

Kapitel 7: Die Schönheit von Sexualität

»Nichts entwickelt so sehr die Schönheit wie die Freude, und Liebesfreuden sind die Höchsten auf Erden.«

William Lloyd

In ihrer Ursprünglichkeit und Reinheit als Ausdruck von Anziehung, Liebe und Lebenslust gehören sinnliche Liebesbegegnungen zu den schönsten Erfahrungen, die uns im menschlichen Leben geschenkt werden können. Jede liebeerfüllte und lustvoll-lebendige Körpervereinigung kann uns zutiefst beglücken, energetisch nähren, aufladen und wohltuend entspannen. Sexueller Liebesausdruck kann unsere Kraftzentren öffnen und stagnierende Energie ins Fließen bringen. Die Kraft allen Lebens will uns heilen, verjüngen, gesund und lebensfroh erhalten. Sie inspiriert und beflügelt Menschen zu großen Kunstwerken und Leistungen, denn sie ist die Ur-Kraft aller Kreativität. Ganzheitliche Sexualität, in der sich Körper, Energie und Bewusstsein in Liebe vereinen, ist etwas Erhebendes und Heiliges. Sie kann uns wahre Sternstunden unseres Lebens schenken, und uns direkte Einblicke in die Zeit- und Grenzenlosigkeit der Existenz gewähren.

Die allgegenwärtige Lebensenergie ist eine ständige, wunderbare Einladung, uns ihr zu öffnen und zu schenken. Der Körper und das ganze Energiesystem beginnen zu leuchten, und die Ur-Kraft des Lebens strahlt aus jeder Zelle. Sobald wir ganz da, ganz offen, ganz mit uns und dem Leben in Einheit sind, schenkt sich diese Vitalkraft frei und bedingungslos in jedem Augenblick, ganz gleich, ob wir sie mit unserem Partner teilen oder einfach unser Alleinsein genießen. Sie ist es, die uns bewegt und sich als das Leben entfaltet – mal behutsam, sanft und zärtlich, mal kraftvoll, wild und ekstatisch, mal klar, zentriert und ausgerichtet. Die Liebesenergie bekommt Raum, indem wir uns ihr bereitwillig und achtsam öffnen, um sich stimmig und liebevoll, heilend und segnend in unserem Leben auszudrücken. Sie ist ein göttliches Geschenk, das durch unsere Offenheit und Bewusstheit die Erde verschönert und bereichert. Ein Geschenk, das wir annehmen, genießen und feiern dürfen.

Die belebende Intensität von Erotik

Für Liebende kann die körperliche Vereinigung eine der beglückendsten Formen ihres Liebesausdrucks sein. Wenn sie als ein Ausdruck der Lebendigkeit und Lebenslust bewusst gefeiert wird, erfrischt und bereichert sie beide wohltuend. Sie wird Teil eines genussvollen und lebendigen Liebesspiels und kann uns und unsere Partner zutiefst nähren, erfüllen und heilen. Dann wird sie auch immer wieder ganz von selbst das Tor zu unserem essenziellen Sein öffnen. Dadurch wird die körperliche Vereinigung Teil einer natürlichen Meditation.

Die Schönheit unseres sexuellen Liebesausdrucks liegt in uns, in unserem Bewusstsein und der Weisheit unserer Herzen. Während der Sexualtrieb ein Ur-Instinkt ist, der das Überleben der Spezies sichert, schenkt uns unser Sinn für Liebe und Erotik die Möglichkeit, Lust als ein Geschenk des Göttlichen zu genießen. Die hierbei frei werdende Energie kann die Grenzen unserer Innenwelt erweitern. Sie ist ein Schlüssel für den kraftvollen Ausdruck unserer kreativen und spirituellen Potenziale. Diese geben der Sexualität einen tieferen Sinn und eine erweiterte Bedeutung. Sie können in uns ein Feuer entfachen, das die Intensität und Erfüllung unseres Lebens wonnevoll erweitert.

Erotik kann zu einem Ausdruck der Freude an unserer körperlichen und sinnlichen Erfahrungswelt sein. Diese belebende Intensität ist dann in jeder achtsamen Berührung anwesend und begleitet die behutsame Annäherung der Liebenden bis hin zu den wonnevollen Wogen machtvoller Erregung. Unser tiefes Einlassen auf das innige Zusammensein mit dem Partner schenkt uns wahre Befriedigung. All dies reift bereits in der Zeit unseres Alleinseins in uns heran. Es wird immer mehr zu einem Grundgefühl unseres Lebens.

Die menschliche Fähigkeit zur Liebe ist untrennbar auch mit unserer Sexualkraft verwoben. Zuneigung, Zärtlichkeit und Begeisterung für einen geliebten Menschen und für die ganze Existenz zu erleben, sind wesentliche Elemente unserer menschlichen Erfüllung. Erotische Inspiration eröffnet uns Räume entzückenden Liebesausdrucks, kreativer Begeisterung, meditativer Stille oder tiefer essenzieller Begegnung. Und weil sie der göttlichen Schöpferquelle entspringt, fließt sie auch ganz natürlich in jeden Bereich unseres Lebens. So wird Sexualität zu einer sinngebenden und bewusstseinserweiternden Erfahrung. Sie vertieft unsere Verbundenheit und Einheit mit uns selbst, unseren Liebespartnern und der gesamten Existenz.

Wenn sich dabei in gnadenvollen Momenten der Raum des Eins-Seins öffnet, ist es, als bliebe die Zeit stehen. Unser begrenztes Denken hält inne und gibt Raum für ein kosmisches Erleben. Erweiterte Wahrnehmungen können sich einstellen, die uns Einblicke in bislang noch unerschlossene Dimensionen unseres Seins gewähren. Wir erleben unsere Partner als eins mit uns selbst, so als würden die Körper ineinanderfließen. Die Haut fühlt sich offen und durchlässig an und Trennung erscheint wie eine absurde Idee. Das Miteinander ist von grenzenlosem Mitgefühl und umfassender Freude durchdrungen. Wir sind von Ehrfurcht erfüllt oder zu Tränen gerührt. Menschen aus Vergangenheit und Gegenwart können in unserem Inneren auftauchen. Neue Einblicke in das Mysterium unseres Menschseins und unseres essenziellen Verbunden-Seins stellen sich tief berührend ein. Tiefes Verstehen und grenzenlose Vergebung sind überwältigend präsent. Im Eins-Sein mit dem Geliebten umarmen wir gleichzeitig die gesamte Menschheit.

Wir begreifen, dass die sexuelle Vereinigung eine alles verwandelnde Schönheit freisetzt, welche die Enge unseres Alltags überschreitet. Sie verwandelt unseren Blick auf das Leben. Die Grenzen unserer persönlichen Identität werden vielleicht in Frage gestellt, mit Sicherheit jedoch auch unwiderruflich erweitert. Die Entwicklung unserer Liebespotenziale ist eine lebenslange Aufgabe. Sie führt uns immer wieder über unsere Begrenzungen ins Unbekannte, damit wir über uns selbst hinauswachsen können. Sie kann unser Bewusstsein erweitern und uns den Weg ins Göttliche weisen. Ihr höchstes Potenzial mündet in die All-Liebe, mit der wir unser Menschsein und die ganze Existenz mitfühlend umarmen.

Einladung

Wenn ich diese wunderbare Ausrichtung in den Fokus meines Buches stelle, könnte es sein, dass sie für manche Leser in weiter Ferne zu liegen scheint. Die Gefahr besteht, dass man sich unzulänglich vorkommt und die Hoffnung aufgibt, etwas Entsprechendes jemals selbst erfahren zu können.

Falls sich in dir solche oder ähnliche Gefühle einstellen sollten, möchte ich dich ermutigend darauf hinweisen, dass die essenziellen Räume des Eins-Seins, aus denen heraus die bedingungsfreie Liebe erwächst, naturgemäß in jedem Menschen vorhanden sind. Die Tatsache, dass dich dieses Buch erreicht hat und du es schon bis hierhin gelesen hast, weist eindeutig darauf hin, dass genau diese Potenziale auch in dir darauf warten, ganz neu entdeckt und vollständig freigesetzt zu werden.

Wenn du in dir eine dich bewegende und öffnende, vielleicht auch sehnsuchtsvolle Resonanz gespürt hast, weist sie auf den Wunsch deiner Seele hin, diesen Weg freudig und mit voller Hingabe zu beschreiten. Bist du in deinem Herzen auf die bedingungsfreie Liebe ausgerichtet, kannst du dein ganzes Menschsein vollkommen dem Göttlichen übergeben. Diese Kraft ist in der Lage, Berge zu versetzen. Sie bewirkt das Wunderbare in deinem Leben.

Nimm dir Zeit alles aufzuschreiben, was du im Ausdruck deiner Liebe erfahren möchtest. Dann übergib es deiner göttlichen Führung. Betrachte die schönste Erwartung für dein Liebesleben wie eine beglückende Gewissheit, die dir aus der Weisheit deines Herzens entgegen leuchtet.

Das Schönste und Beglückendste, das du dir vorstellen kannst, ist wie eine Botschaft von deiner inneren Führung, die dich daran erinnern soll, was alles noch auf dich wartet. Das, wonach du dich sehnst und wofür du dich voller Vorfreude öffnest, ist dir bereits jetzt schon geschenkt als Orientierung und Wegweiser für deinen Weg in die volle Liebeserfüllung. Wie könntest du auch etwas fühlen, denken, wünschen oder ersehnen, das nicht bereits als Potenzial in dir angelegt wäre! Lass dich einfach von dieser Kraft deines inneren Sehnens führen ...

Kapitel 8: Ermutigung

»Es gibt ein Licht in dir, das nicht sterben kann, dessen Gegenwart so heilig ist, dass die Welt geheiligt ist um deinetwegen.«

Kenneth Wapnick

Unsere gemeinsame Reise mit diesem Buch nähert sich nun langsam ihrem Ende. Deshalb möchte ich mich noch einmal ganz persönlich an dich wenden. Erinnerst du dich noch an die Einstimmung ganz zu Beginn in dem Kreis von gleich gesinnten Menschen und dem leeren Herzstuhl an meiner Seite?

Wenn du magst, stelle dir vor wie es wäre, wenn du jetzt aufstehst, um dich neben mich zu setzen. Gibt es etwas, was du mir zum Ende dieses Buches mitteilen möchtest? Gab es etwas, das dich während des Lesens ganz besonders berührt und bewegt hat? Hast du eine Verbindung zu deinem eigenen Leben herstellen können? Sind in dir Fragen aufgetaucht, mit denen du innerlich um eine befriedigende Antwort ringst? Möchtest du vielleicht auch über etwas sprechen, was dich gegenwärtig in deinem Leben ganz besonders beschäftigt? Was immer es ist, womit du dich gerade mitteilst, es ist wertvoll und geht uns alle an, die wir auf dem Weg der bedingungsfreien Liebe sind. Wenn es zu unserem gemeinsamen Weg gehört, werden wir uns ja wirklich einmal persönlich begegnen, uns direkt fühlen und zuhören. Es gibt noch so unendlich viel zu entdecken, zu erforschen und auch zu feiern!

Eine wirklich nachhaltige Ermutigung erfahren wir, wenn Menschen, die auf die bedingungsfreie Liebe ausgerichtet sind, sich von Zeit zu Zeit begegnen. Sie werden sich viel mitzuteilen haben und sich erneut daran erinnern, dass wir niemals voneinander getrennt sind. Indem wir unsere Liebe, Freude und Lebendigkeit miteinander teilen, machen wir uns ständig bewusst, dass wir gewollt und wertvoll sind – jeder Einzelne an seinem ganz besonderen Platz.

Jeder geht seinen einzigartigen Weg allein – und doch sind wir immer miteinander verbunden und eins. Gemeinsam können wir uns und das Leben bedingungsfrei lieben lernen, es mutig und freudvoll annehmen und immer mehr genießen. Den Weg mit ganzem Herzen zu gehen lohnt sich unendlich, auch wenn er uns mitunter durch herausfordernde Stationen und dunkle Täler führt.

Es ist unser aller Hingabe an den Weg der Liebe, die uns essenziell verbindet, wo immer wir auch leben mögen und was auch immer die Besonderheiten sind, die zu unserem Seelenplan gehören. Irgendwann wissen wir, die Suche ist vorbei und wir sind zu Hause bei uns selbst. Ein fühlbares Ankommen in unserer Wesensmitte und bei den Menschen, die zu unserem Weg gehören, stellt sich ein. Und damit auch eine tiefe Unterströmung von Frieden und Verbundenheit. Wir versuchen nicht länger, etwas von anderen zu beziehen, um unsere inneren Defizite auszufüllen. Stattdessen schöpfen wir aus einer inneren Quelle, deren Reichtum und Fülle uns alles schenkt, was wir für unsere einzigartige Entwicklung brauchen und was uns wirklich dient.

Mit dieser göttlichen Gegenwart in uns können wir uns jederzeit bewusst Kontakt aufnehmen. Je regelmäßiger wir eine innige Verbindung mit unserer Wesensmitte herstellen, desto stetiger erleben wir den Strom der Gnade. Je mehr wir aus der inneren, göttlichen Liebesquelle trinken, desto vollständiger fühlen wir uns genährt und erfüllt. Wir werden zu einem Magnet für die wundervollsten Geschenke des Lebens.

Sind wir zu Hause bei uns selbst, entfaltet sich unser Weg in einer segensreichen Stimmigkeit. Denn sobald wir uns mit dem Fluss des Lebens verbinden und uns ihm anvertrauen, ergeben sich auf erstaunliche Weise die Begegnungen und Gelegenheiten, die uns wirklich nähren und erfüllen. Eine innere Gewissheit wächst in uns und wir spüren, dass sich alles vollkommen entfaltet und wir gnadenvoll geführt sind. Wir werden zu den Menschen geleitet, mit denen wir all das einlösen und vollenden können, wonach unsere Seele sich sehnt. Ereignisse und göttliche Lösungen stellen sich ein, in denen wir unser Leben klären. Diese zunehmende innere Freiheit lässt uns optimal wachsen.

Kam dir beim Lesen dieses Buches so manches wohlbekannt vor? Hast du dich an vieles erinnert, das als verborgenes Wissen bereits in dir vorhanden war? Dann wurde etwas in dir ausgelöst, das deiner inneren Wahrheit entsprach. Dieses Erinnern hat wahrscheinlich dazu beitragen, ganz bestimmte Facetten deines wahren Wesens in deinem Bewusstsein zu vertiefen. Du darfst es dir endlich freudig und dankbar zugestehen, ganz DU SELBST zu sein!

Wenn auf unserem Weg der Selbstfindung die Liebe fehlt oder verkümmert, haben wir uns verlaufen. Wo immer wir wahrer Liebe folgen, sind wir dem Wesentlichen auf der Spur – ganz gleich, was unser bewertender Verstand einwenden mag.

Entscheidungen, die wir aus Angst und nicht aus Freude und Liebe treffen, können uns nicht wirklich glücklich machen. Schritte, die allein unser kalkulierender Verstand vorschlägt, die jedoch unsere Herzensanliegen nicht einbeziehen, werden uns immer wieder einengen und unsere Lebenskraft rauben. Ganz gleich, wie gut und berechtigt unsere Absichten sein mögen: Solange sie aus Angst, das heißt aus der Illusion der Trennung hervorgehen, können sie uns nicht in wahre Erfüllung führen.

Sobald wir jedoch den Mut haben, zu unserer inneren Wahrheit zu stehen und ihrem Ruf zu folgen, werden selbst jene Ereignisse, die unser Leben erschüttern, zu kostbaren Chancen und wertvollen Geschenken für unsere Entwicklung und Befreiung. Unser Leben wird in dem Maße von Liebe erfüllt sein, wie wir uns immer wieder neu für sie entscheiden und uns mit nichts Geringerem zufrieden geben. Alle Handlungen, Entscheidungen und Lebensschritte, die aus der Ausrichtung auf bedingungsfreie Liebe hervorgehen, bringen uns unserer inneren Wahrheit und damit der Erfüllung unseres Seelenplans immer näher.

Immer wieder machte ich in meinen Leben die Erfahrung, dass ich mich dann am schnellsten weiterentwickelte, wenn ich eine neue Aufgabe nicht nur aus einer Notwendigkeit heraus oder aufgrund von äußerem Druck in Angriff nahm, sondern in erster Linie weil sie mich interessierte und anzog. Immer wenn das Leben mir eine solche Gelegenheit anbot, wurde ich mit einer Reihe grundlegender Erfahrungen konfrontiert. Erst im Rückblick kann ich erkennen, dass diese Prozesse Ähnlichkeit mit einem Geburtsvorgang aufwiesen. Sie führten mich regelmäßig an eine Schwelle, an der es notwendig war, eine wohlvertraute und sichere Welt zu verlassen, um unbekanntes Territorium zu betreten. An dieser Schwelle begegnete ich regelmäßig der Angst vor dem Unbekannten, und viele Male zögerte ich lange, bevor ich sie überschritt.

Die Grenze, die das Gewohnte und Vertraute von dem Neuen, dem Fremden trennt, ließ mich oft ängstlich zögern. Doch bei allen wesentlichen Entscheidungen und Veränderungen meines Lebens, sei es in Partnerschaften oder im Beruf, gab es immer eine andere, mächtig vorwärtsdrängende Kraft, die ich als die Stimme des Herzens oder die Stimme der inneren Führung bezeichne. Diese zeigte mir unmissverständlich, dass ich nur dann frei sein und mir selbst treu bleiben könne, wenn ich darauf verzichtete, weiterhin in beengenden und begrenzenden Lebenssituationen zu verharren. Nur im Loslassen des Alten und Überlebten wurde es mir möglich, mich dem hinzugeben, was meinem größten Sehnen und meinem tiefsten Verlangen entsprach.

Immer standen eine Zeit lang zwei innere Bestrebungen im Widerstreit: das Bedürfnis nach Sicherheit und Bequemlichkeit einerseits und das Sehnen nach totalem Leben, nach Herausforderungen und Erweiterungen andererseits. Glücklicherweise führte jeder Rückzug auf Sicherheit und Bequemlichkeit sehr bald zu Erfahrungen äußerster Frustration, begleitet von Gefühlen der Sinnlosigkeit und Leere. Ich konnte jedes Mal beobachten, wie ich begann, die drängende Lebensenergie abzutöten. Wie bei dem Versuch, den Atem anzuhalten, zwang das Leben mich dann doch immer wieder weiterzuatmen, weiterzuleben, weiterzugehen.

Doch manchmal zeigte mir das Leben auch, dass mich ein ungeduldiges Vorwärtsdrängen und Springen aus unabgeschlossenen Situationen zu traumatischen Begebenheiten führten, denen ich kaum gewachsen zu sein schien. Wenn ich mit meinem heutigen Verständnis zurückblicke, glaube ich, dass sich manches einfacher und harmonischer entwickelt hätte, wäre ich nicht dem Fluss des Lebens in der einen oder anderen Form störend in den Weg getreten.

Doch was hat mich zu meiner heutigen Klarheit geführt? Es waren unter anderem diese Fehler, die ich machte. Das Leben lehrte mich durch Versuch und Irrtum. Manchmal streng, manchmal liebevoll half es mir zu verstehen und zu erkennen. Und jedes Mal, wenn ich erkannte, fühlte ich mich so reich beschenkt, so dankbar und glücklich! Ich wusste mit jeder Faser meines Seins, dass alle vorangegangenen Mühen und Schmerzen notwendige Schritte gewesen waren, die sich tausendfach gelohnt hatten. Oft flossen gleichzeitig Tränen von Traurigkeit und eines alten sich endlich lösenden Schmerzes.

Immer wieder tauchten Fragen auf wie: „Warum habe ich das alles nicht früher erkennen und verstehen können? Warum erst jetzt?" Und gleichzeitig antwortete es in mir: „Auch dieses Jetzt ist keine Selbstverständlichkeit, sondern ein Geschenk meiner göttlichen Führung. Ich hätte die neuen Einsichten nicht zu einem früheren Zeitpunkt empfangen können."

Zu unserem Weg in die Liebe gehören immer auch Phasen des Loslassens, der Reinigung, des Sterbens, Zeiten in denen innere Gebärprozesse stattfinden, die mitunter schmerzhaft sein können. Wir dürfen uns jedoch stets daran erinnern, dass solche läuternden Prozesse zu den Schritten gehören, die uns der Bedingungslosigkeit der Liebe näherbringen. Sei dir in solchen Lebensphasen bewusst, dass sie Zeiten des Ausgleichs und der Bewusstwerdung sind, in denen Illusionen zurückgelassen werden können, um Raum zu schaffen für eine größere Wirklichkeit.

Wie wäre es, wenn wir unser eigenes Erleben in jedem Moment genauso, wie es gerade ist, als vollkommen göttlich betrachten könnten, indem wir uns erlauben, einfach nur wach und aufmerksam hinzuspüren und alles mit offenem Herzen wahrzunehmen? Urteile und Bewertungen würden sich wie von selbst auflösen. Wir könnten das göttliche Wirken in uns und in jeder Situation erkennen. Von bedingungsfreier Liebe erfüllt würden wir das eigene innere Erleben als Teil des Ganzen umarmen und wertschätzen. Das würde das Ende der Trennung vom Fluss des Lebens mit sich bringen und damit das Ende allen Leidens! Genau dahin sind wir auf dem Weg. Löst sich die Illusion der Trennung nach und nach auf, so hat dies weitreichende Konsequenzen für unser Erleben. Schuld, Angst und Gewalt verlieren in dieser Schwingung ihre Macht über uns. Wir strahlen einen lichtvollen Magnetismus aus, der ein ganz neues Anziehungsfeld für unsere menschlichen Erfahrungen entstehen lässt. Dieses öffnet unser Leben für alles, was uns wahrhaft dient und uns immer weiter in die Einheit mit dem Göttlichen führt.

Sobald wir uns dem göttlichen Selbst in uns öffnen, werden wir unserem Menschsein gegenüber tiefe Achtung und Liebe empfinden. Wir versuchen dann nicht länger, uns zu verstecken oder klein zu machen und hören auf, mit uns zu kämpfen, uns zu verurteilen oder anzutreiben. Etwas tief in uns entspannt. Die vertrauensvolle Hingabe an unsere göttliche Führung befreit uns mehr und mehr von Existenzängsten und Sorgen. Wir erleben uns immer öfter getragen von dem Fluss des Lebens.

Wie lange ist es möglich, gegen den Strom zu schwimmen? Anfangs haben wir uns vielleicht noch großartig und machtvoll in der Erfahrung unserer persönlichen Kraft gefühlt. Wir haben manchmal sogar geglaubt, es sei tatsächlich möglich oder für das eigene Überleben nötig, den großen Strom des Lebens zu kontrollieren. Dies ist die verständliche Illusion eines übermütigen oder ängstlichen Kindes. Wir alle haben das lange genug, ja vielleicht allzu lange versucht.

Früher oder später jedoch, sobald wir uns für die Wahrnehmung unseres Allverbundenseins öffnen, erleben wir – vielleicht zum ersten Mal – wie wir von der beständig strömenden Liebe des Ganzen getragen werden. Dann entspannen wir und erkennen, dass die Macht unseres persönlichen Wollens unbedeutend ist im Vergleich mit der unbegrenzten Fülle des Universums, von dem wir ein untrennbarer Teil sind.

Indem wir unseren Eigenwillen loslassen und unser Bewusstsein ausdehnen, nehmen wir zunehmend die Verbindung mit der grenzenlosen göttlichen Kraft wahr. Dadurch erhalten wir augenblicklich Zugang zum unendlichen Potenzial unseres Wesens, das niemals vom Ur-Strom getrennt war. Jetzt fangen wir an, mit den Wellen zu spielen, mit ihnen zu tanzen, zu singen, zu lachen … Uns durchflutet eine unermessliche Freude, die danach drängt, in die Welt weitergegeben zu werden.

Je mehr wir davon weitergeben und teilen, desto mächtiger ergießt sich der große Strom in uns, desto erfüllter, glücklicher und reicher wird unser Leben. Wir verteidigen nicht länger die Grenzen unseres kleinen, begrenzten Ichs, sondern leben und wirken im Licht unserer inneren Freiheit, alleins und in der Fülle auf allen Ebenen. Dies ist der Beginn wahren Selbstbewusstseins, der Anfang einer größeren, umfassenderen Identität.

Mit der Entscheidung, unserer inneren Wahrheit zu folgen, wächst in uns auch die Liebe zur göttlichen Wirklichkeit. Wenn die Hingabe an das Wesentliche uns von innen her erfüllt, verblasst vieles von dem Oberflächlichen, das zuvor unser Interesse und unsere Aufmerksamkeit gebunden hat. Oder besser noch: All das Schöne, Wohltuende und Wünschenswerte, das uns auch im Menschsein inspiriert, erfreut und begeistert, ist in dieser großen und ersten Liebe enthalten.

Das macht uns feinfühlig, wach und präsent. Immer klarer spüren wir, was uns gut tut, was stimmig ist und was getan werden soll. Wir werden fähig, in jeder Situation das Wirkliche (Einheit und Liebe) von einer Illusion (Trennung und Angst) zu unterscheiden. Zu jeder Zeit erleben wir uns von innen her geführt. Wir sind gelassen und warten vertrauensvoll auf die Eingebungen, die uns zeigen, wann und wie etwas erledigt, verändert oder auch einfach nur gelassen werden soll. Daraus erwächst die Gewissheit, in jedem Moment vollkommen geführt und geschützt zu sein. In Offenheit und Bereitwilligkeit begegnen wir den Menschen und der ganzen Existenz.

Wir umarmen liebevoll das, was in uns vielleicht noch auf Erlösung und Heilung wartet ebenso wie jenes, das bereits genuss- und lustvoll fließt und atmet. Sind wir auf die bedingungsfreie Liebe ausgerichtet, wird sie uns mit großer Kraft durchfluten, uns heilen und befreien. Wir bekommen immer alles, was wir brauchen, was uns beglückt und uns wirklich dient, um unsere höchsten menschlichen und göttlichen Potenziale zu verwirklichen.

Der Kontakt zur göttlichen Führung

Natürlich gehört es auch zum Menschsein, dass uns die Ereignisse des Lebens immer wieder herausfordern und prüfen. Die entscheidende Frage ist, ob wir solchen Erfahrungen Widerstand entgegensetzen und damit wieder in die Trennung gehen. Oder ob wir sie annehmen als Lektionen und Wachstumschancen, in denen wir das Wirken der LIEBE erkennen.

Wenn wir in unserem Alltag Stress erleben, unter Druck stehen, uns anstrengen und kämpfen, fallen wir allzu leicht aus der Verbindung mit uns selbst und dem Leben heraus. Deshalb ist es so wichtig und notwendig, uns regelmäßig, am besten noch bevor uns unsere alltäglichen Aktivitäten in Besitz nehmen, mit der göttlichen Führung zu verbinden. Damit schaffen wir einen inneren Anker, der uns ausgerichtet hält und uns an die Wirklichkeit hinter dem oberflächlichen Schein erinnert.

Dann können die Herausforderungen und Überraschungen des täglichen Lebens immer öfter zu Abenteuern werden, die wir mutig und aus innerer Freiheit heraus wählen und annehmen. So werden unsere Aufgaben und Verpflichtungen mehr und mehr zu einem ständigen Liebes- und Gottesdienst. Wir lassen uns immer wieder verbindlich und mutig auf den Ruf des Herzens ein, auch wenn ein bequemer oder ängstlicher Teil unserer Persönlichkeit manchmal die Unberechenbarkeit und Intensität des Lebens lieber vermeiden würde.

Voller Bereitwilligkeit geben wir einfach immer unser Bestes. Gleichzeitig lernen wir, auch zunehmend geduldiger und wohlwollender mit uns selbst und den uns anvertrauten Menschen zu sein. Diese bedingungsfreie Liebe zu uns selbst und unserer Umwelt erwächst aus der Verbindung mit dem Ur-Grund unseres Seins. Aus Liebe zu uns selbst achten wir auch bewusst auf Zeiten des Loslassens, des Ausruhens und der Stille.

Es ist ein Ausdruck der Verehrung unseres göttlichen Seins und der Liebe zu unserem Menschsein, eine gesunde Balance zwischen Hochleistung und Muße, Beanspruchung und Freiraum, Konzentration und Entspannung entstehen zu lassen. Wenn wir dies vernachlässigen, verlieren wir über kurz oder lang die Freude und Begeisterung, die unsere Tätigkeiten verdienen. Dies sind dann jedes Mal eindringliche Hinweise, dass wir von der Spur unserer inneren Wahrheit abgewichen sind. Denn dann leben wir vorwiegend fremdbestimmt und ferngesteuert und sind schmerzlich getrennt von dem, was wir brauchen und was unsere Seele wirklich will. Hier braucht es dringend einen inneren Abstand von den Umständen und

Menschen, denen wir die Macht eingeräumt haben, uns zu besitzen und unsere Kraft zu missbrauchen.

Sollte dies auf dich nicht zutreffen, werden dir wahrscheinlich Menschen in deinem Leben einfallen, die sich in einer solchen, leider sehr weit verbreiteten Situation befinden. Wenn es jedoch auch dich selbst betrifft, wirst du dem begegnen müssen, was du vielleicht aus Pflichtgefühl und Wohlverhalten vermeiden wolltest: deinem existenziellen Allein-Sein und die Notwendigkeit, dich von der Angst vor den Urteilen anderer zu befreien. Alle scheinbaren Zwänge, denen du dich unterwirfst, erwachsen aus einem Mangel an Klarheit und Vertrauen in dein vollkommenes Geführt- und Versorgtsein. Ein sich vom Ganzen getrennt erlebendes Ich wird immer in der Vorstellung gefangen sein, es müsse ganz allein und isoliert für sein Überleben kämpfen.

Durchschaue diese Illusion und erinnere dich daran, dass du auch dann richtig und wertvoll bist, wenn du in den Augen einiger Mitmenschen nicht „normal" funktionierst! Eine solche Herausforderung anzunehmen, lohnt sich auf erstaunliche Weise. Es kann uns und unser Leben befreien und verwandeln. Wenn wir auch nur einen einzigen Schritt voller Mut und Hingabe auf die göttliche Wirklichkeit zugehen, so wird diese gnadenvoll antworten und uns tausend Schritte entgegenkommen. Sie wartet in uns auf unser bedingungsloses „Ja". Um wahrhaft zu finden, müssen wir nur am richtigen Ort suchen. Das, wonach wir uns sehnen, sehnt sich auch nach uns.

Ich liebe die Geschichte der Sufi-Meisterin Rabia, die ich Osho, in meiner Zeit bei ihm oft erzählen hörte. Rabia lebte im Mittelalter in Indien und demonstrierte auf typisch verrückte Weise, wie Menschen ihre kostbare Lebenskraft damit verschwenden, ihr Glück im Außen zu suchen. Sie erregte immer wieder Aufsehen durch ihr scheinbar eigenartiges Gebaren.

Eines Abends sahen die Menschen sie vor ihrer Hütte wie verzweifelt nach etwas suchen. Erst wenige, dann immer mehr kamen herbei und erkundigten sich, was sie denn verloren habe. Rabia sagte, dass sie ihre Nähnadel verloren habe. Die Suche zog sich immer länger hin, bis die einsetzende Abenddämmerung ihr ein Ende setzte. So fragten einige Dörfler Rabia: „Wo genau hast du denn deine Nadel verloren?" Sie antwortete: „In meiner Hütte." Worauf manche wie entgeistert, andere recht entrüstet Rabia zur Rede stellten: „Wie kannst du denn deine Nadel hier draußen suchen, wenn du sie drinnen verloren hast?" Rabia entgegnete: „Nun, weil hier draußen doch mehr Licht ist und ich in meiner Hütte doch gar kein Licht habe."

Die Menschen tuschelten untereinander, dass Rabia jetzt offensichtlich völlig übergeschnappt sein müsse. Diese unterbrach sie schließlich und sagte: „Liebe Freunde, es mutet euch seltsam an, dass ich meine Nadel draußen suche, wo sie nicht verloren ging, nur weil ich hier draußen Licht habe. Was meint ihr, wie seltsam es mich anmutet, euch zuzusehen, wie ihr tagein, tagaus euer Lebensglück im Außen sucht. Der einzige Platz, wo das wirkliche Glück zu finden ist, liegt in eurem Inneren, wo es jedoch noch völlig dunkel ist. Was glaubt ihr, wird euch euer Streben nach mehr Reichtum, mehr Ansehen, mehr Besitz in eurem Leben geben können? Und was wisst ihr über die Schätze, die im Verborgenen der Seele in euch ruhen?! Um diese in eurem Inneren zu finden, müsst ihr bereit sein, eurer Dunkelheit und euren Schatten zu begegnen."

In der Regel wird jeder Mensch irgendwann in seinem Leben mit den tiefsten Schichten seiner Ur-Wunden in Berührung kommen. Wird dies angenommen und für Entwicklung genutzt, beginnt ein befreiender Prozess, der in eine beglückende Neugeburt mündet. Uns wahrhaft auf die innere Suche einzulassen, eröffnet die Chance, unser grenzenloses und unzerstörbares Sein zu realisieren. Die überwältigende Erkenntnis, dass dieses bei weitem größer und umfassender, mächtiger und wirklicher ist als alle inneren Abgründe, verwandelt unser Bewusstsein und Leben grundlegend. Die inneren Schatten und dunklen Emotionen, die auftauchen können, wenn wir uns, wie der „Eremit" in den Tarotkarten auf die Suche nach dem inneren Licht aufmachen, sind lediglich durch Unbewusstheit selbst geschaffene und vorübergehende Erscheinungen. Doch unser Sein ist wie eine strahlende Sonne, die unaufhörlich aus sich selbst heraus leuchtet. Unsere wahre Natur ist unbegrenzt, unvergänglich und unverwundbar.

Das Wunderbare an echter Selbstbegegnung ist, dass mit jedem klaren Hinschauen und bereitwilligen Fühlen all das in uns freigesetzt wird, was wir essenziell sind und was wahrhaft zu uns gehört. Es beginnt immer klarer zu strahlen, während alles Illusionäre sich wie Nebel in der Morgensonne auflöst. Die schwierigsten Themen und größten Herausforderungen, welche die Seele des Menschen sich für den jeweiligen Lebensweg wählt, tragen gleichzeitig die größten Potenziale für Wachstum und Befreiung in sich. Probleme sind also nichts Schlechtes und schon gar keine Strafe, sondern selbst gewählte Gelegenheiten zum Frei-Werden und Erwachen. Alltäglicher Stress will ein Wegweiser sein zu uns selbst.

Kosmisches Verliebt-Sein

Irgendwann realisieren wir zutiefst, dass wir nichts zu verlieren haben, außer unsere Fesseln und Begrenzungen, die wir unbewusst als scheinbare Macht erleben. Mit dem Erwachen zu unserem essenziellen Eins-Sein beginnen wir, uns selbst und das Leben mit neuen Augen zu betrachten. Auf einmal öffnet sich uns eine ganz neue Dimension von Verbundenheit, Leichtigkeit, Freiheit und innerer Gewissheit.

Dann haben wir auch den Mut, auf eine radikale Weise ehrlich zu sein und zu uns zu stehen. Unsere Ausrichtung auf die göttliche Wirklichkeit erfüllt uns mit Kraft, die uns hilft, viele oberflächliche Ablenkungen und Bequemlichkeiten einfach zurückzulassen. Wir sind schließlich bereit, auch unsere Komfortzonen in Frage zu stellen, sofern wir spüren, dass wir in ihnen nicht mehr optimal wachsen können. Alles in uns möchte frei sein für ein Leben in wahrer Liebe. Das macht uns klar, mutig und entschlossen. In uns wächst die Bereitschaft, unsere blinden Flecken aufzudecken und unseren tiefsten

Ängsten zu begegnen. Wir sind freudig bereit, der Wahrheit über uns und unser Leben ins Gesicht zu sehen. Ja, wir lieben sie mehr als alles andere, weil uns zutiefst klar wird, dass nur diese uns erlösen und befreien kann.

Bei allen Turbulenzen, die eine solche Neuausrichtung in unserem Inneren und wohl auch im äußeren Leben hervorrufen kann, vertieft sich nun auch unsere Anbindung an das Göttliche. Uns erfüllt die Gewissheit unseres Eins-Seins mit Allem, in das auch jeder Bereich unseres Lebens eingebettet ist. Das schenkt uns eine tiefe innere Geborgenheit. Wir fühlen eine neue Sicherheit im Schutz unserer göttlichen Führung. Jeden Tag aufs Neue entscheiden wir uns, dieser alles umfassenden Wirklichkeit unser menschliches Schicksal anzuvertrauen und IHR zu dienen.

Und während sich die Liebe in uns ausweitet und bedingungsfrei wird, antwortet die All-Liebe. Sie beschenkt uns mit Momenten innerer Ruhe, befreienden Loslassens und unerschütterlichen Vertrauens. Wir erleben wunderbare, glückliche Fügungen und echte Stille. Und schließlich kann es sein, dass wir eine Unterströmung tiefen Friedens, eine Glückseligkeit, ein kosmisches Verliebt-Sein, einen süßen, entzückenden Puls allen Lebens wie einen grenzenlos erfüllenden Strom in uns vorfinden. Mit diesem kosmischen Verliebt-Sein kann sich immer wieder ein ekstatisches Grundgefühl einstellen, das uns mit allem Lebendigen tanzen und eins sein lässt.

Natürlich kann das Erwachen zur Einheit auch in anderen Facetten erfahren werden. Es kann als tiefe Stille, als liebevolle, nährende, unterstützende und ermutigende Präsenz in Erscheinung treten, als Einfachheit und Natürlichkeit sowie als Achtsamkeit und Bewusstheit bei unseren alltäglichen Handlungen. Es zeigt sich in echter Freundlichkeit, Wohlwollen und Güte uns selbst und anderen Menschen gegenüber. Mut und Entschlossenheit beflügeln uns in herausfordernden Situationen. Klarheit und Stärke unterstützen uns bei existenziellen Entscheidungen.

Reinheit, Offenheit und Süße erfüllen unsere Liebesbegegnungen, Ehrlichkeit und frei gewählte Verbindlichkeit unsere Partnerschaften. Wir erkennen die wesensgemäße Schönheit und innewohnende Harmonie in allem, was uns umgibt. Einsicht und Weisheit stellen sich ein, und wir begegnen dem Leben in wertschätzender und urteilsfreier Präsenz. Wir spüren eine wachsende Freiheit von uns selbst und nehmen vieles nicht mehr ganz so persönlich. Lachen, Humor und Spontaneität erhellen unser neues Lebensgefühl und werden zu spielerischer Leichtigkeit oder einer ins Jetzt versunkenen Kreativität. Begeisterung beflügelt uns, und wir sind erfüllt von beseelter Dankbarkeit.

Das ist es, was bleibt, was sich immer wieder neu in uns einstellt, sich durch uns lebt und ausdrückt, sobald sich die Schleier unserer Unbewusstheit lüften und wir uns selbst und die Welt aus einer erweiterten Perspektive höchster Klarheit betrachten. Und während wir uns mit unseren Ur-Wunden, mit unseren Ängsten, Schmerzen, Schuldgefühlen und Aggressionen, mit unserer Hilflosigkeit, Verlorenheit und Verzweiflung mitfühlend umarmen, erwartet und empfängt uns die alles vergebende, heilende und befreiende göttliche Gnade.

Das Schmerzhafteste und Schrecklichste will uns in unsere eigenen Tiefen führen. Die Heilung unserer Ur-Wunden beginnt dort, wo die Liebe der Angst begegnet. Dadurch kommt das Licht dorthin, wo es zuvor dunkel war. Wir waren blind und können endlich wieder klar sehen. Die allumfassende, bedingungsfreie Liebe beginnt durch uns zu leben und sich in unserem Menschsein zu offenbaren. Sobald wir IHR in uns Raum gewähren und dienen, reflektiert die ganze Existenz das Licht unseres inneren Reichtums.

Darin erfüllt sich der eigentliche Sinn unseres Lebens. Wenn wir die Schwingung bedingungsfreier Liebe auch nur ein einziges Mal bewusst erfahren haben, kann sie früher oder später zu einer dauerhaften Seinsweise in unserem alltäglichen Leben werden.

Nichts lohnt sich mehr, als diesen Weg mit ganzem Herzen zu gehen!
WER LIEBT, HAT ALLES.

Einladung

Zwölf Schritte in ein glückliches, erfülltes Leben

Die folgenden zwölf Schritte können als Zugänge zu deinem essenziellen Sein betrachtet werden. Es lohnt sich, jeden einzelnen auf dich wirken zu lassen und bewusst atmend in deinem inneren Erleben nachzuvollziehen. Mit denjenigen, die dir am Wichtigsten erscheinen, kannst du vielleicht eine selbst gewählte Zeit lang gehen, sie immer wieder ins Bewusstsein rufen und in dir Raum geben, sobald du dich an sie erinnerst. Lasse dich überraschen, wie diese Schritte dich begleiten und wie sie dein Lebensgefühl beeinflussen.

Vertrauen

Entspanne und öffne dich tief und weit – immer wieder neu.
· Ich lerne zu vertrauen: meinem Organismus, meiner Natur,
  dem Leben, MIR SELBST.
· Ich glaube an mich. Ich weiß, dass das Leben mich trägt.
· Ich bin ein wertvoller Teil des Lebens. Alles entfaltet sich vollkommen.

Einlassen

Öffne dich allem, was du bist und erlebst.
Erlaube dir, ganz DU SELBST zu sein.
· Einlassen heißt, zu umarmen, was ist.
· Es ist die *eine* göttliche Kraft, die in allem lebt.
· Indem ich alle Erwartungen und Urteile aufgebe,
  bin ich in Frieden mit mir selbst und allem.   .

Lernen

Erlaube dir, Fehler zu machen,
denn du lernst und wächst in deinen Erfahrungen.
· In Wirklichkeit gibt es nämlich keine Fehler,
  sondern nur Lernen und Entwicklung.

Handeln

Gib immer dein Bestes,
doch sorge dich nicht um deine Erfolge.
· Wenn ich etwas verbessern kann,
  zögere ich nicht, es bereitwillig zu tun.
· Lässt sich nichts verändern, entspanne ich
  und überlasse alles der *einen* Kraft.

Wünsche

Erforsche die tiefen inneren Qualitäten aller deiner Wünsche.
Nutze sie als Werkzeuge deiner Schöpferkraft und als Tore zum SEIN.
· Jedem Wunsch liegt ein Sehnen nach Eins-Sein zugrunde.
· Echte Wünsche entstehen aus meiner inneren Ausrichtung,
  die meine Lebensrealität erschafft.

Wahrheit

Wahrheit befreit!
Vertraue und folge dem, was du als wahr und stimmig empfindest.
· Wenn ich meiner inneren Wahrheit folge, bleibe ich mir selbst treu.
· Ich entfalte meine höchsten Potenziale
  und lebe meine Bestimmung zum Wohle aller.

Freude

Lasse dich stets von der größten Freude deines Herzens leiten.

· Wenn mein Herz jubiliert, kann ich sicher sein,
  dass ich meine Bestimmung lebe.
· Freude führt mich in meine höchste Erfüllung.

Freiheit

Du bist immer frei!
Nimm dir die Macht, die du an andere abgegeben hast, zurück.
Lasse deinen freien Willen eins sein mit dem Willen des Göttlichen.

· Indem ich meine natürliche Freiheit ganz annehme und lebe,
  entfalten sich meine wahre Größe und Kraft.

Liebe

Du BIST Liebe!
Liebe dich bedingungsfrei für alles, was du bist und erlebst.
Öffne und schenke dich immer mehr der Liebe des Lebens.

· Liebe ist die höchste Kraft im Universum.
· Alles ist von IHR durchdrungen.
· Ich vertraue der Liebe und erlebe, wie SIE mich
  immer vollkommen führt.

Partnerschaft

Die Quelle von Glück und Erfüllung ist in dir.
Während du dich der Liebe öffnest und dich verbindlich einlässt,
bleibe stets auch mit dir selbst verbunden.

· Ich brauche niemanden, um glücklich zu sein.
· Ich schenke die Liebe und Freiheit, die ICH BIN,
  immer wieder neu – frei von Erwartungen und Bedingungen.

Leben

Liebe und genieße das Leben – DICH SELBST.

· Die Liebe zum Leben verbindet und vereint mich mit allem, was mich erfüllt und segnet.
· Ich feiere das Leben und lasse mich vom Leben feiern.

Einheit

Alles ist mit allem verbunden und eins.
DU BIST essenziell EINS mit ALLEM.

· Ich entspanne tief in diese grandiose Wirklichkeit hinein.
· Als strahlendes, göttliches Wesen voller Licht und Liebe erlebe ich mich unendlich gesegnet.

Dank

Mein allererster und größter Dank gilt den Lehrern und Meistern aus der irdischen und geistigen Welt, die mich auf meinem Lebensweg begleiten und in besonderen Lebensphasen in Erscheinung treten. Ohne dieses allverbundene Feld des Bewusstseins und der Liebe wäre mein Leben und Wirken unvorstellbar. Sie waren für mich beim Schreiben inspirierend präsent.

Aus tiefstem Herzen danke ich all jenen Menschen, die mich ermutigend und beratend begleitet haben. Einige von ihnen haben mich auch bei ganz praktischen Arbeiten unterstützt, vor allem, wenn es darum ging, meine handschriftlichen Notizen in eine lesbare Form zu verwandeln.

Danke, *Jossini Fahron, Mahadevi Wilkes, Ruth Ragna Axen, Marko Wolf, Samarpan R. Elsenbruch, Kirsten Dautel, Bettina Wengenroth, Gabriela Wilhelmsen, Wiltrud Klarner* und nicht zuletzt meinem geliebten Bruder *Martin Ziegler.* Ihr alle habt immer an mich geglaubt und auch daran, dass dieses Buch viele Menschen ansprechen, berühren und begeistern kann.

Des Weiteren empfinde ich tiefe Dankbarkeit für alle Organisatoren, Teilnehmenden und Mitarbeiter in den Energiefeldern der Liebe und Kraft, die sich in meinen Seminaren einstellen. Mit eurem Engagement, eurer Offenheit und mutigen Bereitschaft, euch selbst essenziell zu begegnen, tragt ihr alle dazu bei, die Schwingung bedingungsfreier Liebe mit ihrer heilenden und befreienden Kraft in diese Welt zu tragen. Durch euch erhalte ich immer wieder wertvolle und lebensnahe Einblicke in die

Herausforderungen und Geschenke, die Liebe, Sexualität und Partnerschaft im Menschsein mit sich bringen können. Ihr seid mir wundervolle Weggefährten auf der Reise in die bedingungsfreie Liebe.

Nicht zuletzt danke ich meinem großartigen Verleger *Joachim Kamphausen,* mit dem ich bereits seit vielen Jahren in Freundschaft und gegenseitiger Wertschätzung verbunden bin. Danke für deine aktive Unterstützung, dein Vertrauen und für die konstruktive Kritik, die bei der Entstehung dieses Buches wichtig und hilfreich waren. Auch den Mitarbeitern des Verlages danke ich von Herzen: der Geschäftsführerin Anne Petersen und der Grafikerin Kerstin Fiebig sowie der Lektorin Ursula Kollritsch für den letzten Schliff.

Anhang

Über die Arbeit von Gerd Bodhi Ziegler

erd Bodhi Ziegler gehört als Bewusstseinslehrer, Ausbilder und Buchautor zu den Pionieren im Bereich spiritueller Therapie und Transformationsarbeit. Er hat sein ganzes Leben der Arbeit mit Menschen gewidmet, um sie zu unterstützen, sich selbst zu finden und ihre höchsten Potenziale zu entfalten. Seine Seminarprojekte werden seit Jahrzehnten von zahlreichen begeisterten Teilnehmern aus dem gesamten deutschsprachigen Raum besucht.

Was er in seinen Büchern schreibt, wird in den Workshops, Seminaren und Trainings durch seine klare und liebevolle Präsenz intensiv und lebendig erfahrbar. Die Menschen werden ermutigt, ihre innere Wahrheit zu ergründen und dem Ruf ihrer Herzen und Seelen klar und kraftvoll zu folgen.

Seine Gabe ist es, die Anwesenden wertschätzend und einfühlsam wahrzunehmen. Dadurch holt er jeden Teilnehmer genau dort ab, wo dieser in seiner individuellen Entwicklung und seiner aktuellen Lebenssituation gerade steht. Die Seelenessenz wird sichtbar und hinter den Wunden der Vergangenheit strahlen die Potenziale von Klarheit, Kreativität und Liebesfähigkeit hervor.

In einer Atmosphäre von Vertrauen und Echtheit erleben die Teilnehmer tiefe Entspannung und Herzöffnung. Die kraft- und liebevollen Energiefelder wirken inspirierend, stärkend, heilend und befreiend. Sie unterstützen die Geburt einer neuen inneren und äußeren Wirklichkeit. Tiefe Verbundenheit stellt sich ein und wahre Gemeinschaft entsteht.

„Mein ganzes Leben habe ich beruflich nichts anderes getan, als mit Menschen zu arbeiten. Ich ließ sie immer daran teilhaben, was mich selbst am meisten bewegte und begeisterte, woran ich selber intensiv lernte und was für mich besonders wertvoll und wichtig war. Daran hat sich bis heute nichts geändert. Ausnahmslos alles, was zu dir und deinem Leben gehört, ist Teil deines einzigartigen Weges, durch den sich deine Bestimmung erfüllt. Jede Erfahrung kann zu einem Tor in eine neue Wirklichkeit werden.

Ich freue mich darauf, dich kennen zu lernen!"

Neuigkeiten und aktuelle Informationen und Angebote stehen auf der Website **www.gerd-bodhi-ziegler.de**

Herzlich willkommen in meiner Seminararbeit

Du bist in Liebe und Freiheit eingeladen, dich mit mir und all den Menschen zu verbinden, die sich im Rahmen meiner Seminartätigkeit auf die Entdeckung und Freisetzung ihres wahren Seins ausrichten. Damit schenkst du uns deine Offenheit und wir unterstützen dich, deinen Lebensplan zu erkennen und zu verwirklichen.

Du bist willkommen, so wie du bist: mit deinen Stärken und Schwächen, mit deinen Ängsten und deiner Liebe. Was zählt, ist deine Wahrhaftigkeit und die Bereitschaft, dich immer wieder neu auf dich selbst einzulassen. Indem wir unsere Liebe, Freude und Lebendigkeit miteinander teilen, erinnern wir uns ständig daran, dass wir gewollt und wertvoll sind – jeder auf seine einzigartige Weise. Wir sind alle jederzeit tief und essenziell verbunden und eins.

Mögen alle Kräfte, Gaben und Fähigkeiten in dir freigesetzt werden, die zum vollen Ausdruck bedingungsfreier Liebe und zur Erfüllung deines Seelenplans gehören!

Die vier Säulen meiner Arbeit mit Menschen

Hier gehe ich auf vier Schwerpunkte ein, die in der praktischen Arbeit sehr hilfreich sind, um die Entwicklung eines Menschen bei seiner Selbstfindung und der Entfaltung seiner in ihm schlummernden Potenziale zu unterstützen.

Säule 1: Ein Kraftfeld bedingungsfreier Liebe

Wahre Transformation und Befreiung geschehen in einem Energiefeld bedingungsloser Liebe, in dem ohne Urteile und Moral Raum gewährt wird für alles, was uns in unserem Menschsein beschäftigt und bewegt. Nur wenn sich jeder Einzelne vollständig mit dem öffnen und zeigen kann, was er oder sie gerade durchlebt, kann echtes Vertrauen wachsen. Sich mit allem bedingungslos angenommen und wertgeschätzt zu fühlen, ist der tragende Boden für Heilung und Befreiung.

Ein Kraftfeld bedingungsfreier Liebe zieht entsprechende Menschen an. Sie wollen in Liebe wachsen, ihre Gaben und Potenziale freisetzen und die Wirklichkeit des Eins-Seins erfahren. Je mehr Menschen sich diesem Feld anschließen und sich der Liebe und Wahrheit öffnen, desto kraftvoller und lebendiger entfaltet es sich. Dabei zieht es auch den Schutz und die Unterstützung der Wesen und Kräfte des Lichts und der Liebe an, die auch mit uns arbeiten, uns heilen und transformieren.

Diese hohe Liebesfrequenz bewirkt Wunder. Sie hilft uns in Zeiten von inneren sowie äußeren Umbrüchen und bei den Herausforderungen und Verunsicherungen, die diese mit sich bringen können. Durch die Kraft der Liebe geschehen die Wunder der Heilung alter Wunden und der Befreiung von destruktiven Denk- und Verhaltensgewohnheiten. Sie macht uns auch bereit, die Schmerzen zu umarmen, die wir noch unverarbeitet in uns tragen. Wenn Liebe uns berührt und verwandelt, führt sie uns in die Mitte unseres Seins, das pure Liebe ist.

Hier ist auch die gelebte Präsenz eines Menschen zentral, der nicht nur über diese Wirklichkeit spricht, sondern sie auch selbst verkörpert und durch sein lebendiges Beispiel übertragen kann. Ein Leiter, der den Fokus des Bewusstseins aufrecht erhält und frei von Urteilen jede Facette menschlicher Erfahrungen als Teil seiner selbst erkennt und umarmt. Er nimmt die besonderen Potenziale der Anwesenden wahr und spiegelt sie ihnen zurück. Erfüllt von Liebe und Klarheit kann er das schenken, was in jeder Situation gerade am meisten gebraucht wird. Durch seine Liebesfähigkeit und Bewusstheit befähigt und ermächtigt er die Menschen, immer klarer und kompromissloser zu lieben sowie frei zu werden von den Prägungen ihrer Vergangenheit.

Säule 2: Gemeinschaft und Wahlfamilie

Die zweite Säule ist eine Gemeinschaft von Gleichgesinnten und Weggefährten, die wie eine Seelenfamilie empfunden wird. Sie stellt einen geschützten Rahmen zur Verfügung, in den man von Zeit zu Zeit eintauchen, sich entspannen und mit neuer Kraft und Klarheit aufladen kann. Wir können Orte aufsuchen, wo Menschen sich gegenseitig unterstützen und ermutigen, die innere Wahrheit zu erkennen und ihrem Ruf zu folgen. Hier stellen wir ein heilsames, spirituelles Zuhause zur Verfügung für Menschen auf dem Weg zu SICH SELBST.

Eine solche Wahlfamilie besteht aus den Menschen, die sich verbindlich auf die gemeinsame Reise einlassen. Zu einzelnen wird sich ganz von selbst eine innige Nähe herstellen. Dies ist der Boden für einen wesentlichen und inspirierenden Austausch auf vielen Ebenen. Bei aller Freiheit und Freiwilligkeit besteht jederzeit die Möglichkeit, auch Nähe herzustellen. Durch die gemeinsame Ausrichtung und Liebe erlebt man sich tief verbunden und geht nicht mehr allein und isoliert durchs Leben.

In einer authentischen Gemeinschaft erinnern sich alle Beteiligten immer wieder an ihre wahre Größe, Kraft und Schönheit. Sie unterstützen sich gegenseitig bei der Öffnung für Liebe und Lebendigkeit. Dies kann natürlich auch Verletzungen, die wir in uns tragen, ins Bewusstsein bringen. Dann bedarf es einer Ermutigung, auch in Schmerz und Trauer so offen wie möglich zu bleiben. Auf diese Weise können innere Wunden durch die Kraft einer liebevollen Annahme heilen. Die Flucht vor sich selbst und der Liebe kann sich in eine tiefe Entspannung und Öffnung verwandeln. Man lernt, sich ganz neu einzulassen und zu lieben.

Dies ist auch für Menschen wichtig, die aufgrund ihrer ursprünglichen familiären Prägungen wenig Selbstbewusstsein, Selbstliebe und Vertrauen entwickeln konnten. Hier kann die haltende und tragende Umwelt, die in der Kindheit weitgehend vermisst wurde, ganz neu erlebt werden. Dadurch geschehen behutsame Schritte zur Rückgewinnung des Urvertrauens.

Säule 3: Wichtige Informationen

Die dritte Säule stellt alle wichtigen Informationen und Botschaften zur Verfügung, die für die Bewusstwerdung hilfreich sind. Zwei Beispiele sollen dies anschaulich machen.

Auf dem Weg unserer Selbstentfaltung kann es wichtig sein, zu wissen, dass die Auflösung und das Zurücklassen des Alten in einer Phase des Umbruchs nichts Problematisches ist. Stattdessen ist dies äußerst wertvoll und oft auch notwendig. Bevor nicht etwas in uns und unserer persönlichen Erfahrungswelt stirbt, kann das Neue nicht geboren werden. Erst der Verlust oder besser noch das freiwillige Loslassen dessen, was nicht wirklich zu uns gehört und unserer Entwicklung nicht mehr dient, schafft Raum für das uns Wesensgemäße. Stetiger Wandel mit den Bewegungen von Tod und Wiedergeburt gehört zum Leben wie das Ein und Aus unseres Atems.

Ein anderes Beispiel einer wichtigen Information liegt in der Vermittlung eines Verständnisses dafür, dass innere Heilung, die Lösung von Problemen sowie die Meisterung unserer menschlichen Herausforderungen nur sehr eingeschränkt aus der Kraft unseres persönlichen Wollens erfolgen können. Denn in der Regel werden wichtige Angelegenheiten nicht auf derselben Ebene bewältigt, auf der sie entstanden sind. Alle ernsthaften Schwierigkeiten im Leben eines Menschen haben ihren Ursprung im Bewusstsein und den daraus erwachsenen Denk- und Verhaltenspositionen.

Für echte Wandlung, Heilung und Befreiung braucht es also ein erweitertes Verständnis und eine neue Sichtweise. Dann fällt alles an seinen stimmigen Platz und das Problematische und scheinbar Unüberwindbare erhält realistische Proportionen, an deren Herausforderungen wir wachsen können. Wir werden immer freier von uns selbst, von unserem ängstlich besorgten Ich und lernen, jede wichtige Angelegenheit unseres Lebens und auch uns selbst dem Göttlichen anzuvertrauen. Dies führt uns in eine echte Demut und wir realisieren gleichzeitig unsere wahre Größe, Kraft und Göttlichkeit. Dann trägt wirklich jede menschliche Erfahrung zu unserer Selbstfindung bei. Durch die Freisetzung unserer Potenziale erfüllt sich unsere Bestimmung.

Säule 4: Werkzeuge und Schlüssel

Die vierte Säule ist ebenso wichtig für die Erfahrung der neuen Wirklichkeit. Sie beinhaltet einfache, leicht nachvollziehbare Anleitungen, Übungen, Werkzeuge und Schlüssel, mit deren Hilfe die inneren Schritte vollzogen werden können. Nicht nur die Unterstützung bei der Auflösung des Begrenzenden ist unverzichtbar, sondern auch das Erleben und die Integration des Neuen, Wirklichen, teilweise noch Unbekannten. Fehlt Letzteres, so besteht die Gefahr, dass den Suchenden lediglich hohe Ideale und Wahrheiten vorgesetzt werden. Bei deren Umsetzung und Verwirklichung werden sie jedoch weitgehend allein gelassen. Dies kann sich fatal und grausam auswirken und Menschen in tiefe Verwirrung und Selbstzweifel stürzen.

Wissen, das nicht gelebt wird, sondern nur in den Köpfen wie ein Ideal oder eine Philosophie herumgeistert, kann gefährlich sein. Allzu leicht glauben wir, etwas erreicht oder verwirklicht zu haben, ohne es konkret und praktisch zu leben. Solche Vorstellungen werden früher oder später auf erschütternde Weise in Frage gestellt.

In meinen Seminarprojekten lege ich großen Wert darauf, dass alle vier Säulen in der Arbeit Raum bekommen. Diese Synergie bewirkt die Kraft, Echtheit und Tiefe, die eine heilsame und wirkungsvolle Begleitung von Menschen auf dem Weg zu sich selbst braucht. Eine wirklich befreiende Arbeit mit Menschen ist geprägt von bedingungsfreier Liebe, die nicht urteilt oder bewertet. Sie ist erfüllt von einer Klarheit, die Unwissenheit und Illusionen auflöst, sowie einer Freude, die alle Anwesenden von innen her erfüllt, sobald ihre Schritte in eine wahre Selbstfindung münden. Sie führt in die Allverbundenheit des Seins, wo alle Antworten und Lösungen für unsere menschlichen Fragen und Themen bereits auf uns warten.

In der Ausrichtung auf unsere göttliche Weisheit und Führung können alle wichtigen Lebensthemen geklärt werden. Immer deutlicher erkennen wir, was zu unserer Bestimmung gehört und was endlich zurückgelassen werden kann. Neue Räume öffnen sich für die in uns schlummernden Gaben und Fähigkeiten, die zum vollen Ausdruck unseres Menschseins gehören.

Mein Weg ist die Liebe und meine Lehre ist LIEBE

Allumfassende Liebe enthält sowohl die Liebe zu unserem Mensch-sein als auch die Liebe zum Göttlichen. Beides lässt sich nicht wirklich voneinander trennen. Zunächst ist eine gesunde Selbstliebe die Voraussetzung und Grundlage für unsere menschliche Entwicklung. Dazu gehört die Wertschätzung und Entfaltung unseres So-Seins mit allen seinen menschlichen Eigenschaften, mit seinen Stärken und Schwächen, Bedürfnissen und Instinkten, Verletzungen und Potenzialen, Sehnsüchten und Wünschen. Hier braucht es geduldige Heilarbeit, in der wir schließlich unseren Ur-Wunden begegnen und sie erlösen können.

In der heilsamen Transformation unserer tiefsten Verletzungen werden auch die wahren Potenziale unserer Liebesfähigkeit und Kreativität freige-setzt. Und mit ihnen entfalten sich die spirituellen Potenziale, die uns die Einheit mit dem Göttlichen erkennen lassen.

Schließlich wird die Liebe und Hingabe zur göttlichen Wirklichkeit unsere allererste größte Liebe. Sie führt uns in die Erfahrung der Einheit mit ALLEM: mit uns selbst, der Natur, den Menschen, der Welt, dem Leben. Dies befreit uns in der Tiefe von Schuld und Angst. Das Bewusstsein der Einheit schenkt uns wahre Sicherheit und Geborgenheit von innen her.

Der Ausdruck unserer menschlichen Liebe erhält die Qualität von Bedingungslosigkeit. Die Bereitschaft, bedingungsfrei zu lieben, öffnet dem Wunderbaren alle Türen. Alles, was wir erleben und liebend bejahen, führt uns nach Hause in die Mitte unseres grenzenlosen Seins. Dort erwartet uns alles, wonach wir uns jemals gesehnt haben. Dem Liebenden schenkt sich das Leben.

Wer liebt, hat alles.

Quellen

Khalil Gibran
Der Prophet.
Piper, München 2002

Dr. med., Dr. phil. David Hawkins
Heilung und Genesung.
Sheema Medien, Wasserburg/Inn 2012

Dr. med., Dr. phil. David Hawkins
Hingabe an Gott.
Sheema Medien, Wasserburg/Inn 2009

A. H. Almaas
Facetten der Einheit.
J. Kamphausen, Bielefeld 2004

Barry Lon
Sexuelle Liebe auf göttliche Weise.
Neue Erde, Saarbrücken 2001

J. William Lloyd
Karezza-Praxis. Die Neue Zeit.
Zielbrücke-Thielle 1973

David Deida
Der Weg des wahren Mannes.
J. Kamphausen Mediengruppe, Bielefeld 2006

Osho
Liebe, Freiheit, Alleinsein.
Goldmann, München 2002

Osho
Tantra, Spiritualität und Sex.
Osho Verlag, Köln 1991

Jiddu Krishnamurti
Einbruch in die Freiheit.
Aquamarin, Grafing 2004

Carl Gustav Jung
Von Mensch und Gott.
Walter, Olten und Freiburg i. Br. 1989

Catherine Ponder
Ihr Weg in ein beglückendes Leben.
Ullstein, Berlin 2004

Brandon Bays
The Journey.
Ullstein, Berlin 2004

Gerd Bodhi Ziegler, Ruth Ragna Axen
Karten für Liebende.
Königsfurt-Urania, Krummwisch 2009

David Schnarch
Intimität und Verlangen.
Klett-Cotta, Stuttgart 2011

Daniel Ackermann
Alles eine Frage von Bewusstsein.
Assunta, Serocca d'Agno 2002

Robert Betz
Wahre Liebe lässt frei.
Integral, München 2009

Kenneth Wapnick
Einführung in „Ein Kurs in Wundern".
Greuthof, Freiburg 2014

Ein Leitfaden für Meisterschaft in Beziehungen, Beruf und Sexualität

Was ist meine wahre Bestimmung im Leben? Was wollen die Frauen wirklich? Was macht einen guten Liebhaber aus?

Als Mann haben Sie sich diese Fragen sicher schon häufig gestellt — ohne eine zufriedenstellende Antwort zu erhalten. Bis jetzt. David Deida untersucht die wichtigsten Themen im Leben eines Mannes — von Karriere und Familie über Frauen und Intimität zu Liebe und Spiritualität — um Männern einen praktischen Wegweiser für ein Leben in Integrität, Echtheit und Freiheit zu geben. *Mit klaren Hinweisen, stärkenden Erkenntnissen, Körperübungen und vielem mehr unterstützt Sie der anerkannte Experte für Sexualität und Spiritualität, ein erfülltes Leben zu verwirklichen — jetzt sofort und ohne Kompromisse.*

David Deida
Der Weg des wahren Mannes

978-3-89901-089-3
224 Seiten, Broschur

Marsha Lucas

SCHALTEN SIE IHR GEHIRN AUF LIEBE

Erfüllende Beziehungen durch Achtsamkeitsmeditationen

Eine unterhaltsame Einladung zum Neuro-Abenteuer. Befeuern Sie Ihr Wohlbefinden!

Neurowissenschaftler sind inzwischen sicher, dass wir unser Gehirn ein Leben lang neu vernetzen können. Eine bahnbrechende Erkenntnis – aber was bedeutet das für unser Beziehungsleben? Die Psychologin Marsha Lucas zeigt, wie Achtsamkeitsmeditationen tiefsitzende unbewusste Reaktionsmuster nachhaltig verändern.

Erfahrungen, die uns als Kind geprägt haben und – abgelegt im impliziten Gedächtnis – darüber entscheiden, ob wir uns als Erwachsene in Beziehungen aufgehoben fühlen, lassen sich durch Achtsamkeit im Gehirn so umgestalten, dass Empathie, Glück und erfüllte Beziehungen gedeihen. *Drehen Sie ausgedienten Denkmustern den Saft ab.*

Marsha Lucas
Schalten Sie Ihr Gehirn auf Liebe

978-3-89901-648-2
220 Seiten, Broschur

Diamond Approach
Lebendige Beziehung Glücksprinzip
Spirituelle Romane Stille und Meditation Zen
Persönlichkeitsentwicklung inspire!
Integral   Alter & Übergang
Kommunikation   jkamphausen   Einheitserfahrung
Naikan   Psychologie
TM Advaita neues Denken & Handeln
Transzendenz & Bewusstsein

Mit Liebe fürs Detail und für die Umwelt

Bei der Auswahl der Inhalte, die wir präsentieren, achten
wir auf Originalität, Kompetenz, Praxisrelevanz und Qualität.
So können wir mit Herz und Seele hinter unseren Büchern,
Hörbüchern, Filmen und den anderen Produkten stehen,
die wir mit viel Liebe und Aufmerksamkeit bis ins letzte
Detail fertigen.

Wir leisten einen aktiven Beitrag zum Umweltschutz
und verbrauchen nur wirklich notwendige Ressourcen —
so sparsam wie möglich. Wir drucken überwiegend auf 100%
Recyclingpapier oder produzieren unsere Titel klimaneutral.
99% unserer Fertigung findet in Deutschland statt, so haben
wir kurze Transportwege und unterstützen die lokale
Wirtschaft.

Inspirationen, interessante und wertvolle Neuigkeiten,
Wahres, Schönes & Gutes sowie wichtige Termine
können Sie regelmäßig in unserem Newsletter erfahren
oder hier: **www.facebook.com/weltinnenraum**

weltinnenraum.de
J.Kamphausen | Mediengruppe